Friedrich Jacob
Glaubenslehre

Friedrich Jacob

GLAUBENSLEHRE

Ein Leitfaden zum Verstehen
der christlichen Botschaft

Dresden 2019

4., überarb. Auflage
2019 © Friedrich Jacob, Dresden
Herstellung und Verlag: BoD – Books on Demand, Norderstedt
ISBN: 9783750429567

Inhalt

DOGMATIK I – DER GLAUBE AN DEN SCHÖPFER

Vorwort

Das vorliegende Buch ist in den siebziger Jahren des 20. Jahrhunderts als Lehrbuch für den Kirchlichen Fernunterricht, der von der damaligen Evangelischen Kirche der Kirchenprovinz Sachsen verantwortet wurde, geschrieben worden. Es hatte die Aufgabe, Gemeindegliedern, die sich für den ehrenamtlichen Dienst der freien Wortverkündigung vorbereiteten, eine Einführung in die Grundaussagen des christlichen Glaubens zu geben. Deshalb lautet auch der Untertitel »Ein Leitfaden zum Verstehen der christlichen Botschaft«.

Entsprechend der kirchlichen Einbindung jener Arbeit steht das Buch in der Tradition der evangelischen Kirche. Dabei ist der Verfasser selbst durch die lutherische Theologie geprägt. Wenn nun nach so langer Zeit (die erste Auflage erschien bereits 1976) das Buch in überarbeiteter Form wieder vorgelegt wird, dann steht dahinter der Wunsch vieler Leser, denen die knappe Darstellung hilfreich ist, aber auch die Erkenntnis, dass gerade in der gegenwärtigen evangelischen Theologie ein klares Bekenntnis zu Tradition und Theologie unserer Kirche selten geworden ist. Ich wiederhole deshalb, was bereits im Vorwort der dritten Auflage (1986) steht: »Der Verfasser ist der Überzeugung, dass die Kirche in unserer Zeit nicht nur die Konzentration der christlichen Botschaft auf einzelne, auch dem heutigen Menschen einleuchtende Grundgedanken braucht, sondern vor allem auch die Bewahrung der Fülle dessen, was auf der Grundlage der Heiligen Schrift in die Bekenntnisse der Kirche eingegangen ist.« Das Zentrum aber ist das Bekenntnis zu Jesus Christus als dem Heiland und Retter, neben dem es keine andere Hoffnung und keinen Weg zum Heil gibt. Das ist nicht nur das persönliche Bekenntnis des Verfassers, sondern auch die Grundbedingung für die geschichtliche Existenz des Christentums. In einer Zeit des Pluralismus und der Globalisierung erscheint mir diese Art von Konzentration besonders wichtig.

Dabei steht hinter dem Umstand, dass diese Laiendogmatik »Glaubenslehre« genannt wird, eine theologisch-methodische Grundsatzentscheidung: Der Ausgangspunkt des Nachdenkens soll dort gesucht werden, wo die Gemeindeglieder heute dem christlichen Glauben begegnen. Es geht sozusagen um eine »Theologie von unten«, für deren Formulierung die Arbeit und das Gespräch mit den Teilnehmern des Fernunterrichts wichtig waren.

So habe ich vielen zu danken: den Mitstreitern und Gesprächs-
partnern von einst und ebenso denen, die mich zu dieser Neubear-
beitung ermutigt und bei der dafür notwendigen Arbeit unterstützt
haben.

Dresden, im November 2018 Friedrich Jacob

Einleitung

I Die Stellung der Dogmatik innerhalb der Theologie und der Kirche

Die zusammenfassende Darstellung dessen, was in der christlichen Kirche geglaubt und gelehrt wird, heißt Dogmatik.

Wohl an keinem anderen Wort wird es so deutlich wie am Begriff Dogmatik, in welch geringem Ansehen die Arbeit der christlichen Theologie steht. Dogmatik ist weithin zum Schimpfwort geworden. Dogmatiker, das sind die Vertreter einer Weltanschauung, die es verlernt haben, sich ans Leben anzupassen, die unbeweglich, ohne Rücksicht auf die Erfordernisse der Zeit Lehrsätze verkünden, die längst überholt oder doch wenigstens revisionsbedürftig sind. Das Wort Dogmatik hat in der deutschen Sprache einen schlechten Klang. Und es hat diesen schlechten Klang offensichtlich deshalb, weil die Zusammenfassung der Lehre der Kirche offiziell als Dogmatik bezeichnet wird und weil diese kirchliche Lehre im allgemeinen Denken in dem Ruf steht, unbeweglich, lebensfremd und überholt zu sein. Wer sich mit Dogmatik beschäftigt, der lässt sich auf eine sowohl außerhalb als auch innerhalb der Kirche umstrittene Sache ein. Das wird noch deutlicher, wenn wir einen Blick auf die anderen Fächer innerhalb der Theologie werfen. Da sind zunächst die beiden Lehrgebiete. die sich mit der Bibel beschäftigen, die Wissenschaft vom Alten und vom Neuen Testament. Ihre Vertreter stehen bei den Geisteswissenschaftlern in hohem Ansehen, weil sie zugleich Kenner des alten Orients und der Antike sind und wichtige Beiträge zur Erforschung des Altertums liefern. Und sie sind erst recht in der Kirche geachtet, weil sie jedem Prediger die wissenschaftlichen Voraussetzungen für das Verständnis biblischer Texte an die Hand geben. Ähnlich verhält es sich mit der Kirchengeschichte. Zwar schlägt ihre Arbeit bei der Verkündigung nicht so direkt zu Buche wie etwa die Arbeit der Bibelwissenschaft. Ihre praktische Bedeutung liegt eher darin, dass sie uns hilft, die gegenwärtige Gestalt und die heutigen Probleme der Kirche in den richtigen historischen Zusammenhängen zu sehen. Der wissenschaftliche Wert der Kirchengeschichte aber ist genauso unangefochten wie der der Wissenschaft vom Alten und Neuen Testament.

Schwieriger liegen die Dinge bei der Praktischen Theologie. Sie hat sich mit den einzelnen Formen des kirchlichen Handelns zu beschäftigen, vor allem mit der Predigt, dem Gottesdienst, dem Unterricht und der Seelsorge. Dabei befindet sie sich in ständigem Austausch mit den verschiedensten profanen Wissenschaften, z. B. mit Rhetorik, Musikwissenschaft, Pädagogik, Psychologie und Soziologie. Es gibt deshalb immer wieder einmal Streit darüber, ob man die Praktische Theologie wirklich als selbständige Wissenschaft bezeichnen dürfe. Trotzdem ist ihre Notwendigkeit innerhalb der Theologie und der Kirche unbestritten. Im Gegenteil, es gibt häufig Klagen darüber, dass bei der theologischen Ausbildung die praktische Theologie zu kurz käme. Am deutlichsten aber fällt die Dogmatik ab, wenn man sie mit der theologischen Ethik, mit der Lehre vom verantwortlichen Handeln des Christen, vergleicht. Sie ist das theologische Fach, das der Dogmatik am nächsten steht. Verschiedene Theologen behandeln sie sogar als einen Teil der Dogmatik. Trotzdem aber wird der christliche Glaube heute wegen seiner Dogmatik häufig abgelehnt, im Blick auf seine Ethik jedoch weithin anerkannt. Es kann in dieser Einleitung nicht darum gehen, im Einzelnen zu erklären, wie es zu dieser negativen Einschätzung der Dogmatik gekommen ist. Hier hat vor allen Dingen eine bestimmte theologie- und geistesgeschichtliche Entwicklung innerhalb der letzten zweihundert Jahre, seit der Zeit der Aufklärung und des Pietismus, ihren Niederschlag gefunden. Wichtiger für unseren Zusammenhang ist etwas anderes: nämlich die Tatsache, dass trotz allem jeder Christ, unabhängig von seiner wissenschaftlichen Bildung, ja sogar unabhängig davon, wie er sich zum Begriff und zum offiziellen Geschäft der Dogmatik verhält, sich immer schon irgendwie mit Dogmatik beschäftigt, also Dogmatiker ist. Denn jeder mündige, denkende Christ ist in der Lage, über seinen Glauben in Sätzen Rechenschaft abzulegen – mögen diese auch noch so schlicht sein. Und genau dort, wo jemand über seine Glaubensüberzeugungen nachdenkt und darüber spricht, dort beginnt bereits die Dogmatik. Gerade in einer Zeit, in der es vielen Christen. nahe liegt, sich von der Dogmatik zu distanzieren, ist es wichtig zu erkennen, dass auch diejenigen, die von dem Begriff Dogmatik Abstand nehmen, trotzdem der Sache der Dogmatik verpflichtet bleiben, vorausgesetzt, dass sie überhaupt denkende Christen sein wollen. Dogmatik ist das Nachdenken der Christen über ihren Glauben. Freilich sagt diese erste Definition noch ziemlich wenig von dem, was die Dogmatik als theologische Disziplin alles zu leisten hat. Darüber soll im Folgenden näher gehandelt werden. Aber sie will zeigen, dass Dogmatik es mit dem lebendigen Glauben zu tun hat. Dogmatik ist nicht so etwas wie ein Panzer, in den der Glaube nachträglich hineingezwängt werden muss, sondern wächst mit ihm in dem Maße, wie der Glaubende als einzelner und die christliche Kirche als Gesamtheit sich über Grund und Inhalt des Glaubens Rechenschaft ablegen.

II Die Aufgaben der Dogmatik

A) DIE WISSENSCHAFTLICHE AUFGABE

Die Dogmatik erfüllt eine wissenschaftliche Aufgabe, indem sie für die Nachprüfbarkeit der theologischen Aussagen sorgt.

Immer wieder wird der Theologie Unwissenschaftlichkeit vorgeworfen. Dieser Vorwurf trifft am härtesten die Dogmatik. Während sich die anderen theologischen Disziplinen zugleich als Teile profaner Wissenschaften verstehen können, bleibt die Dogmatik ganz auf den kirchlich-theologischen Raum beschränkt. Gegen ihre Wissenschaftlichkeit scheint die Unbeweisbarkeit Gottes ebenso zu sprechen wie die Unvereinbarkeit einzelner Aussagen des Glaubensbekenntnisses wie Jungfrauengeburt, Auferstehung und Himmelfahrt mit dem naturwissenschaftlichen Weltbild. Dazu kommt die Vielzahl der einander oft widersprechenden Aussagen über Gott, die von den nichtchristlichen Religionen, aber auch von den verschiedenen christlichen Konfessionen und Theologien gemacht werden. Allzu oft entscheidet das persönliche Schicksal eines Menschen, die Religiosität seiner Eltern, das Glaubensbekenntnis der Religionsgemeinschaft, in der er aufwächst, über seine späteren dogmatischen Arbeitsergebnisse. Angesichts dieser Einwände gegen den wissenschaftlichen Charakter der Dogmatik müssen wir uns zunächst einmal klarmachen, dass die Wissenschaftlichkeit einer Denkbemühung nicht von ihrem Gegenstand abhängt. Nicht nur Natur und Geschichte, sondern auch alle Erscheinungen des menschlichen Geisteslebens einschließlich des weiten Gebietes der Religionen und der Religiosität können mit Hilfe wissenschaftlichen Denkens analysiert und dargestellt werden. Die Unbeweisbarkeit Gottes oder der Auferstehung Jesu bedeutet keineswegs, dass man sich nicht wissenschaftlich mit Gott oder der Auferstehung beschäftigen könne.

Nun ist freilich das Problem der Wissenschaftlichkeit der Dogmatik noch nicht damit gelöst, dass man die Inhalte unseres Glaubens mit wissenschaftlicher Methode bearbeitet. Denn die Theologie geht von der Voraussetzung aus, dass das, was in der Heiligen Schrift steht und was von der Kirche überliefert wurde, nicht einfach ein neutraler Forschungsgegenstand ist, sondern dass wir es hier mit der Anrede Gottes zu tun haben, die auch heute noch uns Menschen betrifft. Hier liegt der tiefste Unterschied zwischen der Theologie und den anderen Wissenschaften, und dies ist auch der Grund, weshalb sich die Theologie nicht in einen allgemeinen Wissenschaftsbegriff einordnen lässt. Trotzdem ist daran festzuhalten, dass die Dogmatik eine wissenschaftliche Aufgabe zu erfüllen hat; denn Predigt und Lehre unserer Kirche müssen einer ständigen kritischen Prüfung im Blick auf ihre Übereinstimmung mit den Grundzeugnissen unseres Glaubens unterzogen werden. Die Dogmatik hat nicht nur die Möglichkeit, sondern die Pflicht, durch die Anwendung wissenschaftlicher Methoden darüber zu wachen, dass die theologischen Aussagen unter Berücksichtigung der besonderen Voraussetzungen der Theologie für logisches Denken nachvollziehbar und nachprüfbar sind. Nur so ist ein sinnvolles Gespräch über den Glauben möglich.

b) Die apologetische Aufgabe

Die Dogmatik erfüllt eine apologetische Aufgabe, indem sie die christliche Lehre gegenüber anderen entgegenstehenden Auffassungen vertritt.

In der Auseinandersetzung mit Irrlehren und in der Abgrenzung gegen andersartige Auffassungen liegt seit den Zeiten der ersten Gemeinde eine der wichtigsten Wurzeln für die Entwicklung und Formulierung christlicher Lehre. Dies gilt bereits für Paulus, der seine Rechtfertigungslehre in der Auseinandersetzung mit jüdischer Werkgerechtigkeit formuliert. Dies gilt auch für die späteren altkirchlichen Theologen, die ihre Theologie in der Abwehr gegen die sogenannte Gnosis, einer spätantiken Mischung aus religiösen und philosophischen Gedanken, ausgebildet haben. Das gilt natürlich erst recht für Martin Luther, dessen große theologische Schriften fast ausschließlich Streitschriften sind. Dabei geht es wohlgemerkt nicht nur darum, neue und fremde Gedanken von der christlichen Kirche abzuwehren. Die apologetische Aufgabe besteht vielmehr immer auch darin, die christliche Botschaft so zu formulieren, dass sie jeweils verstanden werden kann. An dieser Stelle liegt dann auch die besondere Aktualität der Dogmatik. Christliche Lehre, christliche Dogmatik muss für jede Zeit neu formuliert werden. Der Dogmatiker hat in ständigem Kontakt mit den Auffassungen seiner Zeit zu stehen. Zugleich muss er die Dogmen- und Theologiegeschichte kennen; denn es zeigt sich immer wieder, dass viele Probleme nicht neu sind, sondern schon in der Vergangenheit diskutiert wurden. Zur Erfüllung der apologetischen Aufgabe ist es notwendig, dass ein theologisches Gespräch sowohl mit den Denkern der Vergangenheit als auch mit denen der Gegenwart geführt wird.

c) Die kirchliche Aufgabe

Die Dogmatik erfüllt eine kirchliche Aufgabe, indem sie am Maßstab der Heiligen Schrift Grundregeln für die Verkündigung aufstellt.

Die Beschäftigung der Dogmatik mit dem profanen Denken hat ihr häufig den Vorwurf der Unkirchlichkeit eingebracht. Viele meinen, es genüge, wenn die Heilige Schrift gelesen und die frohe Botschaft von Jesus Christus verkündigt werde. Aber die Praxis zeigt, dass jede Predigt in der Gefahr ist, die Bibel willkürlich auszulegen oder gar ihren Inhalt zu entstellen. Hier hat die Dogmatik eine Kontrollfunktion. Sie hat die Aufgabe, die Predigt auf ihre Übereinstimmung mit dem Wort Gottes hin zu überprüfen. Sie übt damit ein Stück Kirchenleitung. Dabei ist auch hier das Gespräch mit den kirchlichen Lehrern der Vergangenheit äußerst wichtig. Vor allem die von der Kirche offiziell anerkannten Lehren (Dogmen) und Lehrschriften (Bekenntnisse und Bekenntnisschriften) sind bei der Beurteilung gegenwärtiger Verkündigung heranzuziehen. Freilich trifft nun hier, wo es um die Aufstellung von Grundregeln und das Fällen von Urteilen geht, die dogmatische Arbeit besonders häufig der Vorwurf der dogmatischen Starrheit, von dem wir eingangs gesprochen haben. Und dieser Vorwurf kann bei aller Offenheit für die Probleme der jeweiligen Zeit tatsächlich auch nur zum Teil zurückgewiesen werden; denn es gehört nun einmal zu den unabdingbaren Voraussetzungen der christlichen Theologie, dass sie in der Bibel die jeden Menschen betreffende Anrede Gottes sieht. Wo es um diese Grundlage geht, muss jede christliche Theologie unbeweglich bleiben.

d) Die geistliche Aufgabe

Die Dogmatik erfüllt eine geistliche (aszetische) Aufgabe, indem sie den Glauben zum Nachdenken über sich selbst und so zum Gebet und zum Lob Gottes bewegt.

Dogmatik ist immer auch Selbstbesinnung des christlichen Glaubens. Wer Dogmatik treibt, steht nicht nur im Gespräch mit der Welt und der Kirche und den Vätern im Glauben, er steht auch im Gespräch mit sich selbst und mit Gott. Hier zeigt sich am deutlichsten, dass Dogmatik Sache jedes Christen ist; denn jeder Christ hat die Aufgabe, mit sich selbst ins Reine zu kommen, sich klarzuwerden über das, worauf er sein Leben gründet, worin er den Sinn seines Lebens sieht, und er wird diese Klärung nicht für sich allein suchen, sondern er wird über diesen Fragen zum Gespräch mit Gott kommen, zum Gebet. Wesentliche theologische Erkenntnisse sind im Gebet gefunden worden. Denn nur der Beter hat die angemessene Haltung, in der man sich mit Gott beschäftigen kann, ohne ihn zum Gegenstand zu entwürdigen. Deshalb steht auch Dogmatik in unmittelbarer Nachbarschaft zum Gottesdienst. Liturgie ist gebetetes Dogma. Die Ergebnisse der dogmatischen Besinnung über meine Stellung vor Gott und über das, was Gott für mich getan hat, werden im Gebet und im Lobpreis des Gottesdienstes vor Gott gebracht. In der lebendigen Verbindung mit dem Gebet und dem Gottesdienst der Gemeinde liegt die wichtigste Garantie dafür, dass die Dogmatik nicht in der Wiederholung lebensfremder Lehrsätze erstarrt.

Grundlegung der Dogmatik

Es ist üblich, dass die Dogmatik, bevor sie sich mit den Inhalten des christlichen Glaubens im Einzelnen beschäftigt, zuerst nach den Quellen dieses Glaubens fragt. Das ist die Aufgabe der Grundlegung der Dogmatik. Man kann diese Arbeit auf verschiedene Weise anfassen. Die eine Möglichkeit wäre die, dass wir die kirchliche Aufgabe der Dogmatik in den Vordergrund stellen. Dann hätten wir an erster Stelle zu fragen, woher denn die Kirche ihre Lehrnormen, nach denen sich die Verkündigung zu richten hat, bezieht. Die Grundlegung der Dogmatik müsste sich demgemäß am Anfang mit der Heiligen Schrift und der Offenbarung beschäftigen. Dieser Weg soll jedoch hier nicht beschritten werden. Stattdessen wollen wir vom Glauben des einzelnen Christen ausgehen. Wenn – entsprechend unserer ersten Definition – Dogmatik das Nachdenken der Christen über ihren Glauben ist, dann hat die Grundlegung der Dogmatik danach zu fragen, woher ich, der jetzt lebende Christ, meinen Glauben empfange. Sie hat sich mit der Frage zu beschäftigen, wo wir glauben lernen. Wobei wir von vornherein darauf zu achten haben, dass das Wort Glauben sowohl die Bejahung der formulierbaren Glaubensinhalte meint, wie sie in besonders kurzer Form in den Glaubensbekenntnissen zusammengefasst sind, als auch den Entschluss des Menschen, dem in diesen Bekenntnissen bezeugten Gott zu vertrauen. Durch diesen Ansatz soll die Gefahr vermieden werden, dass die Dogmatik ein auf allgemeinen religiösen oder christlichen oder gar philosophischen Grundsätzen errichtetes Lehrgebäude präsentiert. Denn so eindrucksvoll solche Dogmatiken auch immer sein mögen, sie übersehen leicht den konkreten Menschen, den Gläubigen, und die Gemeinschaft, die Kirche, in der er lebt. Solche dogmatischen Systeme neigen dazu, denjenigen, der die Grundlegung angenommen hat, durch logische Schlussfolgerungen mehr oder weniger zu zwingen, auch alles Weitere anzunehmen. Um solchem Zwang zu entgehen, wird hier zunächst von der Frage ausgegangen: Wo findet der Gläubige seinen Glauben?

Kapitel 1 – Die Kirche

Die Kirche ist der Ort, an dem jeder Christ seinen Glauben empfängt.

I Die lebendige kirchliche Überlieferung

Jeder von uns hat seine Frömmigkeitsgeschichte. Das gilt im Grunde für alle Menschen. Denn Religion ist ein Grundelement des Menschlichen. Dies zeigt sich nicht nur in der Vielzahl der Religionen und den Formen von Religiosität, sondern auch in der Leidenschaft, mit der diese Aussage von den sich als areligiös verstehenden Menschen bestritten wird. In einer christlichen Glaubenslehre, genauer in einer Dogmatik in der Tradition der evangelisch-lutherischen Kirche, muss der weite Horizont, in den uns dieser Grundsatz stellt, notwendigerweise verengt werden. Wir fragen nach den Frömmigkeitsgeschichten innerhalb der evangelischen Kirche. Viele Menschen unserer Umgebung sind noch als Kinder getauft worden und in einer mehr oder weniger lebendigen christlichen Tradition aufgewachsen. Von welcher Bedeutung aber diese Tradition für den einzelnen geworden ist, ob er den überkommenen Glauben wirklich praktiziert, das hängt gewöhnlich von ganz anderen Umständen ab, davon, ob uns vielleicht an einem besonders kritischen Punkt unseres Lebens die Predigt so getroffen hat, dass wir von da an mit dem christlichen Glauben wirklich Ernst gemacht haben. Oder es geschieht, dass wir in eine Gemeinschaft gläubiger Menschen hineingeraten, durch die auch wir ermutigt werden, so wie sie zu leben und zu glauben. Und schließlich gibt es auch dies, dass einer von Kindesbeinen an durch seine Familie und seine Gemeinde in ungebrochener Verbindung mit Gott bleibt und dass sich auf diese Weise sein Glaube ohne große Wendepunkte stetig entwickeln kann. Jeder Gläubige hat seine eigene Geschichte. Und deshalb ist auch der Glaube jedes einzelnen auf besondere Weise geprägt. Trotzdem ist es möglich, einige Grundrichtungen zu unterscheiden. Da gibt es einerseits die traditionell volkskirchlich geprägten Christen. Für ihre Verbindung zu Gott spielt der Gottesdienst der Ortsgemeinde die entscheidende Rolle. Das kirchliche Amt und die Sakramente stehen bei ihnen in besonderem Ansehen. Andererseits haben wir in unserer Umgebung viele Menschen, die durch pietistische Frömmigkeit geprägt sind. Für ihr Glaubensleben ist ein mehr oder weniger deutliches Bekehrungserlebnis entscheidend, und sie zeichnen sich durch die Bemühung aus, ihre neue, entschieden christliche Lebensetappe nun auch konsequent von allem Vergangenen abzugrenzen. Dabei spielen oft auch besondere geistliche Erfahrungen eine Rolle, wie Wunderheilungen und Sprachengebet, die als Bestätigung der Gegenwart Gottes empfunden werden. Und schließlich gibt es heute viele Christen, deren Frömmigkeit modern aktivistisch geprägt ist. Für sie ist vor allem das Interesse an den Weltproblemen wie Bewahrung der Schöpfung, Krieg, Hunger und Rassismus vorrangig. Die eigentliche Aufgabe der Kirche sehen sie in der Mitarbeit bei der Veränderung der Welt, im Wirken für eine gerechte Lebensordnung in allen Ländern. Natürlich birgt jede dieser Richtungen Gefahren in sich. Die volkskirchliche Frömmigkeit ist immer von der Gefahr der Erstarrung bedroht. Die pietistisch geprägten Christen sind schnell dabei, pharisäisch über andere zu urteilen und sich selbst allein für vollkommen zu halten. Und bei der modern-aktivistischen Gruppe schließlich besteht die Gefahr, dass über dem Drängen nach öffentlicher Wirksamkeit der Kern des christlichen Glaubens, die Begründung auf Jesus Christus, vernachlässigt wird. Aber trotz all dieser Bedenken gilt, dass jede dieser Richtungen eine notwendige Seite des christlichen Glaubens zur Geltung bringt. Sie alle sind Bestandteile, Funktionen, Bewegungen innerhalb der Kirche. Deshalb kann mit Recht gesagt werden, dass jeder von uns, ganz gleich, wie immer er zum Glauben gekommen sein mag, und ganz gleich, wie seine Frömmigkeit geartet ist, seinen Glauben in der Kirche und durch die Kirche empfangen hat. Dabei wird uns freilich auch schon deutlich, dass Kirche im dogmatischen Sinne nicht nur die Institution meint. Auch Gemeinschaften, auch christliche Kreise, können Kirche sein, wenn sie nur die eine Aufgabe erfüllen, Menschen den Glauben an Jesus Christus zu bringen. Dies wenigstens ist das evangelische Verständnis von Kirche. Die »Kirche ist die Versammlung aller Gläubigen, bei welchen das Evangelium rein gepredigt und die Sakramente laut des Evangeliums gereicht werden« (CA VII). So lautet die berühmte reformatorische Definition der Kirche aus dem Augsburgischen Bekenntnis. Damit ist klar, dass Kirche zunächst ein Funktionsbegriff ist. Das heißt, Kirche wird von dem her bestimmt, was in ihr geschieht. Und damit ist auch klar, dass die Zugehörigkeit zu organisatorisch getrennten Kirchen kein unüberwindliches Problem ist, wenn nur in diesen Kirchen das Evangelium von Jesus Christus verkündigt und die Sakramente dem Evangelium gemäß gespendet werden. Die Einheit der Kirche nach lutherischem Verständnis ist demnach nichts, was man durch irgendwelche Lehrverhandlungen herstellen könnte, sondern man kann diese Einheit lediglich feststellen, und zwar dort, wo trotz äußerer Verschiedenheiten Einigkeit in den Funktionen besteht, in dem, was die Kirche tut. Freilich geht es bei alledem noch nicht um eine vollständige Lehre von der Kirche. Wir betrachten hier in der Grundlegung vielmehr die Kirche nur unter dem einen Aspekt: dass sie der Ort ist, an dem wir zum Glauben finden, oder wie Martin Luther es im Großen Katechismus ausgedrückt hat: dass sie die »Mutter« ist, »die einen jeglichen Christen zeugt und trägt durch das Wort Gottes« (GK II, 42). Dieser Gedanke soll im Folgenden noch in drei Sätzen entfaltet werden:

1. Die Kirche zeugt jeden Gläubigen durch die Predigt des Evangeliums und den Vollzug der Heiligen Taufe.

Dieser Satz geht insofern über das bisher Gesagte hinaus, als er nicht einfach vom Glaubenlernen oder Glaubenfinden redet, sondern ähnlich wie Luthers Bild von der Mutter den Gedanken einer Neugeburt im Glauben ins Spiel bringt. Dieser Sprachgebrauch ist im Neuen Testament vorgegeben. Der Apostel Paulus redet davon, dass er die Glieder der von ihm gegründeten Gemeinden gezeugt habe (1Kor 4,15; Phlm 10). Und vor allem wird im Zusammenhang der Taufe von der Wiedergeburt der Christen gesprochen (Tit 3,5; 1Petr 1,23). In welchem Verhältnis dabei Glaube, Predigt des Evangeliums und Taufe im Einzelnen stehen, soll hier nicht erörtert werden. Wichtig ist, dass der Vorgang des Zum-Glauben-Kommens nicht nur eine Form der Erweiterung unserer Kenntnisse ist, sondern etwas, wodurch unser ganzes Leben eine neue Grundlage erhält. Fragen könnte man freilich, ob es denn wirklich berechtigt sei, an dieser Stelle die Kirche zum Subjekt zu machen. Kommt nicht hierbei möglicherweise der Heilige Geist oder das Wort Gottes zu kurz? Oder andersherum: Wird nicht der Kirche zu viel Ehre angetan? Zeugt wirklich die Kirche jeden Gläubigen? Auch hier muss uns deutlich sein, dass der Hinweis auf die Kirche nur eine vorläufige Antwort bringen kann. Die Berechtigung dieser Antwort liegt darin, dass sie genau dem entspricht, was wir alle erlebt haben: Menschen haben uns den Glauben gebracht. Und die Gemeinschaft dieser Menschen, das ist die Kirche.

2. Die Kirche ernährt unseren Glauben durch Wort und Sakrament und macht uns bereit zum öffentlichen Bekenntnis.

Zum Glauben gehört nicht nur das große Erlebnis des Anfangs. Glauben muss fortgeführt, muss durchgehalten werden. Vor allem in den johanneischen Schriften ist häufig vom Bleiben die Rede (Joh 15,4; 1Joh 2,28). Nur wer bei Jesus bleibt, der kann den Glauben festhalten, nur bei ihm ist die Voraussetzung erfüllt, die notwendig ist, um Frucht zu bringen, gute Werke zu tun und in der Welt als Christ zu wirken. Bei Jesus bleiben, das bedeutet für das Neue Testament aber selbstverständlich, bei der Gemeinde, bei der Kirche bleiben. Das Bild des Weinstocks im Johannesevangelium deutet auf das neue Gottesvolk, auf die Kirche hin. Und bei Paulus ist die Kirche sogar der Leib des Christus und jeder Gläubige ein Glied an diesem Leibe (Röm 12; 1Kor 12). Die Mittel schließlich, durch die die Verbindung mit Jesus gestärkt und unser Glaube erhalten wird, sind wiederum Wort und Sakrament. Indem wir das Wort Gottes hören und das heilige Abendmahl empfangen, kommen wir immer wieder aufs Neue mit Christus in Verbindung, wird unser Glaube gefestigt und gestärkt und in die Lage versetzt, sich auch vor der Welt, vor den Ungläubigen zu bewähren.

3. Die Kirche leitet und überprüft unseren Glauben durch das Amt der Wortverkündigung.

Damit stoßen wir schon wieder auf den dem heutigen Menschen so unsympathischen Gedanken einer Autorität in Glaubensdingen. Darf denn die Kirche überhaupt derartige Vorschriften machen, wo es doch hier um den persönlichsten und privatesten Bereich des Menschen geht? Trotzdem muss gesagt werden: Vom christlichen Standpunkt aus gesehen, ist Religion nicht einfach Privatsache, sondern immer auch Sache der Kirche, Sache der Gemeinde. Der christliche Glaube wird durch die Kirche weitergegeben. Und wir werden in diesem Glauben durch die Kirche erhalten. Wenn wir das bedenken, dann kann uns eigentlich nicht mehr wundern, dass wir durch die Kirche im Glauben auch angeleitet und kritisiert werden. Vor allem für die Bewahrung der Einheit der Kirche und die Abwehr von falschen Lehrauffassungen ist solche Kritik wichtig. Sie geschieht durch das Amt der Wortverkündigung. In neutestamentlicher Zeit wurde dieses Amt repräsentiert durch die Apostel. So war Paulus der Meinung, dass der Sinn seiner Missionstätigkeit entscheidend davon abhing, ob er sich damit in Übereinstimmung mit den Jerusalemer Aposteln befinde (Gal 2; Apg 15). Später entscheiden die Bischöfe an Stelle der Apostel über die Richtigkeit christlicher Lehre. In unserer Kirche sind es vor allem die Gemeindpfarrer und die Kirchenleitungen, die den Glauben zu leiten und zu überprüfen haben. Welche Form der Leitung die beste ist, sei hier dahingestellt. Es gibt innerhalb der Ökumene ausführliche Diskussionen darüber. Nicht bestreiten sollte man aber, dass es dieses kirchliche Amt von Anfang an gegeben hat und dass es für die Einheit der Kirche und die Treue zu ihrem Herrn Jesus von entscheidender Bedeutung ist. In diesen drei Punkten: Zeugung, Bewahrung und Leitung des Glaubens, haben wir uns die kirchliche Aktivität vor Augen geführt. Dies sind die Weisen, auf die uns allen die Kirche den Glauben überliefert hat, wobei wir selbst immer zugleich Empfangende und Weitergebende sind.

II Die fixierte kirchliche Überlieferung

Aber nun gibt es nicht nur diese lebendige kirchliche Überlieferung in Wortverkündigung und Sakramentsverwaltung; daneben steht die schriftlich festgelegte kirchliche Überlieferung in den Bekenntnisschriften. Wir kommen mit ihnen in Berührung, wenn wir im Gottesdienst das Glaubensbekenntnis sprechen. Dabei handelt es sich in den evangelischen Gottesdiensten gewöhnlich um das sogenannte Apostolikum. Wir lernen es bis heute im Konfirmandenunterricht. Martin Luther hat es seinerzeit in den Kleinen Katechismus aufgenommen und dort auch ausgelegt. Es ist das älteste der in unserer Kirche gültigen Bekenntnisse. Seine Urform ist im 2. Jahrhundert in Rom entstanden und wurde ursprünglich als Bekenntnis der Täuflinge bei der Taufe verwendet. Seinen Namen hat es auf Grund einer Legende bekommen, nach der die zwölf Apostel gemeinsam dieses Bekenntnis erarbeitet hätten, wobei jeder einen Satz gesprochen haben soll. Im Gottesdienst begegnen wir bisweilen dem Nizänischen Glaubensbekenntnis. Mit dem wissenschaftlichen Namen heißt es Nicaenoconstantinopolitanum, weil es zwar in einer ersten Form auf der ökumenischen Synode von Nicaea (325) zitiert wird, in Vollständigkeit aber erst 381 in Konstantinopel erscheint. Während das Apostolikum vor allem die heilsgeschichtlichen Aussagen über Jesus wiederholt, finden im Nizänum die inzwischen in den dogmatischen

Streitigkeiten der ersten Jahrhunderte gewonnenen Erkenntnisse über das Verhältnis von Gott und Jesus Christus ihren Niederschlag. Dieses Bekenntnis hat seinen Platz in der sonntäglichen Messe, im Abendmahlsgottesdienst der Gemeinde. Weniger bekannt sind die anderen Bekenntnisse. Aus altkirchlicher Zeit wäre noch das Athanasianum zu nennen. Sein Verfasser ist unbekannt. Genannt wird es nach dem ägyptischen Bischof Athanasius, der im Kampf um die Lehre von Christus und von der Trinität im 4. Jahrhundert eine wichtige Rolle gespielt hat. Es zeichnet sich vor allem durch ausführliche Definitionen der Dreieinigkeit und der Person Jesu Christi aus. Aus reformatorischer Zeit stammt die Augsburgische Konfession, die 1530 von den evangelischen Fürsten und Städten auf dem Augsburger Reichstag dem katholischen Kaiser überreicht wurde, außerdem die Apologie der Augsburgischen Konfession (1531), die Schmalkaldischen Artikel (1537), der Große und der Kleine Katechismus (1529) und die Konkordienformel (1577). Sie alle sind im Konkordienbuch, der Sammlung der innerhalb der Lutherischen Kirchen geltenden Bekenntnisse, zusammengefasst (1580). Daneben haben im deutschen evangelischen Raum noch als reformiertes Bekenntnis der Heidelberger Katechismus (1563) und als Bekenntnis der Bekennenden Kirche die Barmer Theologische Erklärung (1934) Bedeutung gewonnen. Allein die Aufzählung aller dieser Schriftstücke erweckt in uns das Gefühl, dass wir uns hier vom kirchlichen Leben, von der lebendigen Kirche weit entfernt haben, dass wir in eine Art kirchliches Museum geraten sind, in dem die Dokumente vergangener Epochen aufbewahrt werden, die gewiss alle einmal ihre Bedeutung hatten, die durchaus auch als Zeugnisse der Väter Ehrerbietung verdienen, die aber bestenfalls von vergangenem Leben zeugen und deshalb ihren legitimen Platz in den Arsenalen der Kirchengeschichte haben, nicht aber in der praktischen kirchlichen Arbeit. Die rechtliche Geltung der Bekenntnisse freilich widerspricht diesem Eindruck. Nach wie vor werden Pfarrer und Kirchvorsteher nicht nur auf die Heilige Schrift, sondern auch auf die Bekenntnisse verpflichtet, was allerdings nicht verhindert, dass in den Gemeinden die Existenz von Bekenntnissen – außer dem Apostolikum – weithin unbekannt ist und dass die kirchliche Entwicklung über die alten Festlegungen der Bekenntnisse mühelos hinwegschreitet. Wozu also braucht die Kirche eine schriftlich fixierte Überlieferung, was ist der Sinn der Bekenntnisschriften? Wir wollen diese Frage wieder anhand von einigen Thesen beantworten.

1. Die Bekenntnisse fassen den Inhalt der Heiligen Schrift zusammen und sind deshalb zugleich Richtlinien für die Schriftauslegung.

Für jeden, der sich mit Fragen des Bekenntnisses befasst, muss klar sein: Die Bekenntnisse stehen unter der Schrift. Ihre Autorität ist abgeleitete Autorität. Trotzdem hat sich gerade in den kritischen Zeiten der Kirchengeschichte immer wieder gezeigt, dass die Formulierung von Bekenntnissen neben der Schrift nötig war; denn alle theologischen Lehrstreitigkeiten sind letztlich Auseinandersetzungen um die richtige Schriftauslegung. Die Fülle der Heiligen Schrift verlangt nach zusammenfassenden Gesichtspunkten. Derartige Zusammenfassungen haben wir in den Bekenntnissen vor uns. Sie sind eine wichtige Hilfe, wenn es gilt, die zentralen Aussagen der Heiligen Schrift zu erkennen und das Wesentliche vom weniger Wesentlichen zu unterscheiden.

2. Die Bekenntnisse der Väter sind zugleich Anleitung zum Bekenntnis und zum Lobpreis Gottes in der Gegenwart.

Vom Bekennen des Glaubens in der Öffentlichkeit wird in unserer Zeit viel gesprochen. Aber kaum einer denkt dabei an die fixierten kirchlichen Bekenntnisse. Es besteht die Gefahr, dass unser Bekennen inhaltlos wird, dass wir der Welt am Ende mit einem allgemeinen Angebot zum Engagement gegenübertreten anstatt mit dem Bekenntnis zum Heiland Jesus. Die Bekenntnisse sollen dafür sorgen, dass die großen Taten Gottes zum Heil der Welt immer wieder zur Sprache kommen. Gerade im Apostolikum geschieht das auf beispielhafte Weise. Freilich sollte auch dies selbstverständlich sein: Wenn das aktuelle Bekennen ausfällt, verlieren auch die Bekenntnisschriften ihren Sinn. Dann sind sie nur noch totes Kapital.

3. Die Bekenntnisse sind in der Auseinandersetzung mit Irrlehren entstanden und sollen auch für die Gegenwart Richtlinien der kirchlichen Lehre sein.

Der erste Teil dieses Satzes bedarf keines Beweises. Man denke nur daran, wann unsere Bekenntnisse entstanden sind: einmal im Verlauf der altkirchlichen Auseinandersetzungen mit der Gnosis und im Streit um die Lehre von der Person Jesu und die Trinität, dann in den Glaubenskämpfen der Reformationszeit und schließlich im Kirchenkampf der dreißiger Jahre unseres Jahrhunderts. Bekenntnisse sind immer dann entstanden, wenn die Kirche in Auseinandersetzungen mit Irrlehren verwickelt war. Deshalb gehören zum Bekenntnis normalerweise auch die Verwerfungen, die Verurteilung dessen, was als falsch erkannt wurde. Umso schwieriger aber stehen die Dinge bei dem Anspruch, dass die Bekenntnisse auch für die Gegenwart Richtlinien für die kirchliche Lehre sein sollen. Theoretisch lässt sich verständlich machen, dass die Kirche mindestens für gewisse Zeit verbindliche, am Maßstab der Heiligen Schrift orientierte Lehrnormen aufstellen kann und muss. Problematisch wird die Sache jedoch, weil die in den deutschen evangelischen Kirchen zur Zeit gültigen Bekenntnisse bis auf eine Ausnahme – die der Barmer Theologischen Erklärung – samt und sonders in weit zurückliegender Zeit abgefasst wurden und weil es in der Gegenwart in unseren Kirchen keine Instanz gibt, die in der Lage wäre, diese Bekenntnisse für unsere Zeit verbindlich zu interpretieren oder gar neue Bekenntnisse zu erarbeiten. So verbirgt sich hinter der verständlichen Kritik an unseren Bekenntnissen nicht so sehr eine Krise der fixierten kirchlichen Überlieferung, sondern vielmehr eine Krise der evangelischen Kirche selbst.

4. In den Bekenntnissen äußert sich die sichtbare Kirche.

Natürlich kann man sich von all diesen Problemen leicht befreien, indem man sie als Äußerlichkeiten abtut. Die Kirche ist doch schließlich die Gemeinschaft der Glaubenden, die Gemeinde der Heiligen, die in Kirchentümern und Gemeinschaften ihre Glieder hat, deren Zahl allein Gott bekannt ist; so mögen viele sagen. Tatsächlich, die unsichtbare Kirche braucht kein Lehrgesetz, keine fixierten Bekenntnisse und Normen. Die wahre Kirche ist verborgen. Erst in der Ewigkeit vor Gott tritt sie vollendet in Erscheinung. Dennoch ist die Kirche in dieser Welt immer auch sichtbare menschliche Organisation, in die man durch eine sichtbare Handlung, die Taufe, aufgenommen wird und zu der man sich in klaren Worten bekennen muss. Schon im Neuen Testament gibt es deshalb die Vorformen unserer Bekenntnisschriften in Gestalt von Bekenntnisformeln (Röm 10,9; 1Kor 12,3; Apg 8,37). Weil die Kirche auf der Erde eine sichtbare Gestalt hat, weil sie eine menschliche Institution ist, deshalb braucht sie Lehrnormen in Form von Bekenntnissen. Allerdings zeigt sich an ihnen auch das ganze Elend der Kirche in der Zeit. Nicht nur, dass unsere evangelische Kirche in den vergangenen Jahrhunderten unfähig war, ihre Bekenntnisse weiterzubilden, die einzelnen in Geltung stehenden Bekenntnisse sind geradezu Signale für die Kirchenspaltung. Sie grenzen nicht nur den christlichen Glauben nach außen ab, sie ziehen vor allem auch die Grenzen zwischen den einzelnen Konfessionen, zwischen Katholiken und Protestanten, zwischen Lutheranern und Reformierten usw. Selbst von den sogenannten ökumenischen Bekenntnissen – Apostolikum, Nizänum und Athanasianum – ist kein einziges wirklich in der gesamten Christenheit in Gebrauch. Aber auch hier muss uns deutlich sein: Schuld daran sind nicht die Bekenntnisse, sondern der beklagenswerte Zustand der Kirche. Wer meint, durch Überspringen der durch die Bekenntnisse markierten Grenzen zur Einheit der Kirche zu gelangen, der versucht die Krankheit zu beseitigen, indem er den Symptomen zu Leibe geht. Umgekehrt muss verfahren werden: Wenn wir erst einheitliche Auffassungen über das Wesen des christlichen Glaubens haben, dann ergeben sich die gemeinsamen Bekenntnisse von selbst. Gerade dann, wenn wir der Wirklichkeit unserer Kirche ins Auge blicken wollen, sollten wir die Bekenntnisse ernst nehmen und uns um sie bemühen.

Kapitel 2 – Die Heilige Schrift

Die Heilige Schrift ist die Quelle für den Glauben der Christen.

I ALLEIN DIE SCHRIFT

Von der Heiligen Schrift ist bereits in verschiedenen Zusammenhängen gesprochen worden. Das musste so sein, da wir doch entsprechend der evangelischen Tradition die Kirche von dem her verstanden haben, was in ihr geschieht: nämlich die Verkündigung des Evangeliums und die Austeilung der Sakramente. Ohne die Heilige Schrift könnte die Kirche ihre Aufgabe nicht erfüllen, denn sie wäre ihres Predigttextes beraubt. Und das bedeutet letztlich: Es gäbe keine Kirche. Freilich war dies alles noch keine thematische Beschäftigung mit der Bibel. Wir haben mit Absicht zuerst von der Kirche gesprochen, weil für jeden von uns die Bibel nie losgelöst von der Kirche, etwa als Erzeugnis des Buchhandels, entscheidend ist, sondern als in der Kirche und durch die Kirche gepredigter und gelesener Text. In dieser Hinsicht, im Blick auf die praktische Frömmigkeit, gibt es tatsächlich eine gewisse Vorordnung der Kirche vor der Heiligen Schrift. Wenn wir nun aber die Heilige Schrift selbst zum Thema machen, dann geht es darum, der kirchlichen Wirklichkeit, dem Glauben der Christen, von dem wir zunächst ausgegangen sind, weiter auf den Grund zu kommen. Denn wer nach den Ursprüngen, nach der Quelle des christlichen Glaubens fragt, der stößt unweigerlich auf die Bibel, die Heilige Schrift der christlichen Kirche. Hier schlägt bis heute das Herz der evangelischen Theologie. Schließlich brachte die Reformation vor allem die Wiederentdeckung der Heiligen Schrift. Nicht dass die Bibel im Mittelalter ganz in Vergessenheit gewesen sei, aber ihre Bedeutung für die Theologie und vor allem für das kirchliche Leben und die Frömmigkeit war doch sehr gering. Mit Recht weisen deshalb die evangelischen Christen immer wieder darauf hin, dass Martin Luther es war, der dem deutschen Volk die Bibel in seiner Muttersprache in die Hand gab, und dass sich bis heute die Frömmigkeit großer Teile unseres Volkes an dieser Bibel orientiert. Gewiss war dies nicht allein der Reformation im engeren Sinne zu verdanken. Hier sind die Glaubensbewegung der Reformation und die geistesgeschichtliche Strömung der Renaissance mit ihrem Bestreben, alle Überlieferungen an den ältesten und besten

Quellen zu studieren, ineinander geflossen und haben sich gegenseitig angeregt und befruchtet. Aber seitdem gehört es zu den Aufgaben des evangelischen Theologen, dass er die Bibel im griechischen und hebräischen Urtext studiert; und die evangelischen Kirchen haben immer wieder nicht ohne Pathos verkündet, dass ihnen allein die Schrift Grundlage für Glauben und Lehre sei. Die Losung »Allein die Schrift« hatte von Anfang an nicht nur eine positive, sondern immer auch eine negative, eine abgrenzende Bedeutung. Sie ist das Auswahlprinzip gewesen, mit dessen Hilfe die Reformatoren die gesamte mittelalterliche Kirche mit allen ihren Lebensäußerungen einer strengen Kritik unterzogen. Ganz gleich, ob es sich um Lehrsätze, um Sakramente oder um kirchliche Ordnungen handelte: nur das konnte Geltung beanspruchen, was durch die Schrift begründet war oder ihr doch wenigstens nicht widersprach. Die evangelischen Kirchen stehen deshalb in der Beurteilung kirchlicher Traditionen noch heute im Gegensatz zur römisch-katholischen Kirche. Gewiss, auch bei den katholischen Christen steht die Bibel in hohem Ansehen, und sie gilt heute mehr denn je als Grundlage des kirchlichen Lehrens und Handelns, aber sie wird – im Gegensatz zur evangelischen Überzeugung – nicht aller kirchlichen Tradition als der eigentliche und einzige Maßstab entgegengesetzt. Neben der Heiligen Schrift steht dort die Tradition als verpflichtende Norm, weil sie das, was in der Bibel enthalten ist, auslegt und weiterführt. Trotz des evangelischen Pathos bei der Berufung auf die Heilige Schrift dürfen wir uns aber nicht darüber hinwegtäuschen, dass es recht verschiedene Möglichkeiten bei der Verwendung der Bibel gibt. Das, was die lutherische Theologie im Blick auf den Umgang mit der Schrift auszeichnet, ist ja nicht einfach die bedingungslose Anerkennung der Bibel als Lehrnorm. Das hat es auch vor Luther immer gegeben. Wichtig für Luther ist vielmehr, dass die Heilige Schrift erst als gepredigter, als ausgelegter, in unser Leben hineingesprochener Text ihre volle Kraft entfalten kann. Nicht als toter Buchstabe, sondern als lebendiges Wort ist die Schrift alleinige Autorität für die Kirche. Genauer: Weil mich in der Heiligen Schrift das Gesetz Gottes trifft und mich meiner Schuld vor Gott überführt und weil ich in der Heiligen Schrift dem Evangelium von Jesus Christus begegne, das mich frei spricht und mir ewiges Leben verheißt, deshalb ist die Bibel Grundlage allen kirchlichen Handelns. Damit sind alle Formen der Schriftbegründung abgetan, die die Bibel nicht von ihrem Grundanliegen her, Menschen zu Gott zu führen, betrachten, sondern sie im Sinne eines Gesetzbuches verwenden. Es ist Missbrauch, eine Degradierung der Bibel, wenn man sie nur noch Berufungsinstanz gegen Irrlehre sein lässt oder wenn man aus ihr wie aus dem Verfassungsdokument eines Staates die Regeln für das Leben der einzelnen Christen und der Kirche ablesen will. Damit ist nicht gesagt, dass aus einem solchen Schriftgebrauch nicht auch sinnvolle Dinge hervorgehen könnten. Natürlich hat es seinen guten Sinn, sich gegen die Irrlehre auf die Bibel zu berufen. Und selbstverständlich war es eine gute Sache, wenn sich die Frömmigkeitsbewegungen der Vorreformation in Ablehnung der üppigen Lebensweise damaliger Kirchenfürsten auf das apostolische Leben beriefen, wie es im Neuen Testament von Jesus und seinen Jüngern berichtet wird. Trotzdem ist solch ein Umgang mit der Heiligen Schrift nicht ohne Gefahren, weil er allzu leicht am Buchstaben der Bibel hängen bleibt, ohne die eigentlichen Intentionen des Schriftwortes zu erfassen. So stand einst die Frömmigkeit der Pharisäer in Gefahr, die guten Gebote Gottes unwirksam zu machen, indem man sie in unzählige, oft lebensfremde Vorschriften auflöste. Und so besteht innerhalb des Christentums immer wieder die gefährliche Möglichkeit, aus der guten Botschaft von Jesus und dem Vorbild, das er uns gegeben hat, nur eine umso strengere Lebensregel abzuleiten. Nicht viel besser schließlich steht es mit den Versuchen, durch die Bibel Deutungen der Geschichte zu begründen, die die Ereignisse der Vergangenheit in ein von Gott offenbartes System bringen wollen, von dem aus dann auch gewisse Voraussagen für die Zukunft gemacht werden. Vor allem die Begründer der christlichen Sekten haben sich darin hervorgetan, auf diese Weise die Bibel zu lesen und zur Lehrgrundlage zu machen. Manche Bibelteile scheinen sich ja auch geradezu dafür anzubieten: Denken wir nur an das Buch Daniel oder an die Offenbarung Johannes. Aber auch hier muss festgehalten werden, dass evangelische Schriftbegründung nicht die Aufstellung eines Lehrgesetzes, vielleicht eines geschichtsphilosophisch orientierten Lehrgesetzes, meint, sondern die Predigt von Gesetz und Evangelium. In diesem Sinne aber haben wir das »Allein die Schrift« unbedingt festzuhalten. Das ist für die evangelische Theologie eine unaufgebbare Überzeugung. Vor allem die evangelischen Theologen des 16. und 17. Jahrhunderts haben sich darüber grundlegende Gedanken gemacht. In Anlehnung an ihre Begriffsbildung soll abschließend noch einmal in vier Sätzen klargestellt werden, was das »Allein die Schrift« bedeutet:

1. Die Schrift ist die alleinige Autorität für die Predigt und die Lehre der Kirche.

Das heißt mit anderen Worten: Sie ist das Wort Gottes. Über die Problematik dieses Ausdrucks muss im Folgenden noch weiter nachgedacht werden. Soviel ist aber auf alle Fälle schon deutlich: dass die Sonderstellung der Bibel, ihre Überlegenheit gegenüber allen Traditionen, nur dann zu begründen ist, wenn wir glauben, dass uns in ihr Gottes Wort und nicht nur Menschenwort entgegen tritt, wenn wir davon überzeugt sind, dass hinter ihr Gottes unendlich überlegene Autorität steht, vor der alle menschliche und auch alle kirchliche Autorität nichts ist.

2. Die Heilige Schrift enthält alles, was für uns Menschen zu wissen heilsnotwendig ist.

Sie ist in keiner Weise ergänzungsbedürftig, weder durch kirchliche Traditionen noch durch weitere Offenbarungen. Hier steht die evangelische Lehre von der Schrift im Gegensatz zu den vielen Sektenstiftern, die sich auf besondere Offenbarungen von Gott berufen, aber auch im Gegensatz zu den Versuchen der römisch-katholischen Kirche, die biblische Lehre zu entfalten, etwa im Blick auf die Mutter Maria oder die Stellung des Papstes.

3. Der wesentliche Inhalt der Heiligen Schrift ist dem Verständnis des Menschen zugänglich.

Gerade die Gegner der evangelischen Behauptung, dass der Bibel alleinige Autorität in der Kirche zukomme, haben immer gern auf die dunklen, unverständlichen Stellen in der Heiligen Schrift hingewiesen, um zu beweisen, wie unmöglich es sei, ein so unverständliches Buch zur alleinigen Richtschnur in der Kirche zu machen. Aber dem hat schon Martin Luther entgegnet, dass der Gesamtinhalt der Bibel eindeutig und für jeden Gutwilligen verständlich sei, wenn auch bei einzelnen Stellen manches unklar bleiben mag. Dass das keine leere Behauptung ist, verstehen wir, wenn wir uns an die Art der lutherischen Schriftbegründung erinnern. Da es ihr nicht um die Erarbeitung eines Lehrgesetzes, sondern um die lebendige Predigt von Gesetz und Evangelium geht, muss die Unverständlichkeit einzelner Stellen nicht zum grundsätzlichen Zweifel an der Klarheit der Heiligen Schrift führen.

4. Die Heilige Schrift wirkt den Glauben.

Eben weil sie in erster Linie Predigttext ist, deshalb gehört der Glaube an ihre Wirksamkeit unbedingt in die Lehre über die Heilige Schrift hinein. Dies ist die praktische Seite der in These I behaupteten Autorität der Bibel. Dass die Bibel Gottes Wort ist, muss sich am Ende daran erweisen, ob sie imstande ist, den Menschen zu verändern, ob die Predigt eine Wirkung hat oder nicht. Wenn die evangelische Kirche die Heilige Schritt zur allgemeinen Norm macht, dann tut sie das in dem festen Glauben, dass wir es hier nicht nur mit einer Richtschnur, sondern mit einer lebenspendenden Kraft zu tun haben, mit der Quelle des Glaubens.

II Heilige Schrift und menschliche Tradition

1 Schrift und Kirche

Es hängt vor allem mit der Entwicklung der Bibelwissenschaft zusammen, dass, nachdem der reformatorische Grundsatz des »Allein die Schrift« unterstrichen worden ist, noch einmal über Schrift und Tradition gehandelt werden muss. Man möchte fast von einer gewissen Tragik sprechen, die darin liegt, dass ausgerechnet die evangelische Bibelwissenschaft, die einst von dem reformatorischen Pathos der Alleingeltung der Schrift beflügelt, auszog, um sich – gründlicher und umfassender als je eine theologische Bewegung vor ihr – mit der Bibel zu beschäftigen, zwischen der Heiligen Schrift und menschlichen Traditionen kaum noch exakt zu trennen vermag. Damit ist folgendes gemeint:

a) Der Text der Bibel beruht auf kirchlicher, und das heißt doch eben menschlicher Überlieferung. Es war von Anfang an Aufgabe von Menschen, für das Abschreiben und Weitergeben der Texte zu sorgen. Kein Wunder, dass es zahlreiche Textvarianten gibt und sich ein ganzer Wissenschaftszweig entwickelte, der die einzelnen Handschriften sichtet und miteinander Wort für Wort vergleicht. Das Ergebnis dieser Bemühungen ist die Erkenntnis, dass es *den* Text des Alten oder Neuen Testaments nicht gibt. Es gibt nur eine Vielzahl von Textüberlieferungen, aus denen man jeweils nach reiflicher Überlegung die beste Textform auswählen kann. Durch ein derartiges Auswahlprinzip ist die moderne Ausgabe des griechischen Neuen

Testaments entstanden. Beim Alten Testament ist zwar die Zahl der zugänglichen Textvarianten geringer – man arbeitet gewöhnlich mit dem sogenannten masoretischen Text, der in den Jahrhunderten sehr treu bis in jeden Buchstaben hinein abgeschrieben worden ist –, aber auch hier weiß man heute, dass es durchaus unterschiedliche Textvarianten gegeben hat. So hat die alte griechische Übersetzung des Alten Testaments, die Septuaginta, eine andere hebräische Textform als Vorlage benutzt; und auch die Handschriftenfunde am Toten Meer haben alttestamentliche Handschriften ans Licht gebracht, die vom masoretischen Text abweichen. Das alles bedeutet natürlich nicht, dass etwa der Inhalt der Bibel überhaupt fraglich sei. Die einzelnen Varianten sind zum allergrößten Teil geringfügig. Trotzdem ist es eine Tatsache, dass sich an einzelnen Stellen die verschiedenen Handschriften widersprechen.

b) Jedoch ist das noch die harmloseste Form der Beeinflussung der Textgestalt der Heiligen Schrift durch menschliche Überlieferungen. Weit tiefgreifender ist dieser Einfluss bei der Abgrenzung des Kanons, das heißt bei der Entscheidung darüber, welche Schriften in die Bibel aufgenommen wurden und welche nicht; denn die Zahl der religiösen Bücher, die innerhalb des Volkes Israel und in der frühen Kirche geschrieben wurden, ist bedeutend umfangreicher gewesen als unser Kanon des Alten und Neuen Testaments. Die Wissenschaftler haben inzwischen viele Schriften entdeckt, die damals offensichtlich ausgeschieden wurden. Auf welche Weise dieser Auswahlprozess vor sich ging, ist heute nicht mehr restlos aufzuhellen. Eine wesentliche Rolle haben wohl die Gemeinden selbst gespielt, indem sie gewisse Schriften in ihren Gottesdiensten benutzten und andere nicht. Aber auch Synoden haben sich mit den Fragen des Kanons befasst. So hat die jüdische Synode von Jamnia um das Jahr 100 den Kanon des Alten Testaments endgültig festgelegt. Beim Neuen Testament hat der Vorgang der Abgrenzung des Kanons noch länger gedauert. Wohl war man sich über den Grundbestand des Neuen Testament einig. Aber über die Zugehörigkeit einzelner Schriften, wie den Hebräerbrief und die Offenbarung Johannes, wurde bis ins 4. Jahrhundert diskutiert. Noch in der Reformationszeit ist die Diskussion im Blick auf den Hebräerbrief, den Jakobus- und den Judasbrief, aber auch um die Offenbarung Johannes wieder aufgeflammt. Außerdem hat Martin Luther den sogenannten alttestamentlichen Apokryphen nur eingeschränkte Geltung zugebilligt, weil sie zwar in der griechischen und lateinischen Bibel, nicht aber in der hebräischen enthalten sind. Aus dieser komplizierten Geschichte der Entstehung des Kanons geht eindeutig hervor, dass die Entscheidung über die Zugehörigkeit einer Schrift zur Bibel eine kirchliche und das heißt eine menschliche Entscheidung gewesen ist. Mag es auch sein, dass wir heute beim Vergleich der biblischen Schriften mit den damals ausgeschiedenen und inzwischen wieder entdeckten Büchern die Entscheidung der Väter nur gutheißen können, trotzdem macht die Kanonbildung unübersehbar deutlich, dass die Heilige Schrift eben nicht von Anfang an das eindeutige Gegenüber aller kirchlichen Tradition gewesen ist, sondern vielmehr die Kirche selbst bei der Zusammenstellung der Bibel aktiv beteiligt war. Jedenfalls konnten die einzelnen biblischen Schriftsteller bei der Abfassung ihrer Bücher nicht wissen, ob diese einmal kanonische Geltung erlangen würden oder nicht.

c) Damit sind wir beim dritten und entscheidenden Punkt angelangt, an dem die Gemeinde des Alten und des Neuen Bundes bei der Gestaltung der Bibel mitgewirkt hat: bei der Abfassung der Schriften selbst. Die Verfasser der neutestamentlichen Schriften sind zugleich Glieder der ersten Gemeinden gewesen. Sie sind geprägt von bestimmten persönlichen Erlebnissen und von bestimmten Gemeindetraditionen. Das gilt nicht nur für den Apostel Paulus, dessen Briefe ja teilweise ohne Kenntnis seiner Lebensgeschichte einfach nicht verstanden werden können. Das gilt auch für die Evangelien, deren Verfasser durch die Auswahl und die Komposition des überlieferten Stoffes, aber auch durch das, was sie selber an theologischen Gedanken mit einbringen, nicht nur als die treuen Zeugen der Geschichte Jesu, sondern zugleich als Vertreter ihrer Gemeinden und als eigenständige Theologen in das Neue Testament eingegangen sind. Noch komplizierter liegen die Dinge beim Alten Testament. Hier wächst erst recht die Zahl der menschlichen Mitarbeiter und der aufgenommenen menschlichen Überlieferungen ins Unübersehbare. Das Alte Testament ist im wahrsten Sinne des Wortes ein Werk des alttestamentlichen Gottesvolkes. Es ist im Laufe der Geschichte dieses Volkes gewachsen. Generationen von Propheten, Priestern und Erzählern haben ihren Teil dazu beigetragen, und selbst dort, wo der Name eines Propheten ein Buch eindeutig zu kennzeichnen scheint, legt genaues Lesen den Gedanken nahe, dass wir es mit verschiedenen Personen zu tun haben, die alle ihre Gedanken, ihre Erlebnisse mit Gott und ihre Frömmigkeitstraditionen mit eingebracht haben. Wer will da noch Gottes Wort und menschliche Tradition genau auseinanderhalten?

Aber wir müssen noch einen Schritt weiter gehen. Es sind nicht nur die Überlieferungen der Gläubigen, die in die Bibel mit eingegangen sind; auch das allgemeine menschliche Denken hat seinen Anteil an der Heiligen Schrift. Diese Erkenntnis mag manchem zunächst als eine Binsenwahrheit erscheinen; im Blick auf die Autorität der Bibel als Gottes Wort ist sie dennoch von Belang. Wir können die Heilige Schrift nur verstehen, wenn wir uns diesen Tatbestand deutlich machen.

a) Der einfachste und zugleich wichtigste Weg, auf dem menschliches Denken Eingang in die Bibel gefunden hat, ist die Sprache. Die Bibel ist nicht in einer besonderen heiligen Sprache geschrieben, sondern in der Sprache der jeweiligen Zeit, in der Sprache derjenigen Menschen, die die Texte lesen und verstehen sollten. Das ist mehr als eine Äußerlichkeit; denn Sprache und Denken gehören zusammen. Mit der Verwendung einer bestimmten Sprache gehen auch bestimmte Denkstrukturen in die Heilige Schrift ein. Die jeweils verwendete Sprache ist mehr als ein Gefäß für den Inhalt der Heiligen Schrift; sie verschmilzt untrennbar mit der Sache selbst. Und so wenig einerseits die biblischen Sprachen heilige Sprachen sind, so unentbehrlich ist doch andererseits ihr Studium für das Verständnis der Heiligen Schrift. Die hebräische und griechische Sprach- und Denktradition ist von der Bibel nicht mehr zu trennen.

b) Noch greifbarer wird der Einfluss des allgemeinen menschlichen Denkens auf die Bibel bei allen Fragen, die mit dem Wissen und dem Weltbild der biblischen Schriftsteller zusammenhängen. Selbstverständlich dürfen wir nur jene naturwissenschaftlichen Erkenntnisse in der Bibel erwarten, die auch in der Umwelt des Alten und Neuen Testaments bekannt gewesen sind. Vor allem in Bezug auf die endlosen Debatten über die biblischen Schöpfungsberichte muss bedacht werden, dass die Menschen des ersten Jahrtausends vor Christus eben andere Vorstellungen über den Aufbau des Universums und seine Entstehung hatten als wir heute. Und diese Vorstellungen sind in das, was sie über das Verhältnis Gottes zur Welt und zur Entstehung der Welt zu sagen hatten, mit eingeflossen. Ähnliches gilt bei den biblischen Wundergeschichten. Der Protest, der heute im Blick auf diese Texte von der Seite der Naturwissenschaft kommt, die in ihnen eine unerträgliche Durchbrechung der Naturgesetzlichkeit sieht, ist für die biblische Zeit unverständlich, weil man damals den Begriff der Naturgesetzlichkeit als eines allgemeinen Strukturprinzips der Welt noch nicht kannte. Für das damalige Weltbild waren Wunder nicht unmögliche Durchbrechungen der Naturordnung, sondern lediglich erstaunliche Ereignisse, die man bewunderte. Deshalb muss auch hier bedacht werden, dass die biblischen Schriftsteller nicht als neutrale Zeugen, sondern als Menschen ihrer Zeit ihre Berichte geschrieben haben. So stoßen wir überall in der Bibel auf das Ineinander menschlicher Denkgewohnheiten und Erkenntnisse und göttlicher Botschaft. Je mehr wir die Bibel innerhalb ihrer Umwelt sehen, umso mehr wird sie für uns ein Stück dieser Welt, ein Stück Literatur des Vorderen Orients und der Antike. Wo aber bleibt dann der universale Anspruch dieses Buches, die Autorität Gottes hinter sich zu haben, Wort Gottes zu sein?

3 Heilige Schrift und kirchliche Interpretation

Dies alles sind Fragen, die an die Autorität der Bibel gestellt werden müssen, wenn wir den Problemen der Entstehung und der Überlieferung des Bibeltextes nachgehen. Doch selbst wenn wir diese Fragen beiseiteschieben wollten, vielleicht mit der Begründung, dass für uns allein der heute in der Kirche gebräuchliche Bibeltext maßgebend sei und alles andere letztlich nicht interessiere, selbst dann bleibt die große Schwierigkeit, dass ja auch dieser Text uns nie an sich, sondern immer als schon übersetzter, ausgelegter, gepredigter, interpretierter Text begegnet. Und auch hier verschmelzen menschliche Gewohnheiten und Überlieferungen untrennbar mit dem Wort Gottes. Schon die Entscheidung darüber, welche Stellen in der Bibel ich besonders häufig lese oder wo, an welcher Stelle ich überhaupt mit dem Lesen beginne, bedeutet, dass ich mir meine Heilige Schrift in gewissem Sinne zurechtmache. Andererseits aber ist Interpretation und Auswahl von Bibeltexten unbedingt notwendig; wir ersticken sonst an der Fülle des Materials aus den verschiedensten Zeiten und Gebieten, das in der Bibel angesammelt ist. Wer jedes Wort in der Bibel gleich wichtig nimmt, der wird nie einen sinnvollen Gebrauch von ihr machen können. Diese Notwendigkeit der Auslegung hat geradezu unabsehbare Folgen. Kein Theologe – und erst recht kein Gemeindeglied – beginnt bei seiner Auslegung von vorn. Jeder knüpft an eine bestimmte Auslegungstradition an. So kommt es, dass sich zwar in der Hand jedes Christen die gleiche Bibel befindet, dass aber trotzdem jeder diese Bibel anders liest, anders versteht, oder um es überspitzt zu sagen: dass jeder im Grunde eine andere Bibel hat. So liest eben der katholische Christ bestimmte Teile des Neuen Testaments ganz anders als wir Evangelischen, etwa die Stellen, an denen von Maria geredet wird, oder das berühmte Wort an Petrus (Mt 16), das als Schriftgrundlage des Papsttums gilt. Noch deutlicher lässt sich die Bedeutung der Interpretation im Blick auf das Alte Testament bei Christen und Juden beobachten. Wörtlich stimmt zwar die Heilige Schrift des Judentums mit unserem Alten Testament überein. Aber schon die in der christlichen Kirche üblich gewordene Bezeichnung deutet an, dass für uns dieses Buch etwas ganz anderes geworden ist als für die Juden. Für sie ist es nach wie vor das Buch der großen Verheißungen Gottes, für uns sind diese Verheißungen in Christus erfüllt, und damit ist jenes Buch für uns »veraltet«, zu einem »Alten Testament« geworden. Diesem Zwang, immer schon mit vorgefassten Meinungen, als Glied einer bestimmten Traditionskette, die Bibel zu lesen, kann niemand entrinnen. Auch bei der modernen Bibelwissenschaft hat sich immer wieder gezeigt, dass die Zugehörigkeit zu einer Konfession oder einer theologischen Schule die Ergebnisse der einzelnen Wissenschaftler wesentlich beeinflusst. Wir werden deshalb um die Erkenntnis nicht herumkommen, dass jedem von uns auch in Hinsicht auf die kirchliche Interpretation, in der er steht, die Heilige Schrift nie in Reingestalt, sondern immer nur mit menschlichen Traditionen vermischt begegnet.

III Die heilige Schrift und Christus

Die Schwierigkeit ist deutlich: Die reformatorische Losung »Allein die Schrift« erweist sich bei näherem Hinsehen als problematisch. An den verschiedensten Stellen haben wir Einfallstore für menschliche Mitwirkung und damit für menschliche Begrenztheit und Unzulänglichkeit in die Heilige Schrift entdeckt. Wie soll man da noch Gottes Wort und Menschenwort einander entgegensetzen können, wenn doch immer schon Gottes Wort und Menschenwort unauflösbar miteinander verflochten sind? Aber gerade mit dieser Frage sind wir einer grundsätzlichen Einsicht in das Wesen der Heiligen Schrift auf der Spur. Wir erkennen nämlich, dass der menschliche Charakter der Heiligen Schrift keine Gefährdung ihrer Autorität ist, sondern umgekehrt das Wort Gottes erst ans Ziel bringt. Gerade die Verflechtung mit menschlichen Überlieferungen ist vom eigentlichen Anliegen der Heiligen Schrift her sinnvoll. Schließlich will uns doch das Wort Gottes in die Gemeinschaft mit Gott bringen. Und es kann das nur, indem es auf menschliche Weise zu uns redet. Genau das aber geschieht durch Jesus Christus, in dem Gott Mensch geworden ist. Deshalb ergibt sich: Wenn wir die aufgeworfenen Fragen von Christus her sehen, erkennen wir, dass es sich bei alledem nicht um Schwächen der Bibel, sondern um Stärken, um innere Notwendigkeiten unseres Glaubens handelt.

1. So wie Jesus Christus wahrer Mensch und zugleich wahrer Gott ist, so ist die Bibel menschliches Buch und dennoch zugleich wahrhaft Gottes Wort.

Genauso wie bei der Menschwerdung Gottes in Jesus Christus geschieht beim Entstehen der Bibel etwas für menschliches Denken Unmögliches: Der unendliche, unfassbare Gott siedelt sich an im endlichen Raum (Joh 1,14). Gottes Wort geht ein in menschliche Sprache, in menschliches Denken, in menschliche Weltbilder und so weiter. Dass diese »unmögliche« Verbindung zustande kommt, ist für uns kein Nachteil, sondern der entscheidende Vorteil, weil nur so Gott mit uns reden kann, ohne uns unsere Freiheit und Menschenwürde zu nehmen. Eben weil die Bibel ein Buch ist, das sich in vieler Hinsicht mit anderen Büchern der Weltliteratur vergleichen lässt, kann sich jeder in aller Freiheit dafür oder dagegen entscheiden. Alle Vorstellungen, die der Bibel mehr Ehre zuerkennen wollen, indem sie das Gewicht des Menschlichen bei ihrer Entstehung zurückdrängen, wie etwa die berühmte Lehre von der »Verbalinspiration«, die behauptet, dass jedes Wort der Bibel den Schreibern durch den Heiligen Geist eingegeben worden sei, rücken zugleich die Bibel von uns weg. Sie verdunkeln die Größe der Herabneigung Gottes, der in Jesus ganz Mensch geworden ist und der in der Bibel ganz und gar auf menschliche Weise zu uns redet.

2. Weil in Jesus Christus Gott geschichtlicher Mensch wurde, deshalb haben die christlichen Schriften, die ihm historisch am nächsten stehen, Anspruch auf besondere Autorität und Aufnahme in den Kanon.

Von der Person Jesu her fällt auch Licht auf die scheinbar zufällige Abgrenzung des Kanons. Entscheidend ist am Ende nicht, mit welchem Selbstbewusstsein die einzelnen Schriftsteller gearbeitet haben, entscheidend ist ihre Nähe zu Jesus Christus. So enthält das Alte Testament für uns die Schriften, die sein Kommen vorbereiten und ankündigen, das Neue Testament die Schriften, die von seinem Kommen berichten und dessen Bedeutung für die Gemeinde auslegen. Weil das Kommen Jesu ein historisches Ereignis ist, deshalb ist auch die Auswahl der von ihm berichtenden Dokumente historisch bedingt, was freilich nicht bedeutet, dass man in Bezug auf die späten Schriften des Neuen Testaments, wie etwa den zweiten Petrusbrief, nicht doch darüber streiten könnte, ob ihnen mehr Autorität zukommt als bestimmten altchristlichen Schriften (z.B. der Didache, der sogenannten Apostellehre aus dem 2. Jahrhundert), die nicht mehr in den Kanon aufgenommen worden sind.

3. Jesus Christus als die Mitte der Schrift ist das Kriterium für die Unterscheidung von Wichtigem und Unwichtigem, Zeitbedingtem und Ewig-Gültigem in der Schrift.

Mag es auch sein, dass man bei der äußeren Abgrenzung des Kanons um bestimmte Unschärfen nicht herumkommt, von der inneren, der inhaltlichen Abgrenzung her sind die Dinge klar: um Jesu willen, um seines Werkes willen lesen wir die Bibel. Entscheidend ist nicht, was unseren Wissensdurst stillt, sondern was den Glauben an Jesus betrifft. Wo wir uns auf Jesus Christus in der Heiligen Schrift konzentrieren oder, wie Martin Luther sagt, auf das, »was Christum treibet«, da wird für uns die Fülle der menschlichen und kirchlichen Traditionen durchsichtig. Dann werden uns weder das mit dem Stand der modernen Naturwissenschaft nicht mehr übereinstimmende Weltbild noch fragwürdige historische Angaben noch Unklarheiten bei der Textgestalt beirren. Für uns hat keine Aussage unantastbare Autorität, weil sie zwischen den beiden Buchdeckeln der Bibel steht, sondern allein deshalb, weil sie sich auf den Herrn Jesus Christus bezieht.

Kapitel 3 – Offenbarung

Der Begriff Offenbarung meint den besonderen göttlichen Ursprung des christlichen Glaubens und damit dessen Anspruch auf absolute Gültigkeit.

Jesus Christus ist die eigentliche Autorität für unseren Glauben. Um seinetwillen ist die Bibel Gottes Wort. Diese Aussagen lassen sich nicht weiter begründen. Versuchten wir, hinter Jesus zurückzugehen, etwa mit der Frage, weshalb, auf Grund welcher Voraussetzungen Jesus eine derartig überragende Stellung zukommt, dann wären wir im Begriff, die Grundlage des christlichen Glaubens zu verlassen. Dass Jesus der Grund unseres Glaubens ist, diese Aussage kann innerhalb einer christlichen Theologie weder überboten noch ergänzt werden. Wir können sie nur noch abgrenzen und entfalten. Gerade am Beginn der Beschäftigung mit dem Offenbarungsbegriff muss uns das deutlich sein. Auch der Offenbarungsbegriff kann nicht mehr für die Begründung der Autorität der Heiligen Schrift leisten als der Hinweis auf Jesus Christus. Eigentlich könnte man direkt vom Kapitel über die Heilige Schrift fortschreiten zu der Frage, wie wir zum Glauben und zum Verstehen der Botschaft der Bibel kommen. Dass wir dazwischen ein Kapitel über die Offenbarung stellen, ist ein Zugeständnis an die theologische Tradition der neueren Zeit, in der dieser Begriff gerade bei der Grundlegung der Dogmatik eine entscheidende Rolle spielt. Für uns ist er nicht Oberbegriff, von dem die einzelnen Aussagen der Dogmatik, von der Gotteslehre bis zur Lehre von den letzten Dingen, abgeleitet werden; vielmehr besteht seine Aufgabe nur in der Abgrenzung und Entfaltung dessen, was Jesus Christus als Mitte der Schrift für uns bedeutet.

I OFFENBARUNG ALS FORMALBEGRIFF

1 Herkunft

Der Offenbarungsbegriff hat seine Heimat in der allgemeinen Religionsgeschichte. Jede Religion behauptet von sich, dass sie nicht auf menschliche Erfindung, sondern auf einen göttlichen Ursprung zurückgeht, das heißt, auf Offenbarung beruht. Dabei kann der Urheber der Offenbarung ganz verschieden vorgestellt werden: als persönliche Gottheit, als Geist, als unpersönliche Macht. Verschieden sind auch die Mittel, durch die der Urheber der Offenbarung sich kundtut. Offenbarung kann an Worte und Visionen gebunden sein, aber auch an Gegenstände, wie Lose oder die Eingeweide von Opfertieren oder an den Vogelflug. Auch bestimmte Orte und bestimmte Kulthandlungen können eine Rolle spielen. Aber immer geht es darum, dass die Gottheit ihren Willen offenbart, die Zukunft der Menschen ankündigt oder auch die Kenntnis höherer Welten vermittelt. Auch in der Bibel finden sich mehr oder weniger alle diese Formen der Offenbarung. Freilich, der Urheber, der Offenbarer, ist hier immer der eine persönliche Gott, beziehungsweise im Neuen Testament Jesus Christus. Aber im Übrigen ereignet sich Offenbarung in der Heiligen Schrift auf sehr verschiedene Weise. Sie kann an Orte gebunden sein, wie beim Traum von der Jakobsleiter (1 Mose 28) oder bei der Berufung des Jesaja (Jes 6). Auch das Losorakel spielt im Alten Testament eine Rolle (2 Mose 28,30). Sie kann sich in Gestalt von Wundern ereignen, so z. B. im Johannesevangelium im Anschluss an die Erzählung von der Hochzeit zu Kana, wo es heißt, dass Jesus »seine Herrlichkeit offenbarte« (Joh 2,11). Oder sie geschieht in Form von Visionen wie in der Offenbarung Johannes. Es gibt in der Bibel keine einheitliche Offenbarungsvorstellung. Man kann nur von bestimmten Tendenzen sprechen: In der biblischen Offenbarung spielen das Wort und die Geschichte die entscheidende Rolle. Gott redet zu den Menschen. Und er tut dies im Zusammenhang menschlicher Geschichte.

2 Abgrenzung gegen die Vernunft

Der Offenbarungsbegriff will den christlichen Glauben abgrenzen gegen alles, was der Mensch aus eigenen Kräften wissen und erforschen kann.

Der Offenbarungsbegriff gewinnt seine Bedeutung innerhalb der evangelischen Theologie in der Zeit der Orthodoxie und des Rationalismus. Die Theologen der Orthodoxie haben als die Nachfahren der Reformationszeit versucht, die große Entdeckung der Reformatoren, das »Allein die Schrift«, nach allen Seiten hin auszubauen und zu begründen. Dabei bot sich der Offenbarungsbegriff an, weil er auf den göttlichen Ursprung religiöser Überlieferung, also auch der Heiligen

Schrift, hinzielt. Der Offenbarungsbegriff wird zum Mittel, um den Inhalt der Bibel gegen alle anderen menschlichen Überlieferungen abzugrenzen. Genau gegen diese Abgrenzung protestiert der Rationalismus. Er sieht im orthodoxen Offenbarungsbegriff eine willkürliche Einschränkung der menschlichen Vernunft. Die Würde des Menschen verlangt es, dass seine Vernunft alles, was für ihn heils- und lebensnotwendig ist, erkennen kann. Wenn Gott den Menschen vollkommen, als sein Ebenbild, geschaffen hat, dann ist eine übernatürliche Offenbarung unnötig. Die Bibel hat nicht deshalb Autorität, weil ihr Inhalt von Gott offenbart ist, sondern weil er der Erkenntnis der Vernunft entspricht. Ja noch mehr, die Bibel hat nur insofern Geltung, als auch die Vernunft zu den gleichen Ergebnissen kommt. Dieser theologiegeschichtlichen Entwicklung, in der die Stellung zum Offenbarungsbegriff Erkennungszeichen orthodoxer bzw. rationalistischer Theologie wurde, haben wir es zuzuschreiben, dass er auch nach dem ersten Weltkrieg im Mittelpunkt der theologischen Auseinandersetzung blieb. Im Namen der Offenbarung hat vor allem Karl Barth jeden Versuch, mit Hilfe der Vernunft Aussagen über Gott und über das ewige Heil des Menschen zu machen, abgelehnt. Natürliche Theologie – so bezeichnet er diese Versuche – ist prinzipiell unmöglich. Christliche Theologie muss allein auf der Grundlage der Offenbarung getrieben werden, oder sie ist abzulehnen. Das Material für diese Ablehnung einer Theologie auf Grund der Vernunft ist zum Teil schon von Immanuel Kant mit seiner Kritik der Gottesbeweise geliefert worden. Er hat unter die Versuche vieler Theologen und Philosophen seit der Antike, mit Hilfe der Vernunft einen Beweis für die Existenz Gottes zu liefern, einen Schlussstrich gezogen und damit das Kernstück aller natürlichen Theologie zerschlagen. Aber wohlgemerkt, Kants Kritik geschieht nicht von der Offenbarung her, sondern allein mit den Argumenten der Vernunft. Er erweist die traditionellen Beweisverfahren für die Existenz Gottes als unvernünftig. Der bekannteste Gottesbeweis ist der kosmologische. Er schließt von der Existenz der Welt auf einen göttlichen Urheber. Alles, was existiert, muss eine Ursache haben. Also muss es für die Welt als Ganze auch eine letzte Ursache, ein »schlechterdings notwendiges Wesen« geben, nämlich Gott. Dieser Form des Gottesbeweises verwandt ist der physiko-theologische. Auch er geht von der Existenz der Welt aus. Allerdings richtet er seine Aufmerksamkeit auf die Anordnung einzelner Gegenstände und Vorgänge innerhalb der Welt, auf die bewundernswerte Funktion der Lebewesen und die Exaktheit der Naturgesetze. Dies alles ist völlig unverständlich, wenn nicht Gott als der große Planer und Weltbaumeister dahinter stünde. Der dritte der traditionellen Gottesbeweise – er ist von Anselm von Canterbury (gest. 1109) erstmalig aufgestellt worden – ist der ontologische. Er argumentiert vom Gottesbegriff aus. Zum Begriff »Gott« als des höchsten und vollkommensten Wesens gehört notwendig auch die Existenz. Ein Gott, der nicht auch existiert, wäre kein Gott. Da nun aber unser Verstand notwendig den Begriff Gott in dieser Weise bildet, muss Gott auch existieren. Diese Form des Gottesbeweises liegt unserem Denken besonders fern. Sie setzt eine bestimmte Auffassung über die Begriffe unserer Sprache voraus, nämlich dass sie nicht nur willkürliche Zeichen sind, sondern wesensnotwendig mit der Wirklichkeit selbst zusammenhängen und ihr entsprechen. Immanuel Kant hat in der »Kritik der reinen Vernunft« (1781) die beiden erstgenannten Formen des Gottesbeweises auf den dritten zurückgeführt. Beide arbeiten sie mit dem Gesetz von Ursache und Wirkung. Aus der Existenz bzw. der Zweckmäßigkeit der Welt wird auf Gott als letzte Ursache geschlossen. Kant zeigt, dass dieser Schluss unerlaubt ist. Zwar kann aus jeder Wirkung auf eine Ursache geschlossen werden, aber wir haben kein Recht, eine dieser Ursachen als die schlechthin letzte und unüberbietbare, als Gott zu bezeichnen. Solange ich Gott nur innerhalb der Kausalitätskette sehe, bleibt er ein endliches Wesen, selbst dem Ursache-Wirkung-Zusammenhang unterworfen. Wenn trotzdem mit Hilfe des kosmologischen Arguments auf Gott als höchstes Wesen geschlossen wird, dann nur, weil man im Sinne des ontologischen Gottesbeweises dem Begriff unseres Denkens auch die entsprechende Wirklichkeit zugeordnet hat. Diese Verbindung von Begriff und Wirklichkeit ist aber nach Kant nicht zulässig. Die Existenz einer Sache ist nichts, was im Begriff bereits mit enthalten ist, sondern etwas, was zum Begriff hinzukommen muss. Die Existenz Gottes muss von unserer Erfahrung bestätigt werden. Kant sagt: »100 gedachte Taler sind noch nicht 100 wirkliche Taler.« Freilich hat Kant seinerseits auch wiederum versucht, den Gottesglauben von der Vernunft her zu begründen. Zwar ist sein moralischer »Gottesbeweis« von ihm nicht als Beweis im strengen Sinne gemeint – Kant spricht von einem »Postulat«, einer Forderung der »reinen praktischen Vernunft« –, trotzdem muss er im Zusammenhang der Beweise für die Existenz Gottes mit erwähnt werden. Kant geht davon aus, dass dem sittlichen Handeln eines Menschen auch ein bestimmtes Wohlergehen, eine Glückseligkeit entsprechen muss. Wohl darf das Gute nicht um eines persönlichen Vorteils willen getan werden – das wäre keine sittliche Handlungsweise mehr –, aber es muss gesichert sein, dass das Gute im Dienste des andern zu verwirklichen ist, dass er glücklich werden kann. Von der Natur her ist diese Bedingung nicht erfüllt, da die Natur keine Rücksicht auf das Sittengesetz nimmt. Die sittliche Weltordnung ist deshalb nur gewährleistet, wenn es Gott gibt, der am Ende für ausgleichende Gerechtigkeit und für die Glückseligkeit der ihrer würdigen Menschen sorgt. Wer Kants Einwände gegen die alten Gottesbeweise akzeptiert, für den ist deutlich, dass es sich auch hier nicht um einen Beweis für die Existenz Gottes handeln kann. Schließlich führt uns auch Kants Argumentation nur zu einem gedachten Gott, von dem gilt: Wenn die menschliche Vernunft das Bedürfnis hat, ein solches Wesen zu denken, dann bedeutet das noch lange nicht, dass es auch existiert. Darüber hinaus hat man gegen Kant eingewendet, dass am Ende bei ihm der Gedanke dominiert, dass der Gute auch seinen Lohn finden muss. Wenn auch egoistische Gründe für das Tun des Guten beim einzelnen ausgeschlossen werden, zur Begründung der sittlichen Weltordnung wird dasselbe Motiv dann doch wieder eingeführt. Man kann deshalb Kants Begründung des Gottesglaubens mit den Mitteln der Vernunft entgegnen: Der wirklich sittliche Mensch müsste das Gute auch tun, wenn es Gott nicht gäbe. Mit der Widerlegung der Gottesbeweise durch die Vernunft selbst ist die natürliche Theologie ihrer wichtigsten Stütze beraubt. Das wesentlichste Argument aber gegen eine Theologie, die nicht auf die Offenbarung gegründet ist, kommt aus dem christlichen Glauben selbst. Wenn wir in Christus die Mitte der Schrift und die Mitte unseres Glaubens erkannt haben, dann ist jeder Versuch einer Begründung der Theologie auf die Vernunft ein Versuch, an Christus vorbei, ohne Christus zu Aussagen über Gott zu kommen. Die natürliche Theologie ist immer dabei, sich aus eigener Kraft, mit den Mitteln des Verstandes auf den Weg zu Gott zu machen. Sie ist eine Form der menschlichen Ursünde. Sie gehört in die immer neuen Anläufe des Menschen, sein zu wollen wie Gott. Der Grundsatz der Rechtfertigungslehre, dass wir Menschen allein aus Gnade zu Gott kommen können, gilt auch für die theologische Erkenntnis. Allein aus Gnade, das heißt hier, allein durch Gottes Offenbarung, allein durch Jesus Christus, erkennen wir Gott. Natürliche Theologie ist eine Art Werkgerechtigkeit. Sie kann wie alle Werkgerechtigkeit sehr fromm sein, trotzdem ist sie Ungehorsam, Unbotmäßigkeit gegenüber Gott. Der Offenbarungsbegriff hat deshalb die Aufgabe, die christliche Theologie gegenüber allen Versuchen einer Begründung des Gottesglaubens mit Hilfe der Vernunft abzugrenzen.

3 Abgrenzung gegen die Religion

Der Offenbarungsbegriff will den christlichen Glauben abgrenzen gegenüber Aussagen anderer Religionen.

Wenn wir den Ursprung des Offenbarungsbegriffs in der allgemeinen Religionsgeschichte bedenken, dann erscheint uns dieser Leitsatz unverständlich. Schließlich kennen alle Religionen die Vorstellung, dass sie göttlichen Ursprungs sind. Wenn wir den Offenbarungsbegriff zur Abgrenzung gegen die Religionen benutzen, dann bedeutet das: Wir beanspruchen für unsere Religion allein, dass sie von Gott ist. Alle anderen Religionen sind nicht dem Willen Gottes gemäß. Man bezeichnet dies als den Absolutheitsanspruch des Christentums. Nun hat es verschiedene Versuche gegeben, diesen Anspruch, die besondere Stellung des christlichen Glaubens, zu begründen. Zum Beispiel kann man die einzelnen Religionen miteinander vergleichen, um auf diese Weise die Vorzüge des Christentums herauszuarbeiten. Aber es fehlen dafür die notwendigen allgemeinen, von allen anerkannten Beurteilungsmaßstäbe. Zwar kann man mit gewissem Recht den Monotheismus als die höhere Form der Religion gegenüber den polytheistischen Religionen bezeichnen. Aber einerseits gibt es außer dem Christentum noch andere monotheistische Religionen (z. B. den Islam), andererseits weisen Kenner der Religionsgeschichte darauf hin, dass man auch in den primitivsten Kulten echte Frömmigkeit finden kann. Nicht viel besser steht es mit dem Versuch, den Vorzug des christlichen Glaubens darin zu sehen, dass in ihm die Gnade Gottes der beherrschende Gedanke ist. Denn auch in anderen Religionen hoffen die Menschen auf die Gnade der Gottheit; ja es gibt sogar eine Richtung im Buddhismus, den sogenannten Amida-Buddhismus, wo sich die Formel des »Allein aus Gnade« findet. Es bleibt eine einzige Möglichkeit, den Absolutheitsanspruch des christlichen Glaubens zu begründen, nämlich vom Evangelium selbst her. Wenn Jesus im Johannesevangelium von sich sagt: »Ich bin der Weg und die Wahrheit und das Leben; niemand kommt zum Vater denn durch mich« (Joh 14,6), dann sind damit zugleich alle anderen Religionen als Wege zu Gott ausgeschlossen. Freilich ist das alles andere als ein Beweis. Dass Jesus der einzige Weg zu Gott ist, dass der christliche Glaube allein auf Offenbarung beruht, ist Glaubenssatz im strengsten Sinne des Wortes. Er ist nicht durch die Vernunft begründbar. Welche Bedeutung haben dann die nichtchristlichen Religionen in den Augen

des christlichen Theologen noch? Karl Barth verurteilt sie genauso
wie die natürliche Theologie als Versuche des ungehorsamen Menschen, aus eigenen Kräften zu Gott zu kommen. Ja er geht in der
Abgrenzung des Christentums von den anderen Religionen sogar so
weit, dass er die Einordnung des christlichen Glaubens in die Religionen grundsätzlich ablehnt. Das Christentum ist für ihn keine Religion. Wohl mag es Formen von Religion auch im christlichen Bereich
geben – das gilt z. B. von allen Versuchen der Selbstrechtfertigung
im Kult und in der Frömmigkeit –, aber seinem Wesen nach beruht
der christliche Glaube auf Offenbarung; und gerade das scheidet ihn
grundsätzlich von allen Religionen.

4 Schöpferoffenbarung

Andere evangelische Theologen haben diesem Gebrauch des Offenbarungsbegriffs widersprochen. Der Vergleich des Christentums mit
anderen Religionen ergibt zu viele Ähnlichkeiten und Entsprechun-
gen, als dass man beides so auseinanderreißen könnte. Auch gibt
es im menschlichen Denken viele Erkenntnisse im Blick auf Gott,
die man nicht ohne weiteres als Ausdruck der menschlichen Hybris,
seines Wie-Gott-Sein-Wollens, abtun kann. Die Natur weist uns hin
auf die Größe des Schöpfers. Die Geschichte lehrt uns manches über
Gottes gerechte Gerichte. In unserer Existenz, in der Stimme unseres
Gewissens, spüren wir etwas von seinem heiligen Willen. Gewiss,
diese Hinweise auf Gott sind nicht eindeutig. Aus christlicher Sicht ist
vieles, was einem in den anderen Religionen, aber auch in den Philo-
sophien und Weltanschauungen, begegnet, nicht zu bejahen. Jene aus
Natur und Geschichte mit Hilfe der Vernunft abgeleiteten Aussagen
über Gott waren immer für den Christen zuletzt unbefriedigend. Und
so manchem ist das, was er für die Stimme seines Gewissens gehalten hat, zum Verhängnis geworden. Trotzdem bekommen wir in dem
allen bereits mit Gott zu tun. In Natur, Geschichte und menschlicher
Existenz gibt sich Gott unabhängig von der Heiligen Schrift zu erkennen. Warum sollte dies nicht auch Offenbarung heißen? Schließlich
wirkt Gott doch in allen seinen Geschöpfen. Gerade auch das Neue
Testament (Apg 17,26 ff; Röm 1,19 ff; 2,14 ff) stellt diese Gedanken
heraus; freilich indem es zugleich betont, dass alle natürliche Gotteserkenntnis nicht zum Heil führt und für die Heiden eine ungenutzte
Möglichkeit geblieben ist. Für uns ist bei alledem wichtig, dass wir

die Welt der Religionen, dass wir Natur, Geschichte und Existenz nicht nur als dunklen Hintergrund menschlicher Schuld und Auflehnung gegen Gott betrachten, vor dem sich die biblische Offenbarung, der Glaube an Gott in Jesus Christus, lichtvoll abheben. Wir dürfen nicht übersehen, dass Gott der Schöpfer tatsächlich in allen seinen Geschöpfen ist und durch sie wirkt. Ob wir in diesen Zusammenhängen von Offenbarung reden, ist am Ende eine Frage der Begriffsbestimmung. Wer, wie wir es hier getan haben, unter Offenbarung zuerst die Christusoffenbarung versteht, der wird eine nachträgliche Verallgemeinerung im Sinne einer natürlichen Gotteserkenntnis vermeiden; denn sie könnte zu dem Missverständnis Anlass geben, als ob Christus andere – wenn auch noch so bescheidene – Autoritäten neben sich hätte. Dieser Eindruck muss unter allen Umständen vermieden werden. Unser Glaube ist allein an Christus gebunden, wie die Heilige Schrift ihn bezeugt. Aber er soll trotzdem offene Augen haben für alles, was Gott in der Welt und im Leben der Menschen tut.

II Der Inhalt der Offenbarung

Bisher haben wir versucht, unseren Glauben mit Hilfe des Offenbarungsbegriffs abzugrenzen gegenüber allem, was die Vernunft oder die anderen Religionen von Gott wissen können. Der Offenbarungsbegriff sollte die besondere Qualität unserer christlichen Gotteserkenntnis hervorheben. Nun geht es um eine nähere Bestimmung dessen, was Offenbarung innerhalb des christlichen Glaubens bedeuten kann. Wenn Offenbarung in der allgemeinen Religionsgeschichte die Mitteilung verborgener Dinge durch Gott ist, dann steht nun die Frage: Was wird uns nach dem Zeugnis der Heiligen Schrift durch Gott aufgedeckt und enthüllt? Was ist der Inhalt der Offenbarung nach der Heiligen Schrift?

1 Selbstoffenbarung

Gott offenbart uns nach der Heiligen Schrift sein Wesen, wie es der Welt und uns Menschen zugewandt ist.

Die christliche Theologie hat immer Wert darauf gelegt, dass sie nicht eine Art Geheimwissenschaft zur Vermittlung der Kenntnis hö-

46

herer Welten ist, sondern dass es ihr um die persönliche Begegnung mit dem lebendigen Gott geht. Dem entspricht die Auffassung, dass Offenbarung in der Heiligen Schrift letztlich immer Selbstoffenbarung ist, Offenbarung der Person Gottes. Allerdings muss dazu gesagt werden, dass es sich dabei nie um Gottes Wesen an sich handeln kann – das ist für uns endliche Menschen prinzipiell unzugänglich –, sondern um Gott, soweit er sich der Welt und uns Menschen zugewandt hat. Dies geschieht in besonderer Weise in Jesus Christus. Er ist derjenige, in dem Gott uns sein Selbst, und d. h. vor allem seine Liebe, offenbart hat. Die Auffassung von der biblischen Offenbarung als Selbstoffenbarung Gottes hat im Neuen Testament in erster Linie Anhalt am Johannesevangelium und an den Johannesbriefen. Besonders wichtig ist in diesem Zusammenhang Joh 1, wo Jesus Christus als das Wort Gottes bezeichnet wird. Gottes Wort, d. h. Gott in seiner Weltzugewandtheit, wird in Jesus Fleisch, offenbart sich uns selbst in ihm. Aber auch im Alten Testament lassen sich Belege für dieses Offenbarungsverständnis finden. Zum Beispiel zielt die Rede vom Namen Gottes (etwa in der Offenbarung des Jahwe-Namens am Horeb – Ex 3) auf Gottes Person; denn für das Alte Testament ist Name nie nur etwas Äußerliches, sondern er bedeutet immer Anwesenheit, Gegenwart der Sache oder der gemeinten Person selbst. Allerdings muss die Frage gestellt werden, ob dieses Offenbarungsverständnis dem vielfältigen und spannungsreichen Inhalt der Bibel gerecht wird. Gewiss ist es für uns wichtig zu erkennen, dass wir es in der Offenbarung mit Gott selbst zu tun bekommen, nicht mit irgendwelchen, von seiner Person ablösbaren Wahrheiten oder Geschehnissen; auch werden wir bei einigem Nachdenken aus den verschiedensten Texten der Bibel immer wieder das eine Zeugnis von der unendlichen Liebe Gottes heraushören. Trotzdem liegt in der allzu starken Betonung des Gedankens der Selbstoffenbarung auch eine Gefahr: dass man nur noch die Person Gottes und die Person Jesu Christi im Auge hat, aber die Geschichte des Volkes Israel und die Geschichte Jesu Christi nur mehr als bildliche Erläuterung dieser Grundwahrheit betrachtet.

2 Offenbarung in Gesetz und Evangelium

Gott offenbart uns nach der Heiligen Schrift seinen Willen, der uns durch die Forderung des Gesetzes richtet und durch den Zuspruch des Evangeliums freispricht.

Im Gegensatz zu der Einlinigkeit, die das Verständnis der Offenbarung als Selbstoffenbarung bestimmt, bringt der Hinweis auf Gesetz und Evangelium eine dialektische Spannung in den Offenbarungsbegriff hinein. Gewiss offenbart Gott sich selbst, seine Person, aber er offenbart sie, indem er uns in den Geboten seinen heiligen Willen vorhält und indem er uns durch das Evangelium von Jesus Christus unsere Schuld vergibt. In beidem, in Gesetz und Evangelium, begegnet uns der eine Gott; dennoch besteht zwischen ihnen ein unauflösbarer Widerspruch: denn die Gebote Gottes sind unerfüllbar. Wer sich daranmacht, sie zu halten, der wird notwendig scheitern, der muss angesichts dieser Aufgabe an seinen eigenen Kräften und an der Güte Gottes verzweifeln. Im Gesetz offenbart sich uns Gott in letzter Konsequenz als der zornige, der alle Menschen mit dem Tod und der endgültigen Vernichtung bedroht. Demgegenüber steht das Evangelium, das bedingungslose Angebot der Gnade Gottes. Gott vergibt uns unsere Schuld und schenkt uns ewiges Leben, ohne eine Gegenleistung zu fordern. In Jesus Christus offenbart er sich uns als der liebe, der gnädige Gott. Diese doppelte Sicht der biblischen Gottesoffenbarung hält eine Spannung fest, die tatsächlich in der gesamten Heiligen Schrift zu finden ist. Wir finden das Gesetz in Geboten und Gesetzen des Alten Testaments, in den Drohreden der Propheten, in den ethischen Weisungen Jesu, etwa in der Bergpredigt, bis hin zu den Imperativen der neutestamentlichen Briefe (z.B. Röm 12ff). Überall werden wir mit dem fordernden, strengen Gott konfrontiert. Aber auch das Evangelium ist in der gesamten Heiligen Schrift nachweisbar: In den Verheißungen der Propheten, im vergebenden Handeln Jesu und nicht zuletzt in der Rechtfertigungslehre des Paulus treffen wir auf die frohe Botschaft von der Gnade Gottes. Martin Luther hat deshalb in den beiden Gestalten der Offenbarung Gottes, in Gesetz und Evangelium, den Schlüssel für das Verständnis der ganzen Heiligen Schrift gesehen. Dabei hat er allerdings den Gegensatz nicht unvermittelt stehenlassen, sondern das Gesetz als das vorläufige, vorbereitende, das Evangelium aber als das endgültige und eigentliche Wort Gottes betrachtet. Gerade die Strenge des Gesetzes soll uns in die Arme des gnädigen Gottes treiben. Dabei dürfen wir nicht vergessen, dass diese Gedanken nicht nur theoretische, sondern auch seelsorgerlich-praktische Bedeutung haben. In der Beichte wird das an Gesetz und Evangelium orientierte Offenbarungsverständnis für jeden Christen aktuell. Denn da geschieht beides: Wir werden unserer Schuld als Sünder überführt und erhalten durch das Evangelium den gnädigen Freispruch Gottes. Freilich hat auch dieses Offenbarungsverständnis seine Schwächen. Es bietet wenig Raum für Gottes fürsorgendes Handeln in der Schöpfung. Auch birgt es die Gefahr in sich, den Charakter der Gebote als gütige Wegweisung durch Gott zu übersehen. Dort, wo das Schema Gesetz und Evangelium ausschließlich angewendet wird, um die Offenbarung verständlich zu machen, entsteht allzu leicht ein Schwarz-Weiß-Bild, in dem sich nur noch das Dunkel menschlichen Versagens und das Licht göttlicher Gnade gegenüberstehen, ohne dass die Möglichkeiten des Gehorsams im Rahmen der Schöpfung ernsthaft berücksichtigt werden.

3 Offenbarung als Geschichte

Gott offenbart uns nach der Heiligen Schrift seine Geschichte mit seinem Volk Israel und seinem Sohn Jesus Christus als die Verwirklichung des Heils für die Menschheit.

Waren die beiden bisherigen Offenbarungsverständnisse am Wort Gottes orientiert, so geht es jetzt um die Taten Gottes. Wir dürfen uns durch die sprachliche Gestalt der Offenbarung in der Heiligen Schrift nicht darüber täuschen lassen, dass sie in erster Linie von den Taten Gottes redet, von der Geschichte Gottes mit seinem Volk und mit Jesus Christus. Dort, wo Worte eine entscheidende Rolle spielen wie etwa bei den Propheten oder bei der Verkündigung der Gebote, ist dennoch die Geschichte des Gottesvolkes, die auf diese Weise gelenkt oder gedeutet werden soll, die Hauptsache. So ist die Offenbarung des Gottesnamens in 2.Mose 3 ein Bestandteil der Herausführung des Volkes aus Ägypten; und auch die Rede von Jesus als dem Wort Gottes ist im Grunde nur ein Deutungsversuch für die Geschichte Jesu von Nazareth. Die Bibel ist ein Geschichtsbuch. Wenn sie den Anspruch erhebt, Offenbarung Gottes zu sein, dann setzt das voraus, dass sich die Offenbarung in dieser Geschichte vollzieht, dass die von ihr berichtete Geschichte selbst die Offenbarung ist. Das Entscheidende, das, was unsere Lage verändert, sind nicht die Worte der Bibel, sondern das, was Gott getan hat. Die biblischen Zeugen rühmen die großen Taten Gottes, die Herausführung des Volkes Israel aus Ägypten, seine Rettung am Schilfmeer, die Eroberung des Heiligen Landes, den Sieg Jesu über die Dämonen und schließlich seine Auferstehung von den Toten. Erst wenn wir Offenbarung unter diesem Gesichtswinkel sehen, bekommen wir die Fülle der Heiligen Schrift in den Blick als das Zeugnis von der großen Rettungsaktion Gottes für die Menschheit. Zu fragen ist dann allerdings: Wenn nicht die Worte, sondern die Taten Gottes das Entscheidende sind, wozu dann noch Predigt des Wortes Gottes, wozu die Aufforderung zum Glauben an dieses Wort? Ist dann nicht ohne uns alles schon geschehen, ohne uns, unabhängig von unserem Glauben? – Es kann hier nicht darum gehen, das Wort Gottes aus der Lehre von der Offenbarung auszusondern. Schließlich ist das Wort Gottes in Gestalt der Bibel die Grundlage für all unsere Überlegungen; und nicht umsonst ist an vielen Stellen der Bibel davon die Rede, dass Gott selbst spricht, etwa in den Schöpfungsberichten oder bei den Propheten. Aber wir sollten auch nicht übersehen, dass die Taten Gottes das Eigentliche, das Erste sind. In der Schöpfungsgeschichte ist sogar das Wort Gottes selbst gar nicht Anrede an ein Gegenüber, sondern eine Form des göttlichen Tuns, die Art und Weise seines Schaffens. Gott offenbart sich, Gott stellt die Verbindung zu uns her: in erster Linie durch seine Taten und zweitens erst durch Worte, die von diesen Taten Zeugnis geben und uns zum Glauben auffordern. Ist damit die Predigt überflüssig geworden? Gewiss nicht. Aber sie ist etwas Nachträgliches, etwas Sekundäres, Zeugnis von der Geschichte Gottes mit seinem Volk und mit Jesus Christus und Zuspruch dessen, was Gott in dieser Geschichte für uns getan hat. Diese Sicht der Dinge macht nicht unseren Glauben überflüssig, aber sie macht deutlich, dass das Entscheidende tatsächlich ohne uns, allein aus Gnade, allein durch Jesus Christus geschehen ist. Allerdings sind wir damit auch an eine Stelle gelangt, wo der Offenbarungsbegriff selbst gesprengt wird; denn Offenbarung meint nun einmal ein Geschehen zwischen Gott und den Menschen, das sich auf unsere Erkenntnisfähigkeit bezieht. Offenbarung ist Aufdeckung des Unbekannten. Je mehr wir uns aber an dem geschichtlichen Inhalt der Bibel orientieren, je mehr wir die Taten Gottes in den Mittelpunkt stellen, umso weniger ist der Offenbarungsbegriff geeignet, die besondere, auf Gott gegründete Autorität der christlichen Lehre zu verdeutlichen. Es genügt nicht, die Geschichte des Volkes Israel und die Geschichte Jesu Christi als eine Art besonders anschaulicher Predigt zu betrachten, in der sich Gott uns kundtut. Die Heilige Schrift meint ja, dass diese Geschichte nicht nur neue geistige Tatbestände schafft, indem sie uns Kenntnisse über Gott vermittelt, sondern dass hier neue Machtverhältnisse hergestellt werden, etwa durch den Einzug ins Heilige Land oder durch den Sieg Jesu über den Tod, Machtverhältnisse, die den Gläubigen das Leben ermöglichen. Das alles sind gute Gründe, den Offenbarungsbegriff nicht in den Mittelpunkt der Dogmatik zu stellen. Wir bleiben auf diese Weise nicht nur näher am wesentlichen Inhalt der Heiligen Schrift, bei der Geschichte Gottes mit Israel und mit Jesus Christus, sondern wir verfallen auch nicht so leicht dem verhängnisvollen Fehler der neueren evangelischen Theologie, als sei die Wirklichkeit, um die es im christlichen Glauben geht, ausschließlich die Wirklichkeit menschlicher Erkenntnisse und Entscheidungen, menschlicher Existenz-und Lebensbewältigung.

Kapitel 4 – Glauben und Verstehen

Das Wort Gottes soll vom Menschen im Glauben ergriffen und mit dem Verstand durchdacht werden.

Dass zwischen dem Wort Gottes und uns ein Abstand zu überwinden ist, dürfte jedem Einsichtigen klar sein. Schließlich trennen uns von Jesus und der Urgemeinde fast zweitausend Jahre Geschichte. Wir gehören einem anderen Volk, einer anderen Kultur, einer anderen Zeit an. Und erst recht gilt das natürlich vom Alten Testament, das in seinen ältesten Teilen mindestens weitere tausend Jahre zurückliegt. Aber es ist nicht nur der historische Abstand, den es zu überwinden gilt. Auch die Dinge, die sich in meiner unmittelbaren Nähe abspielen, sind für mich nicht ohne weiteres verständlich. Auch hier müssen Abstände überbrückt werden. Es wäre deshalb kurzschlüssig zu meinen, dass das eigentliche Problem für Glauben und Verstehen des Wortes Gottes im historischen Abstand zur Heiligen Schrift begründet sei. Der zeitliche Abstand kann die Aufgabe nur erschweren. Aber gestellt ist sie uns bereits dadurch, dass im Wort Gottes überhaupt etwas von außerhalb an uns herangetragen wird, dass eine Anrede von einem Gegenüber her an uns ergeht und dass eine Geschichte, die ohne unsere Beteiligung stattgefunden hat, für mich entscheidend sein soll. Es geht um die Frage, wie die Geschichte Jesu zu unserer Geschichte und wie das Wort Gottes zum Wort für mich wird, zum Wort, das mich anspricht und mir hilft. Dabei wollen wir freilich nicht vergessen, dass jeder Christ in diesem Vorgang des Aneignens, des Hereinholens immer schon steht, eben weil er Glied der Kirche ist und weil auch die Heilige Schrift in der Kirche und mit der Kirche zusammen wirksam ist. Trotzdem müssen wir uns mit diesem Thema ausführlich beschäftigen. Denn erstens ist die Dogmatik dazu verpflichtet, das, was in der Kirche geschieht, zu durchleuchten und zum klaren Bewusstsein zu bringen, und zweitens dürfen wir ja auch die Nichtglaubenden, die außerhalb der Kirche Stehenden, nicht aus den Augen verlieren. Wir müssen uns Gedanken darüber machen, wie auch sie zum Glauben und zum Verstehen des Wortes Gottes kommen können.

I Formen der Aneignung des Wortes Gottes

1 Kritik

Aneignung des Wortes Gottes ereignet sich, indem es zum Gegenstand wissenschaftlicher Kritik gemacht wird.

Unter keinen Umständen darf die Vernunft aus dem Vorgang der Aneignung des Wortes Gottes ausgeklammert werden. Dort, wo die Vernunft innerhalb der Theologie grundsätzlich zum Verstummen gebracht wird, sind dem Aberglauben Tür und Tor geöffnet. Die Theologie ist dann nicht mehr in der Lage, Nebensachen und Hauptsachen voneinander zu unterscheiden. Es besteht die Gefahr, dass Gott selbst aus der Mitte gedrängt wird, dass Wunderglaube und Dämonenfurcht mit ihm in Konkurrenz treten. Den besten Beweis für ihre Notwendigkeit innerhalb der christlichen Theologie hat die Vernunft im Zusammenhang mit der Bibelkritik geliefert. Der kritischen Arbeit vieler Forschergenerationen haben wir es zu verdanken, dass wir uns heute vor einer historischen Beurteilung der Bibel nicht mehr fürchten müssen. Die Kirche hat weithin gelernt, das Wesentliche vom Unwesentlichen, das historisch Bedingte von der ewig gültigen Anrede Gottes an uns zu unterscheiden. Gerade für das Gespräch mit den der Kirche Fernstehenden ist von entscheidender Bedeutung, dass wir dank der Bibelkritik die Bibel ganz als historisches Dokument und doch zugleich als Wort Gottes verstehen gelernt haben. Nichts, was mit dem christlichen Glauben zu tun hat, darf dem Urteil der Vernunft grundsätzlich entzogen werden. Zwar gibt es keine Möglichkeit, mit Hilfe der Vernunft einen Zugang zum christlichen Glauben zu erzwingen – vor allem, was in die Nähe eines versuchten Gottesbeweises kommt, haben wir uns zu hüten –, trotzdem soll das kritische Verstehen in allen theologischen Bemühungen immer mit dabei sein. Weil das Wort Gottes den ganzen Menschen meint, seine Seele, seinen Leib und seinen Geist, darf auch die Vernunft nicht ausgeschlossen werden. Dabei sind Spannungen unvermeidbar. Nicht umsonst stehen als Überschrift dieses Kapitels die Begriffe Glauben und Verstehen nebeneinander. Wir müssen uns in der Theologie davor hüten, dass die Vernunft zur Herrin über den Glauben gemacht wird. So wenig wie sie einen Zugang zum Glauben erzwingen kann, so wenig darf sie den Glauben nach ihrem Maß zurecht schneiden. Bereits die Kritik der Gottesbeweise hat uns ja gezeigt, wie die Vernunft in der Religion an ihre Grenzen kommt, dass sie bereits im Blick auf den Gottesglauben versagt. Und das gilt erst recht, wenn von der Heilsgeschichte, von Christus und dem Heiligen Geist die Rede ist. Ärgernisse für die Vernunft wird es im christlichen Glauben immer geben (1Kor 1,17f). Aber die Kritik hat die Aufgabe, alle vermeidbaren Ärgernisse, alle Verstehensschwierigkeiten, die auf der menschlichen Begrenztheit der biblischen Schriftsteller und der späteren Ausleger des Wortes Gottes beruhen, beiseite zu räumen, damit das eigentliche Ärgernis, das Kreuz Jesu Christi, umso deutlicher erkennbar wird.

2 Interpretation

Die Aneignung des Wortes Gottes geschieht, indem es für den gegenwärtigen Menschen als die ihn betreffende Anrede ausgelegt (interpretiert) wird.

Während wir es im letzten Abschnitt über die Kritik vor allem mit der wissenschaftlichen Aufgabe der Theologie zu tun hatten, kommen wir hier mit ihrer kirchlichen Aufgabe in Berührung. Interpretation des Wortes Gottes geschieht im Spannungsfeld zwischen Exegese und Predigt. Denn gerade dies ist ja die Aufgabe der Predigt, dass sie nicht nur die Texte der Bibel wiederholt, sondern dass sie sie interpretiert, d. h. in unsere Zeit und für unsere Zeit übersetzt. Ohne solche

Interpretation muss uns die Bibel notgedrungen unverständlich und fremd bleiben. Das ist in der Kirche von Anfang an klar gewesen. Denken wir nur an das berühmte Gespräch zwischen Philippus und dem Kämmerer aus dem Mohrenlande (Apg 8,26 ff). Jeder Prediger muss das Wort Gottes in die Situation des Hörers hinein sprechen, bleibt nur die Frage, worin die Brücke zwischen dem Wort Gottes und der Situation des Hörers zu sehen ist. Mit diesem Problem haben sich im letzten Jahrhundert beispielhaft Rudolf Bultmann und seine Schüler beschäftigt. Dabei wurde herausgestellt, dass sich die Interpretation des Wortes Gottes an dem zu orientieren hat, was sich auf die Existenz des Menschen bezieht. Alle Texte der Heiligen Schrift, auch diejenigen, denen ein überholtes Weltbild zugrunde liegt, sind daraufhin zu prüfen, was sie für existentiale Aussagen machen, d. h., inwiefern ihr Inhalt das Dasein des Menschen betrifft. Sie sind existential zu interpretieren. Solche existentiale Interpretation übt bereits Martin Luther, wenn er in den Erklärungen der Glaubensartikel nicht davon redet, dass Gott die Welt geschaffen habe, sondern sagt: »Ich glaube, dass *mich* Gott geschaffen hat ...«; oder wenn er im zweiten Artikel nicht einfach Jesus Christus als den Herrn bezeichnet, sondern bekennt: »Ich glaube, dass Jesus Christus ... sei *mein* Herr.« Rudolf Bultmann hat nach dieser Methode die verschiedensten Aussagen des Neuen Testaments interpretiert. Er hat deutlich gemacht, dass Sünde immer Verfehlen der Existenz, Versäumen dessen, was wir als Menschen vor Gott eigentlich sein sollen, bedeutet und dass die Gnade Gottes uns dazu befreit, wir selbst zu sein, d. h. Geschöpf Gottes, Menschen, die von außen her, von Gott her, ihr Leben täglich als Geschenk empfangen. Man hat der existentialen Interpretation vorgeworfen, dass sie den Menschen unerlaubterweise vereinzele, dass sie nur seine privaten, individuellen Nöte im Blick habe, nicht aber die Wechselbeziehung zum anderen und zur Gesellschaft. Aber das ist eigentlich nur ein Schönheitsfehler. Man kann ohne Mühe den Existenzbegriff so fassen, dass er auch die zwischenmenschlichen Beziehungen mit umfasst. Wesentlich ist, dass hier das Wort Gottes ganz und gar zu einem gegenwärtigen Ereignis wird, das mir heute und hier meine Situation erhellt und mich an dem Ort erreicht, an dem ich leben und arbeiten kann. Und genau das ist die Aufgabe, die echte Interpretation auf dem Weg von der Exegese zur Predigt zu leisten hat. Sie macht aus dem biblischen Zeugnis von damals eine dem heutigen Menschen verständliche und ihn treffende Anrede. Der Nachteil dieser Methode liegt darin, dass sie allzu leicht das Geschehen zwischen Text, Interpretation und Predigthörer als Heilsgeschehen schlechthin betrachtet, als ob die Botschaft von Jesus Christus befreite, unabhängig davon. ob Jesus als Sohn Gottes für uns gestorben und auferstanden ist. Die Interpretation ist eine notwendige Sache, wenn es gilt, den Abstand zwischen dem damals ergangenen Wort Gottes und uns zu überwinden; sie führt aber zu gefährlichen Verkürzungen der biblischen Botschaft, wenn sie vergisst, dass das Wort Gottes Zeugnis einer Heilsgeschichte ist, durch die Gott ohne uns und unabhängig von unserem Glauben und Verstehen das Entscheidende bereits getan hat.

3 Anknüpfung

Aneignung des Wortes Gottes geschieht, indem von ihm her die Fragen des gegenwärtigen Menschen beantwortet werden.

Wir bewegen uns hier im Rahmen der apologetischen Aufgabe der Theologie. Die Theologie antwortet mit Hilfe des Wortes Gottes auf die Fragen der suchenden oder auch Gott anklagenden Menschen. Dabei geht es ihr nicht nur um Verteidigung. Es genügt nicht, dass die Kirche den Fragenden keine Antwort schuldig bleibt, sondern die Fragen werden als Anknüpfungspunkt benutzt, um die ganze Botschaft von Christus auszurichten. Es leuchtet ein, dass auch hier der Abstand zwischen dem Wort Gottes und der Gegenwart überwunden wird. Die Fragen der Menschen bedeuten eine Vielzahl von Gelegenheiten, das Wort Gottes in unsere Gegenwart hineinzusprechen. In diesem Zusammenhang können wir dem in den Gottesbeweisen überlieferten Gedankengut eine positive Rolle zuweisen. So verbirgt sich hinter dem kosmologischen Gottesbeweis die Frage nach dem Ursprung der Dinge. Woher kommt der Mensch, woher die erstaunlichen Proportionen der Planetenbahnen oder die komplizierten Mechanismen der Vererbung? Gewiss kann man an diese Fragen keinen Beweis für die Existenz Gottes anschließen, aber sie sind ein möglicher Anknüpfungspunkt für das christliche Zeugnis vom Schöpfer des Himmels und der Erde. Ganz ähnliche Gedanken kann man an den moralischen Gottesbeweis anknüpfen. Auf die menschlichen Fragen nach dem Sinn des Lebens, nach den Gründen für Leid und Ungerechtigkeit unter den Menschen antwortet die Kirche mit dem Hinweis auf die Gerechtigkeit Gottes, der am Ende richten wird, der auch ein äußerlich verdorbenes Leben in der Ewigkeit zu einem guten Ziel führen kann. Und schließlich verbirgt sich im ontologischen Gottesbeweis die Frage nach einem höchsten Sein, nach dem Sein selbst, das allem Erfahrbaren, allen Dingen zugrunde liegt. So gering die Rolle sein mag, die im gegenwärtigen Denken die Gottesbeweise spielen, die Fragen, die ihnen zugrunde liegen, werden auch heute noch gestellt. Und diese Fragen sind auch heute geeignete Anknüpfungspunkte für das Zeugnis des Glaubens. Jedenfalls bietet diese Methode gute Möglichkeiten, dem heutigen Menschen das Wort Gottes nahezubringen. Berühmte Theologen haben auf diese Weise gearbeitet. Aber auch hier muss die Gefahr gesehen werden, die heraufbeschworen wird, wenn man die Methode der Anknüpfung verabsolutiert. Denn sie hat zur Folge, dass die christliche Theologie unter Umständen meint, nur dann noch reden zu dürfen, wenn sie vom Menschen gefragt wird. Je konsequenter ein Theologe nach dieser Methode arbeitet, indem er jeweils theologische Antwort und menschliche Frage einander entsprechen lässt, umso mehr verliert die Theologie ihre Selbständigkeit an autonomes menschliches Denken.

4 Repräsentieren

Die Aneignung des Wortes Gottes geschieht, indem durch seine Verkündigung Gott selbst und seine Heilsgeschichte für uns gegenwärtig (repräsentiert) werden.

Hier sind wir am weitesten von der kritischen Zergliederung des Wortes Gottes entfernt. Die Aktivität der kritischen Vernunft ist weitgehend eingeschränkt. Durch Wiederholen, durch Nachsprechen der Texte wird ihr Inhalt für uns gegenwärtig. Dies ist die Voraussetzung dafür, dass in der Theologie, in der Frömmigkeit, im Gottesdienst überhaupt etwas geschieht. Wenn sich Repräsentation in diesem Sinne nicht ereignete, wären alle kirchlichen Bemühungen nur die Beschäftigung mit etwas Totem, nur Erinnerung an längst Vergangenes. Nur deshalb, weil in der Beschäftigung mit dem Wort Gottes die Sache selbst gegenwärtig wird, können die anderen Formen der Aneignung: Kritik. Interpretation und Anknüpfung funktionieren; wobei freilich zugleich gesagt werden muss: Nur deshalb, weil in der Theologie nicht nur wiederholt, sondern auch kritisiert, interpretiert und angeknüpft wird, kann sie davor bewahrt bleiben, eine sterile Angelegenheit zu werden. Wir haben es hier mit der geistlichen bzw. mit der doxologischen Funktion der Theologie zu tun. Dort, wo im Gottesdienst Texte der Heiligen Schrift oder der Kirche verlesen werden; da wird ihr Inhalt gegenwärtig. Entsprechendes gilt für das Bibelstudium des einzelnen. So wie in alten Zeiten ein Herold durch die Ausrichtung seiner Botschaft nicht nur einen Sachverhalt mitteilte, sondern das, was er zu verkündigen hatte, durch seine Verkündigung rechtskräftig machte, so verändert sich auch heute durch die Verkündigung des Gotteswortes unsere Wirklichkeit. In der Ablehnung oder Annahme des Evangeliums vollzieht sich Gericht oder Freispruch für den Hörer, weil in der Verkündigung Gott selbst gegenwärtig ist. Noch deutlicher wird dieser Zusammenhang beim Sakrament des Heiligen Abendmahls. Wenn die Einsetzungsworte gesprochen werden, wird die Geschichte Jesu, seine Gemeinschaft mit den Menschen, seine Selbsthingabe in seinem Leib und seinem Blut, heute gegenwärtig, sie wird repräsentiert. Diese Gedanken sind zwar in vielen protestantischen Kirchen in Vergessenheit geraten, und es ist deshalb auch nicht verwunderlich, dass für viele die Rede von Leib und Blut Christi im Abendmahl völlig unverständlich wurde. Die großen Kirchen, die Katholiken und Orthodoxen, haben sie jedoch festgehalten und auf diese Weise die Einheit der Geschichte und der Person Jesu gewahrt. Denn gerade dies leistet der Gedanke der Repräsentation: Er macht deutlich, dass es in der Kirche nie nur um die Rede über Gott und über Jesus geht, sondern dass es Gottes Geschichte mit Jesus ist, die uns rettet, und dass diese Geschichte für uns in der Kirche gegenwärtig wird, um uns mit einzubeziehen. So werden z.B. die Christen nach den Worten des Apostels Paulus in den Tod Christi hinein getauft und mit ihm begraben, damit sie dann auch entsprechend der Auferstehung Jesu ein neues Leben haben (Röm 6,3 f). Wie aber kann so etwas zugehen, durch welche Kraft wird das Vergangene gegenwärtig? Die Antwort kann nur heißen: durch den Heiligen Geist. Denn wenn uns auch die Erfahrung lehrt, dass schon die menschlichen Gedanken und vor allem die Sprache eine vergegenwärtigende Kraft haben – alles, womit wir uns beschäftigen und was wir aussprechen, wird in gewisser Hinsicht wieder lebendig –, trotzdem können die menschlichen Kräfte der Vergegenwärtigung hier nicht genügen; denn wir erwarten ja nicht nur die Einbeziehung in menschliche Geschichte, sondern in die Geschichte Gottes selbst, die er zu unserem Heil veranstaltet hat.

II Der Glaube

So sehr wir auch immer darauf zu achten haben, dass Gott das Entscheidende für uns ohne unsere Mitwirkung getan hat, so wichtig ist doch andererseits die Erkenntnis, dass ohne unseren Glauben all dies für uns fremd und letztlich umsonst bleiben muss. Weil das Wort Gottes immer den ganzen Menschen im Auge hat, deshalb kann am Ende keiner zu Gott gehören, der nicht seine bewusste Zustimmung gegeben hat. Überall, wo der Abstand zwischen Gottes Wort und uns Menschen in irgendeiner Form überwunden wird, muss deshalb der Glaube mit dabei sein. Formen der Aneignung, wie wir sie oben beschrieben haben, gibt es auch auf anderen Gebieten – etwa in der Pädagogik. In der Kirche kommt es darauf an, dass das Wort Gottes nicht nur Gegenstand der Aneignung ist, sondern dass jeder Beteiligte diesem Wort Glauben schenkt. Was aber bedeutet das: Glauben schenken?

1. Der Glaube ist die Antwort auf den unableitbaren Inhalt des Wortes Gottes.

Die entscheidenden Aussagen der Heiligen Schrift müssen angenommen werden. Ich kann mir das, was Gott mir in seinem Wort sagt, nicht selbst sagen. Einmal deshalb, weil Gott der Herr ist. Die Anerkennung seiner Souveränität schließt ein, dass ich mich seinem Spruch unterwerfe. Dabei spielt zweitens eine Rolle, dass der Mensch gefallen ist, d. h., dass er nicht einmal über sich selbst richtig Bescheid weiß. Die völlige Erkenntnis seiner Sünde ist ihm verborgen. Er muss sie sich durch das Wort Gottes eröffnen lassen. Und schließlich hängt die Unableitbarkeit des Wortes Gottes damit zusammen, dass Jesus geschichtlicher Mensch ist. Die Ereignisse seines Lebens und Sterbens, die Tatsache seiner Auferstehung sind genauso einmalig und unableitbar wie andere Ereignisse innerhalb der Geschichte. Glauben heißt deshalb zunächst einmal, die in der Heiligen Schrift bezeugten Taten Gottes gelten lassen.

2. Der Glaube ist die Antwort auf den unbedingten Anspruch des Wortes Gottes.

Freilich macht die Anerkennung von Glaubenswahrheiten oder Heilstatsachen keinen Menschen selig. Alle diejenigen, die von der Dogmatik die Auferlegung eines Glaubenspensums befürchten, dürfen beruhigt sein. Die Gefahren, die hier drohen, werden gesehen. Das berühmte Wort aus dem Jakobusbrief soll nicht vergessen werden: »Du glaubst, dass nur einer Gott ist? Du tust wohl daran: Die Teufel glauben's auch und zittern.« (Jak 2,19). Beides ist notwendig: die Anerkennung inhaltlicher Aussagen, um der Unklarheit und der Schwärmerei zu begegnen, aber auch das andere: das persönliche Vertrauen, die Ich-Du-Beziehung zu Gott und zu Jesus Christus. Weil uns im Wort Gottes der Herr der Welt selbst entgegentritt, deshalb haben wir zu antworten mit unserem Gehorsam, mit unserer Entscheidung für Christus. Glauben heißt: dem lebendigen Gott unbedingt vertrauen. Der Apostel Paulus führt uns deshalb Abraham als das große Beispiel des Glaubens vor Augen (Röm 4; Gal 3). Er hat Gott zugetraut, dass er das biologisch Unmögliche, im hohen Alter noch einen Sohn zu bekommen, an ihm möglich macht: »Er wusste aufs allergewisseste, was Gott verheißt, das kann er auch tun« (Röm 4,21). Nur dort, wo wir auf diese Weise mit Gott rechnen, werden wir etwas von seiner Wirklichkeit erleben. Nur wo wir glauben, kann uns das Wort Gottes nahe kommen, bekommen wir Anteil an der Geschichte Gottes mit den Menschen.

III Heiliger Geist

»Ich glaube, dass ich nicht aus eigener Vernunft noch Kraft an Jesum Christum, meinen Herrn, glauben oder zu ihm kommen kann; sondern der Heilige Geist hat mich durch das Evangelium berufen, mit seinen Gaben erleuchtet, im rechten Glauben geheiligt und erhalten« (Martin Luther).

Die Überwindung des Abstandes zwischen dem Wort Gottes und uns ist das Werk des Heiligen Geistes. Das wird besonders deutlich bei den Erörterungen über den Glauben. Unter Umständen ist die Zustimmung zu den Heilstatsachen für uns noch machbar, das glaubende Vertrauen auf die Güte Gottes können wir weder uns selbst noch einem anderen beibringen. Die persönliche Begegnung mit dem lebendigen Jesus Christus muss uns von Gott durch den Heiligen Geist geschenkt werden. Er ist die Kraft, die alle Formen der Aneignung des Wortes Gottes mit Leben erfüllt und ihnen Bedeutung für den Glauben gibt. In gewisser Hinsicht kann man sogar sagen, dass der

Hinweis auf den Heiligen Geist die Krönung oder der Schlussstein für die Grundlegung der Dogmatik ist. Wer nach den Quellen des christlichen Glaubens fragt, der muss zu guter Letzt vom Heiligen Geist reden, d. h. von Gott selbst als dem, der allein jedem Menschen den Glauben schenken kann. Von daher gesehen, sind die Heilige Schrift und die Kirche nur Mittel, durch die der Heilige Geist mit uns redet und uns ergreift. Und der Offenbarungsbegriff meint nichts anderes als den Anspruch, dass die Bibel Werk des Heiligen Geistes ist. Es handelt sich hier um eine Erkenntnis, die im Sinne des Wortes für die gesamte Dogmatik grundlegende Bedeutung hat. Wenn sich die Dogmatik nicht mehr selbst in das Werk des Heiligen Geistes hineingestellt weiß, verliert sie ihr Existenzrecht innerhalb der Kirche und wird zur Religionsphilosophie oder zur Lebensweisheit. Allerdings wird an dieser Stelle auch die Grenze für die Wissenschaftlichkeit aller Theologie sichtbar. Das Subjekt der Theologie ist am Ende nicht der autonome menschliche Geist, der in den Wissenschaften das Universum durchforscht und sich dienstbar macht, sondern Gottes Geist, der immer wieder Menschen erfüllt und ihre Gedanken als seine Werkzeuge benutzt.

Dogmatik I – Der Glaube an den Schöpfer

Es ist weithin üblich geworden, den Stoff der Dogmatik entsprechend den Artikeln des Glaubensbekenntnisses in drei Teilen darzustellen: 1. der Glaube an Gott den Schöpfer, 2. der Glaube an Jesus Christus, 3. der Glaube an den Heiligen Geist. Auch wir wollen so verfahren. Diese Gliederung hat den Vorteil, am Ablauf des biblischen Gotteszeugnisses und an der Heilsgeschichte orientiert zu sein. Freilich darf dabei nicht verschwiegen werden, dass diese Dreiteilung der Dogmatik, so nahe liegend sie auch sein mag, ein wenig willkürlich ist. Denn es ist ganz und gar nicht so, dass etwa das Nachdenken des Glaubens unbedingt diesen Weg einschlagen müsste, dass es sich zuerst mit der Schöpfung, dann mit Jesus und schließlich mit dem Heiligen Geist beschäftigt. Im Gegenteil. Häufig beginnt das Nachdenken beim Heiligen Geist und bei der Kirche oder bei Jesus Christus und gelangt erst viel später zu den Fragen, die mit der Schöpfung und Gott dem Schöpfer zusammenhängen. Grundsätzlich kann die Dogmatik von jedem Punkt aus, von jeder Glaubensfrage aus nach und nach das gesamte biblische Zeugnis von Gott durcharbeiten. Es gibt keinen notwendigen Denkfortschritt vom Glauben an Gott den Schöpfer zum Glauben an Jesus und den Heiligen Geist, und man kann auch nicht sagen, dass der Glaube an Gott den Schöpfer unbedingte Voraussetzung für den Glauben an den Heiligen Geist wäre. Vielmehr gibt es genug Beispiele, dass Menschen fest in der Kirche und im Glauben an Jesus verwurzelt sind, ohne Klarheit über die Schöpfung zu haben. Und umgekehrt gibt es so manchen, dessen Glaube ganz auf die Schöpfung bezogen ist, der die Probleme des Schöpfungsglaubens bis ins letzte durchdacht hat, aber trotzdem nicht zum Glauben an Jesus findet. Keine Gliederung ist frei von Willkür. Ein besonders deutliches Beispiel dafür ist die Gotteslehre. Sie wird gewöhnlich im ersten Teil der Dogmatik abgehandelt. Aber welcher Christ könnte sich damit einverstanden erklären, dass das Wichtigste von Gott gesagt worden sei, solange nicht ausführlich über Jesus Christus und den Heiligen Geist gesprochen wurde? Wenn wir aber – wie es in der Regel auch gehandhabt wird – bereits im Anfang vom dreieinigen Gott reden, dann muss im Grunde der wesentliche Inhalt der gesamten Dogmatik vorausgenommen werden. Und ein ähnliches Problem ergibt sich auch innerhalb des ersten Teils der Dogmatik. Wenn er sich im Zusammenhang der Schöpfung mit der Welt, der Geschichte und dem Menschen beschäftigen muss, dann geht es auch hier um Gotteslehre, nämlich um Gott in Beziehung zur Welt, zur Geschichte und zum Menschen, um Gott als Schöpfer der Welt, als Herrn der Geschichte und als Vater des Menschen. Wir versuchen dieser Verflechtung im ersten Teil der Dogmatik gerecht zu werden, indem wir die übliche Trennung von Gotteslehre, Schöpfungslehre und Lehre vom Menschen beiseitelassen und stattdessen das Zeugnis von der Wirklichkeit des Schöpfergottes jeweils unter dem Gesichtspunkt der Natur und der Geschichte darstellen. Am Anfang soll ein apologetisches Kapitel über den Streit, der gerade in der Neuzeit um die Aussagen des ersten Artikels geführt wurde, stehen. Den Schluss bildet ein Abschnitt über die theologischen Konsequenzen, die die Kirche aus dem biblischen Zeugnis von Gott gezogen hat. Dazu gehört auch die Lehre vom dreieinigen Gott.

Kapitel 1 – Der Streit um die Wirklichkeit des Schöpfergottes

I DIE KRITIK AM GOTTESGLAUBEN IN DER NEUZEIT

1 Im Horizont der Natur

Die Auseinandersetzung zwischen Glauben und Unglauben hat sich in der Neuzeit vor allem mit den Aussagen über die Natur beschäftigt. Damit ist nicht gesagt, dass etwa die Lehre von Christus oder gar die Lehre von der Kirche unangefochten gewesen seien. Eher müsste man sagen, diese Gebiete des christlichen Dogmas seien nicht einmal mehr eines Streites für würdig gehalten worden; denn das Schwergewicht des neueren Denkens lag jahrhundertelang in besonderer Weise auf der Beschäftigung mit den Problemen der Naturwissenschaft. Dabei dürfen wir nicht vergessen, dass in verschiedener Hinsicht der christliche Glaube sich immer schon in Übereinstimmung mit der modernen Naturwissenschaft befunden hat. Der vom Christentum gepredigte Glaube an den einen Gott bedeutete zugleich die Entmachtung der vielen Götter und göttlichen Wesen, denen nach Meinung der Menschen des Altertums die Vielfalt der Natur unterstand. In dem Augenblick, wo das Wachstum der Pflanzen oder die Überschwemmungen der Flüsse und die Bewegungen der Planeten nicht mehr die Auswirkung oder das Spiegelbild von Ereignissen in der Götterwelt sind, ist der Weg für die Vernunft frei, nach den Ursachen und Zusammenhängen zu forschen. Die christliche Mission setzt damit die Entgötterung und Entzauberung der Welt fort, die durch einzelne Philosophen des Altertums begonnen worden war (z. B. Lukretius, 50 v. Chr. »De rerum natura« = »Über die Natur der Dinge«). Sie ist aber vor allem Auslegung dessen, was bereits in den Schöpfungsaussagen des Alten Testament zu finden ist, etwa in der Ablehnung der Gestirngottheiten im ersten Schöpfungsbericht (1Mose 1), wo die Gestirne zu Lampen degradiert werden, die lediglich die Aufgabe haben, eine irdische Zeiteinteilung zu ermöglichen. Trotzdem ist es in der Neuzeit zu dem vielbesprochenen Gegensatz zwischen Glauben und Naturwissenschaft gekommen. Während gläubiges christliches Denken die Natur zunächst als das Gebiet ansieht, in dem zwar nicht mehr verschiedene einander bekämpfende Gottheiten sich auswirken, das aber doch der Schauplatz der großen Wunder des einen Gottes ist, des Wunders der Fruchtbarkeit und des Lebens oder des Wunders der Planetenbewegung, betrachtet der neuzeitliche Wissenschaftler die Natur so, als ob es keinen Gott gäbe. Er fragt nicht nach dem Willen Gottes, sondern nach den Gesetzen, denen die Natur überall und immer gehorcht. Die Arbeitsmethode der modernen Naturwissenschaft rechnet nicht mit Gott, mögen auch einzelne Wissenschaftler persönlich gläubige Christen sein. Die hervorragenden Ergebnisse dieser Naturwissenschaft sind vor aller Augen. Ein Geheimnis nach dem anderen ist im Laufe der Zeit geklärt worden. Ja es wurde nicht nur das Bestehende durchforscht, sondern auch nach dessen Entstehung und Geschichte gefragt, nach der Entstehung der Arten und der Oberflächengestalt der Erde, ja sogar nach der Entstehung des Menschen, des Lebens und des Kosmos überhaupt. Das Ergebnis dieser Entwicklung der Naturwissenschaft wird oft mit dem Wort von der »Raumnot Gottes« bezeichnet. Es ist ein geradezu geschlossenes Weltbild entstanden, in dem Gott nicht mehr vorkommt. Es gibt keinen Vorgang, für dessen Erklärung die Existenz eines göttlichen Wesens notwendig werden könnte. Alles geschieht nach den Regeln der erkannten Naturgesetze. Es gibt auch keinen Ort im All, der menschlichem Zugriff prinzipiell entzogen ist und deshalb als Ort Gottes anzusprechen wäre. Zwar haben Christen immer wieder versucht, Lücken im naturwissenschaftlichen Weltbild aufzuspüren, ungeklärte Fragen, an denen man zeigen kann, dass Gott existieren muss. Man verwies etwa auf die Entstehung des Lebens oder die Schwierigkeiten bei der Beschreibung von Elementarteilchen (die sogenannte Heisenbergsche

Unschärferelation). Aber die Entwicklung der Naturwissenschaft hat gezeigt, dass ihre unablässige Arbeit an der Schließung solcher Lücken Erfolg hat und dass christliche Denker, die auf diese Weise Positionen des Glaubens gegenüber der Naturwissenschaft retten wollen, früher oder später unterliegen. Es lässt sich nicht leugnen, dass die Verteidiger des christlichen Glaubens sich gegenüber der Naturwissenschaft in einem jahrhundertelangen Rückzugsgefecht befunden haben. Je mehr das naturwissenschaftliche Weltbild vervollkommnet wurde, umso deutlicher zeigte sich, dass es in ihm für Gott keinen Platz gibt. Es bestätigte sich die alte Wahrheit, die bereits in der Ablehnung des kosmologischen Gottesbeweises enthalten ist: dass Gott von uns Menschen nicht als Bestandteil der Welt beschrieben werden kann. Es gibt keine Möglichkeit, von den Vorgängen innerhalb der Welt auf die Existenz eines höheren Wesens mit logischer Notwendigkeit zu schließen. Deshalb ist das Scheitern aller Verteidigungsversuche des christlichen Glaubens, soweit sie nach Lücken im naturwissenschaftlichen Weltbild Ausschau hielten, kein Zufall, sondern notwendig gewesen. Es bedeutet jedoch nicht, dass sich damit der Glaube an Gott erledigt hätte.

2 Im Horizont der Geschichte

Noch wirkungsvoller als die Bestreitung des Gottesglaubens mit Hilfe der Naturwissenschaft ist die Erfahrung der Ungerechtigkeit Gottes als Motiv für Kritik am Glauben. Sei es nun angesichts von Krankheiten und Todesfällen oder von Naturkatastrophen, Kriegen und Hungersnöten, von Holocaust und Völkermord, immer wieder wird von vielen Menschen die Frage gestellt, wie Gott solche Dinge zulassen könne. Es ist die sogenannte Theodizee-Frage, die Frage nach der Gerechtigkeit Gottes, die hier gestellt wird. Ist denn Gott noch gerecht, wenn er so vielen unschuldigen Menschen solches Leid zufügen lässt? Freilich ist damit genau genommen noch nichts gegen die Existenz Gottes gesagt. Es wird zunächst lediglich an Gottes Gerechtigkeit gezweifelt. Aber in der Regel wird trotzdem gefolgert: Wenn Gott das zulässt, dann kann ich nicht mehr an ihn glauben, dann gibt es ihn nicht. Der Zweifel an Gottes Gerechtigkeit wird zum Anlass für die Absage an Gott. Anstatt sich unter die oft harte und unverständliche Macht Gottes zu beugen, entscheidet sich der moderne Mensch häufig für die grundsätzliche Absage an den

Gottesglauben. So verbirgt sich hinter der Berufung auf die Ungerechtigkeit Gottes als Motiv für den Zweifel am Glauben im Grunde kein logischer Beweis, sondern eine geänderte Grundhaltung des Menschen, deren innerster Kern die Auflehnung gegen Gott ist. Eine besondere Form der Bestreitung Gottes auf Grund von persönlichen oder historischen Ereignissen haben wir dort vor uns, wo auf das Versagen der Kirche hingewiesen wird. Mag man nun auf Erfahrungen aus dem eigenen Leben verweisen oder auf das Versagen der Kirche in der Geschichte wie auf Kreuzzüge, Bauernkrieg, Ketzerverfolgungen, Hexenverbrennungen oder auf die kritiklose Nähe vieler Kirchen zu den Reichen und Mächtigen, immer geht es darum, dass offizielle Vertreter des Glaubens zum Nachteil der Menschen gewirkt haben. Zwar kann man auch hier einwenden, dass damit am Ende nichts gegen die Existenz Gottes gesagt ist, ja nicht einmal unbedingt etwas gegen seine Gerechtigkeit, da sich diese Vorwürfe doch gegen die Vergehen von Menschen richten. Trotzdem müssen wir auch dieses Motiv sehr ernst nehmen. Jeder Christ muss sich gefallen lassen, dass er von den anderen mit der Sache identifiziert wird, die er vertritt. Genauso wenig wie der heutige Mensch bereit ist, einen für seine Begriffe ungerecht handelnden Gott hinzunehmen und an ihn zu glauben, genauso wenig ist er bereit, eine Kirche, die versagt hat und auch immer wieder versagt, gelten zu lassen. Im Zusammenhang mit dieser Ablehnung Gottes und der Kirche steht auch die grundsätzliche Abkehr von einem bestimmten gesellschaftlichen Ordnungsmodell, mit dem der Gottesglaube jahrhundertelang verbunden war. Im Bewusstsein vieler Menschen gehört der Glaube in die alte Welt der Unterordnung unter die »Obrigkeit«, in das alte Dorf, in dem der Landbesitz die gesellschaftliche Stellung bestimmte, in die Zeit der alten Schule, in der Religion Hauptfach war. Unsere moderne Gesellschaft wird geprägt von einer Vielzahl geistiger und wirtschaftlicher Kräfte. Ihr Leitbild ist eine freiheitliche, pluralistische Demokratie. Und wo der christliche Glaube nur noch begrenzt und gelegentlich als Bestandteil des öffentlichen Lebens wahrgenommen wird, verlieren Gott und Jesus Christus für viele Menschen an Wirklichkeit. Gottes Macht wird im normalen gesellschaftlichen Leben nicht mehr wahrgenommen. Hier haben wir wohl das wirksamste Motiv für den Zweifel am Gottesglauben in unserer Zeit vor uns. Der letzte Grund freilich liegt nicht in wissenschaftlichen Entwicklungen, nicht in persönlichen oder historischen Erlebnissen und auch nicht in gesellschaftlichen Veränderungen, der letzte

Grund des Zweifels am Glauben ist der alte Drang des Menschen, selbst sein zu wollen wie Gott. Zuletzt geht es nicht darum, dass man Gott nicht mehr braucht, sondern dass der Mensch selbst seine Stelle einnehmen möchte. So steht hinter dem Protest gegen die Ungerechtigkeit Gottes und das Versagen der Kirche der Entschluss, die Dinge ganz anders als frühere Generationen in die eigenen Hände zu nehmen und sich von jeder Bevormundung, auch von der durch den Gottesglauben, zu befreien. Dies gilt sowohl im Bereich der Geschichte als auch in dem der Natur. Am Ende geht es um die Frage, ob der Mensch bereit ist, sich der Macht Gottes zu beugen oder nicht.

II Die Verteidigung des Gottesglaubens durch die neuere Theologie

1 Deismus und Pantheismus

Die geschilderten Motive für den Zweifel am Gottesglauben sind in Europa seit der Renaissance wirksam. Seit dem 13. Jahrhundert ist in Europa eine ständig um sich greifende Bewegung im Gange, in der der Mensch zu immer größerer Selbständigkeit gegenüber allen gesellschaftlichen und geistigen Überlieferungen strebt und versucht, aus eigener Kraft die Welt zu erforschen und zu gestalten. In Anknüpfung an die Zurückdrängung kirchlicher Macht seit der Reformation wird sie oft als Säkularisation bezeichnet. Freilich besteht diese Bewegung nicht nur in einem Vormarsch der Kritik am Gottesglauben, sondern auch in einem echten Ringen des Glaubens mit dem Unglauben. Theologen und Philosophen haben immer wieder das Verhältnis zwischen Gott und der durchschaubaren und beherrschbaren Welt zu bestimmen versucht. Dabei haben auch die Begriffe Deismus und Pantheismus eine Rolle gespielt. Sie sollen hier dazu dienen, bestimmte Positionen im Streit zu verdeutlichen. Noch im 17. und 18. Jahrhundert denkt kaum jemand von den führenden Geistern daran, die Existenz Gottes zu leugnen. Sie sind keine Atheisten, sondern Deisten. Sie glauben noch an Gott, aber Gott ist für sie nicht mehr der Vater Jesu Christi. Gott hat für sie keine aktuellen persönlichen Beziehungen zur Welt, sondern er ist in die Ferne gerückt, bis dahin, dass man in ihm nur noch den ersten Beweger, den Urheber der Welt sieht, die seitdem auf Grund der Naturgesetze selbständig funktioniert. So ist der Deismus ein Versuch, den Erkenntnissen der Naturwissenschaft über die Gesetzlichkeit aller Abläufe in der Welt gerecht zu werden, ohne den Glauben an Gott aufzugeben. Aber er ist eine typische Rückzugsposition des Glaubens, weil er die Aktivität Gottes vor allem dort ansetzt, wo die Erkenntnisse der Naturwissenschaft noch Lücken aufweisen. Eine andere Form, Naturgesetzlichkeit und Gottesglauben festzuhalten, ist der Pantheismus. Hier wird die Welt nicht mehr zwischen Naturwissenschaft und Gottesglauben aufgeteilt, sondern Gott und Natur werden als zwei Seiten derselben Sache betrachtet. Pantheistische Gedanken sind vor allem durch Spinoza (1632-1677) und Goethe (1749-1832) in Deutschland verbreitet worden und haben die Frömmigkeit des früheren Bürgertums sehr stark geprägt. Zwar kann man hier nicht sagen, dass Gott aus der Nähe des Menschen verdrängt würde, im Gegenteil, jeder Vorgang, jede Erscheinung in der Welt ist zugleich Wirkung Gottes. Aber auch hier ist Gott nicht mehr der Vater Jesu Christi. Ja Gott wird überhaupt nicht mehr als Person gesehen. Es wird unmöglich, zwischen Gott und Welt genau zu unterscheiden. Gott und Welt sind miteinander identisch. Sie sind zwei Seiten derselben Sache. Konsequenter Pantheismus gerät deshalb in die Nähe von Materialismus und Atheismus. Es begegnet dem Menschen am Ende doch nur die Welt in ihren vielen Erscheinungsformen, sonst nichts. Typisch für beide Positionen, für Deismus und Pantheismus, ist schließlich ihr Unverständnis gegenüber den geschichtlich gewachsenen Religionen, wie z. B. gegenüber dem Christentum. In beiden Fällen weist die Vernunft Gott einen Platz in ihrem Weltbild an. Und beide Male bedeutet dies, dass der persönliche Gott, wenn nicht ganz geleugnet, so doch in weite Ferne gerückt wird. Sowohl Deismus als auch Pantheismus haben als »Rückzugspositionen« starkes Gefälle zum reinen Atheismus.

2 Das Ausweichen auf die Existenz

Ein anderer Versuch, mit der Raumnot Gottes fertig zu werden, ist die Beschränkung des Gottesglaubens auf das Gebiet der Existenz. Man akzeptiert die These der Naturwissenschaft, dass Gott zum Verständnis der Welt nicht nötig sei, verzichtet auf alle Rückzugsgefechte auf dem Gebiet der Natur, die versuchen, an bestimmten kritischen Punkten des Weltbildes die Notwendigkeit Gottes zu erweisen, und stellt dann um so deutlicher die Notwendigkeit des Gottesglaubens für den Bereich des Menschlichen heraus. Dies geschieht in einer ersten Form schon, wenn in der Zeit der bürgerlichen Aufklärung die Aufgabe der Religion vor allem in der Aufrechterhaltung der öffentlichen Ordnung bzw. in der moralischen Erziehung des Menschen gesehen wird. Der von der Religion gelehrte Glaube an die Göttlichkeit des Sittengesetzes und das Gericht nach den Werken garantiert das Wohlverhalten der Mehrzahl der Menschen. Dieses Denken kann mitunter so weit vorangetrieben werden, dass das Christentum unabhängig von seinem Wahrheitsgehalt nur noch Mittel zum moralischen, sogar zum politischen Zweck ist. Theologiegeschichtlich gesehen, ist diese Argumentation mindestens seit der Veröffentlichung der »Reden über die Religion« durch Friedrich Schleiermacher (1799) überholt. Er hat mit großer Deutlichkeit herausgestellt, dass Religion weder Spekulation noch Moral ist, sondern eine »selbständige Provinz im Gemüt« des Menschen. Er versucht sie mit dem freilich missverständlichen Begriff des »Gefühls« zu beschreiben und meint damit das Personzentrum des Menschen. Wir würden vielleicht vom Herzen oder von der Existenz reden. Der Ort des Glaubens und damit auch der Ort der Gottesbegegnung ist die menschliche Existenz, mein Ich, mein Selbst. Der Ansatzpunkt für den Gottesglauben kann unmöglich in der Natur oder in der Geschichte gefunden werden, sondern einzig und allein in meiner persönlichen Entscheidung. Diese Gedanken, die seinerzeit von Schleiermacher in missverständlicher und oft kritisierter Form geäußert wurden, sind für die Theologie des 20. Jahrhunderts unter Berufung auf Martin Luther und den Apostel Paulus zu entscheidender Bedeutung gelangt. Sie haben einerseits den großen Vorzug, dass sie ein wesentliches biblisches Anliegen, die Bezogenheit des Gottesglaubens auf die Existenz des Menschen, zur Geltung bringen, und sie zeigen andererseits, dass es im Streit um eine christliche Deutung der Natur und der Geschichte gar nicht um die zentrale Frage des Glaubens geht. Ja man kann sogar – wie etwa Rudolf Bultmann – Natur und Geschichte mit einer gewissen Großzügigkeit der ohne den Gottesbegriff arbeitenden Wissenschaft überlassen, da sie für den Glauben letztlich bedeutungslos sind. Glaube ist Sache der Existenz. Freilich hat sich herausgestellt, dass auch diese Position der Kritik am Gottesglauben nicht standhält. Denn es hilft nichts, wenn man die Bereiche der Natur und der Geschichte der Wissenschaft überlässt. Die Kritik am christlichen Glauben macht vor den Aussagen über die Existenz des Menschen nicht halt. Dietrich Bonhoeffer hat es in seinen Briefen aus der Haft wohl als erster ausgesprochen, und seitdem wurde es immer lauter und deutlicher gesagt, dass der heutige Mensch eben gerade den Anspruch Gottes auf sein persönliches Leben als eine Vergewaltigung empfindet; er ist »mündig« geworden. Ja man hat diese »Mündigkeit« sogar als einen Durchbruch neutestamentlicher Gedanken gedeutet, als die Verwirklichung der Freiheit der Kinder Gottes, von der der Apostel Paulus redet (Gal 4 und 5). Dagegen wurde in dem Anspruch eines persönlichen, Gehorsam fordernden Gottes die letzte Bastion des seit der Renaissance umstrittenen patriarchalischen Weltbildes gesehen, das mit dem Evangelium von Jesus Christus im Grunde nichts zu tun hat. Dies ist der Ansatzpunkt der sogenannten atheistischen Theologie. Man ist sich darin einig, dass der Glaube an einen persönlichen, überweltlichen Gott Bestandteil eines überholten Weltbildes ist, wie so vieles andere auch. Entscheidend für unseren Glauben ist nicht Gott, sondern Jesus. Er hat unter den Menschen Mitmenschlichkeit vorgelebt und fordert uns zur Nachfolge auf. Oder anders ausgedrückt: In ihm ist Gott selbst vom Thron gestiegen, hat sich erniedrigt, ja ist gestorben, damit auch wir uns erniedrigen und an die Seite der Entrechteten stellen. Gott ist tot. Er hat sich in Jesus töten lassen, damit wir ihm nachfolgen können. Es kann hier nicht darum gehen, diese »Gott-ist-tot-Theologie« im Blick auf ihre Quellen und ihre Auswirkungen darzustellen. Für uns ist wichtig, dass damit wesentliche Inhalte der Heiligen Schrift geleugnet werden. Nicht nur das Bekenntnis zu Gott als dem Schöpfer und Herrn der Welt wird abgelehnt, sondern auch die Botschaft von der Auferstehung Jesu und seine Erhöhung zum Herrn der Welt. »Atheistische Theologie« ist nicht nur ein logischer Widerspruch, sondern eine Deformation christlicher Überlieferung, die den Menschen mit seinen Möglichkeiten, mit dem Aufruf zum Dienen, zu humanistischem Wirken allein lässt. So schlagen alle Versuche, für den Glauben an Gott einen Ort zu finden, an dem er sich entfalten könnte, ohne mit dem Denken des heutigen Menschen in Streit zu geraten, immer wieder fehl. Die christliche Theologie kommt ohne den Widerspruch gegen bestimmte Tendenzen des Welt- und Menschenbildes unserer Zeit nicht aus. Sie muss – wenn sie Theologie bleiben will – dem »mündigen« Menschen sagen, dass er vor Gott Geschöpf, dass er Kind bleibt, aus dem bestenfalls ein mündiges, und d. h., ein erlöstes und befreites Gotteskind werden kann.

Kapitel 2 – Die biblisch-kirchliche Lehre von der Wirklichkeit des Schöpfergottes

I IM HORIZONT DER GESCHICHTE

1 Der Gott der Bibel als Gott der Geschichte

Die Heilige Schrift bezeugt Gott zuerst als den, der als der allmächtige Herr und liebende Vater seine Verheißungen an Israel verwirklicht und Jesus von Nazareth zum Heil der Welt sendet.

Wenn wir im Folgenden zuerst von der Geschichte und dann von der Natur sprechen, dann hat das seinen Grund im Charakter der biblischen Überlieferung. Die Bibel ist vor allem ein Geschichtsbuch. Sie behandelt die Geschichte des Volkes Israel und die Geschichte Jesu Christi. Mag auch das Thema der Weltschöpfung die ersten Blätter der Bibel füllen, die ältesten und auch für die Entstehung unseres Glaubens entscheidenden Texte haben mit der Geschichte zu tun. Die Gläubigen des Alten und des Neuen Testaments sind ihrem Gott in erster Linie in der Geschichte begegnet. Wir machen uns das deutlich an einer der klassischen Gottesbegegnungen im Alten Testament, der Offenbarung des Gottesnamens am Berg Sinai (2Mose 3). Zwar könnte man meinen, die Offenbarung eines Namens habe mit Geschichte wenig zu tun. Aber der Zusammenhang zeigt deutlich: Die Offenbarung des Gottesnamens ist ein Teil des Berichts von der Herausführung des Volkes aus Ägypten. Sie ist der Beginn einer großen Geschichte, deren Ziel die Inbesitznahme des Heiligen Landes ist. Die Offenbarung am Sinai will den Glauben an die Verheißung des Landes wecken, und Mose hat diesen Glauben weiterzugeben. Aber auch im Blick auf die Vergangenheit erweist sich Gott am Sinai als Gott der Geschichte. Die Offenbarung geschieht in Rückbeziehung auf die Geschichte der Erzväter. Der Gott des Mose ist der Gott Abrahams, Isaaks und Jakobs. Wenn Gott sich offenbart, dann will er wiedererkannt werden als der, der schon in der Vergangenheit gewirkt hat. Und schließlich deutet der offenbarte Gottesname selbst auf Geschichte hin. Der Name Jahwe wird übersetzt mit »ich werde sein, der ich sein werde« oder »ich werde mich erweisen, als der ich mich erweisen werde«. Gott antwortet auf die Frage nach seinem Namen, und d. h. nach seinem Wesen: »Das sollst du erleben.« In der Geschichte wird sich zeigen, wer Gott ist. Unser

Wissen von Gott ist nie vollendet. Gott ist immer im Kommen. Er erweist seine Macht immer neu. Er bereitet Überraschungen. Glauben heißt deshalb: Hoffen und vertrauen, dass Gott in der Zukunft seine Verheißungen verwirklichen wird. Der Glaube lebt immer in der Spannung zwischen dem, was Gott in der Vergangenheit getan hat, und der Hoffnung auf das, was er in der Zukunft tun wird. Er lebt in der Spannung zwischen Verheißung und Erfüllung. Das ist der große Inhalt der Geschichte, die uns in der Bibel berichtet wird. Diese Geschichte zeigt Gott als den allmächtigen Herrn, der seine Ziele auch gegen Widerstände verwirklicht, und sie zeigt ihn zugleich als den liebenden Vater, der in allem am Ende unser Gutes will. So ist das Alte Testament gekennzeichnet durch die Gabe immer neuer Verheißungen für das Volk Israel. Am Anfang steht die Verheißung der Landnahme. Sie wird abgelöst durch die Verheißung des sicheren und ungestörten Landbesitzes und durch die Ankündigung des ewigen Königtums der Söhne Davids (2Sam 7). Immer dann, wenn eine Verheißung ihrer Erfüllung nahe ist, wird sie durch eine neue überboten und ausgeweitet, bis schließlich bei den Propheten ein ewiges Friedensreich für alle Völker angekündigt wird (Jes 11; 60). Ähnlich liegen die Dinge auch im Neuen Testament. Gott begegnet uns in der Geschichte, nämlich in der Geschichte Jesu von Nazareth. Das Neue Testament stellt das Geschick Jesu dar als die Erfüllung der alttestamentlichen Messiasverheißung. In Jesus verwirklicht sich das angekündigte Heil, der Friede für alle Menschen, in seinem Leben, Sterben und Auferstehen. In ihm offenbart sich Gott endgültig als der allmächtige Herr und liebende Vater. Aber auch der Glaube an ihn ist zugleich Hoffnung. Christen hoffen auf das ewige Leben, die vollkommene Gemeinschaft mit Gott und den ewigen Frieden, den uns Jesus verheißen hat (Hebr 11,1; Röm 8,18 ff). Aus dem allem wird deutlich, dass die Bibel von Gott redet, indem sie Geschichten erzählt, darbietet – Geschichten, in denen Menschen Gottes Macht und Güte, seine Treue und seinen Zorn erfahren. Es ist wichtig, dass der christliche Theologe dies nicht in der Freude am absoluten Denken vergisst, vielmehr dass er sich selbst in diese Geschichte Gottes mit den Menschen hineingestellt weiß. Nur so kann angemessen von Gott geredet werden.

2 Der Mensch im Streit mit Gott

a) Die Geschichte

In der Geschichte vollzieht sich der Streit zwischen Gott und den Menschen.

Bisher haben wir von der Geschichte als dem Feld der Offenbarung Gottes geredet, auf dem er sich in der immer neuen Spannung von Verheißung und Erfüllung zu erkennen gegeben hat. Nun wendet sich unser Blick auf den Menschen. Er ist das Gegenüber Gottes, das nicht nur die Verheißungen und Gebote Gottes empfängt, sondern zugleich dem Willen Gottes nicht nur gehorcht, sondern ihm ständig widerstrebt. Dieser Kampf des widerstrebenden Menschen mit dem allmächtigen Gott macht nach der Auffassung der Heiligen Schrift den wesentlichen Inhalt der Geschichte aus. Vor allem im Alten Testament wird deutlich gemacht, wie die Geschichte der Menschheit von Anfang an die Geschichte des Ungehorsams ist. Schon die Urgeschichten im ersten Buch der Bibel – die Geschichte vom Sündenfall, von Kain und Abel, von der Sintflut und dem Turmbau zu Babel – wollen in beispielhafter Weise den Ungehorsam der Menschheit gegen Gott darstellen. Aber auch in den Erzählungen über die Erzväter oder bei der Darstellung der Geschichte Israels spielt das Thema des Streits zwischen Gott und den Menschen eine große Rolle. Nicht umsonst ist der Realismus der Bibel immer wieder bewundert worden, der sich selbst bei den bedeutendsten Vertretern des Gottesvolkes nicht zurückhält, wenn es darum geht, auch ihre bösen Taten zu beschreiben. Die Bibel beurteilt die Menschen äußerst kritisch. Sie registriert mit scharfem Blick überall und in allen Zeitaltern die Entgleisungen der Menschen, ihren Ungehorsam gegen die Gebote Gottes. Aber es wäre nun auch falsch, wollten wir die Geschichte als eine einzige Abwärtsbewegung, als ständigen Verfall ursprünglich guter Zustände und Sitten betrachten. Eine solche Wertung kann sich nicht auf die Bibel berufen. Es gibt zu allen Zeiten Gehorsam und Ungehorsam, Glauben und Unglauben. Gott redet mit jeder neuen Generation von Menschen. Er gibt jedem seine Chance, sich für ihn zu entscheiden. Jede Generation ist voll verantwortlich, niemand durch die Fehler seiner Vorgänger so belastet, dass es für ihn die Möglichkeit zum Guten nicht mehr gäbe. Gott sorgt selbst dafür, dass es diesen ständigen Verfall nicht gibt. Er behält auf geheime

Weise trotz des menschlichen Ungehorsams und der menschlichen Freiheit zum Bösen die Fäden des Geschehens in der Hand.

b) Die Sünde

Die Sünde ist die Rebellion des Menschen gegen Gott, die sich in immer neuen Entscheidungen vollzieht.

Es ist deutlich, dass wir es überall, wo wir bisher vom Streit des Menschen mit Gott sprachen, mit dem zu tun haben, was in der Bibel Sünde heißt. Dabei sollte uns von Anfang an klar sein: Es geht hier nicht nur um die Übertretung von Einzelgeboten, nicht um gewisse unmoralische Handlungen, sondern um ein menschliches Grundverhalten, um Rebellion gegen Gott. So sehr wir auch über die einzelnen Erscheinungsformen der Sünde und die vielen bösen Gedanken und Handlungen in unserem Leben und im Leben der Menschheit erschrecken, sie sind im Grund nur Folgeerscheinungen, Äußerungen einer tiefen Feindschaft der Menschen gegen Gott. Denn wer in Übereinstimmung mit Gott ist, der sündigt nicht, und wer die Gebote und Ordnungen Gottes missachtet, der beleidigt Gott selbst, der bezweifelt, dass Gottes Ordnungen gut für uns sind. Er rechnet nicht mit der Macht Gottes, seinen Willen auch gegen uns durchzusetzen. Die eigentliche Sünde ist der Unglaube, jene Auflehnung gegen die Herrschaft Gottes, die in den berühmten Worten der Schlange aus der Geschichte vom Sündenfall zum Ausdruck kommt: dass der Ungehorsame wie Gott sein werde. Die Augsburgische Konfession zählt deshalb drei Gesichtspunkte auf, die für die Charakterisierung des sündigen Menschen entscheidend sind: Er ist »voller böser Lust und Neigung«, hat »keine wahre Gottesfurcht« und »keinen wahren Glauben an Gott«. Aber die Bibel geht in der Beschreibung der Sünde noch einen Schritt weiter. Paulus redet von ihr als von einer Macht, die den Menschen beherrscht (Röm 5,20). Kein Mensch hat die Möglichkeit, völlig frei von Sünde zu bleiben. Es gibt geradezu einen Zwang zum Sündigen (Röm 7,14-18). Dies gilt, obwohl jeder Mensch für sein Tun voll verantwortlich ist. Freilich sind dies Tiefen des Sündenverständnisses, die unserer Vernunft gewöhnlich verborgen bleiben. Wir verwechseln in der Regel bürgerliche Wohlanständigkeit mit Unschuld vor Gott. Erst in dem Augenblick, wo uns deutlich geworden ist, dass Christus unseretwegen sterben musste, geht uns die Aussichtslosigkeit unserer Lage und damit die Größe unserer Schuld vor Gott auf. Aber auch für das Denken des gläubigen Menschen ist dieses Sündenverständnis nur sehr schwer nachvollziehbar. Schließlich ist es ein Widerspruch, auf der einen Seite von der Verantwortlichkeit des Menschen zu reden, aber andererseits ihm die Möglichkeit, unschuldig zu bleiben, abzustreiten. Es hat deshalb auch verschiedentlich christliche Theologen gegeben, die versuchten, den Widerspruch aufzulösen und nur eine der beiden Aussagen festzuhalten. Das Ergebnis ist, dass man entweder den Zwang zum Sündigen bestreitet – dann kann man zwar umso deutlicher von der Verantwortlichkeit des Menschen reden, aber Christus ist nicht mehr die einzige Rettung der Menschheit; es wären dann auch Menschen denkbar, die ihn nicht benötigen, weil ihr Leben von sich aus Anerkennung vor Gott findet –, oder aber man sieht nur noch eine Verderbtheit des Menschen, ohne von seiner Entscheidungsfreiheit zu reden. Dann erscheint aber der Mensch überhaupt nicht als das Geschöpf des guten Gottes, sondern möglicherweise als Produkt des Bösen. Auch dies entspricht nicht dem, was die Heilige Schrift über den Menschen sagt. So bleibt nur die Möglichkeit, den Widerspruch festzuhalten: Der Mensch ist vor Gott verantwortlich, aber dennoch nicht frei, das Böse nicht zu tun. Gewiss klingt das alles sehr negativ. Aber wir dürfen dabei nicht vergessen, dass die Bibel solche Aussagen nicht macht, weil sie, aus einer pessimistischen Neigung heraus, schlecht vom Menschen redet, sondern weil es dabei letztlich um die Ehre des Herrn Christus geht. Die christliche Theologie hat so vom Menschen und seiner Sünde zu reden, dass die Bedeutung Jesu als des Heilandes, als des einzigen Retters der Welt nicht geschmälert wird.

c) Der Zorn Gottes

Gott beantwortet die Rebellion des Menschen mit seinem Zorn, durch den er das Geschöpf seinem eigenen Willen preisgibt. Damit wird für uns das Gesetz zum Fluch, die Gewissheit des Sterbens zur Todesangst und die Ankündigung des Endgerichts zur Ankündigung endgültiger Vernichtung.

Die Sünde des Menschen bleibt nicht ohne Folgen. Dies ist eine Tatsache, die auch die Vernunft einsehen muss. Wenigstens gilt das für die aktuellen Übertretungen der Gebote, die das Verhältnis zum Mitmenschen betreffen, etwa für die Nichtachtung der Eltern, das Töten von Menschen oder den Ehebruch, aber auch für Diebstahl und Lüge. Ungehorsam gegenüber Gott bedeutet am Ende Gefährdung, ja Zerstörung menschlichen Lebens und menschlicher Gemeinschaft. Die Heilige Schrift ist der Meinung, dass es sich hierbei nicht einfach um innerweltliche Zusammenhänge handelt, sondern dass Gott selbst den Ungehorsam, die Rebellion des Menschen straft (2Mose 20,5f). Gottes Zorn wendet sich gegen den Sünder, indem er ihn sich selbst überlässt, seinen eigenen gegen Gott gerichteten Entschlüssen (Röm 1,24). Jedenfalls ist nach dem Zeugnis der Bibel Gott nicht allein der »liebe Gott«, der Nachsicht übt und verzeiht, sondern er ist gefährlich für uns, »ein verzehrendes Feuer« (Hebr 12,29). »Es ist schrecklich, in die Hände des lebendigen Gottes zu fallen« (Hebr 10,31). Natürlich ist der Zorn Gottes nicht beweisbar, genauso wenig wie Gott selbst. Nur dem Glaubenden ist einsichtig, dass sich hinter den Ungerechtigkeiten und Katastrophen der menschlichen Geschichte nicht nur vermeidbare Fehler und Fehlentwicklungen verbergen, sondern der Zorn Gottes als Folge unserer Sünde. Erst die Heilige Schrift öffnet uns die Augen dafür, dass der Zorn Gottes im menschlichen Leben eine Wirklichkeit ist. Weil wir Menschen nie mehr mit reinem Gewissen vor Gott dastehen können, wird das Gesetz, werden die Gebote Gottes für uns zur großen Bedrückung, zum »Zuchtmeister« (Gal 3,24). Ursprünglich waren sie gemeint als gnädige Anordnung und Wegweisung Gottes für die Menschen. Für den Sünder werden die Gebote zur Instanz, vor der er sich ständig verantworten muss, die ihn anklagt, weil er schuldig geworden ist, von der er sich zu immer neuen Versuchen der Selbstrechtfertigung angetrieben fühlt. Paulus hat dieses ganze Elend, in das der sündige Mensch durchs Gesetz getrieben wird, vor allem im Römerbrief Kap. 7 klassisch beschrieben, und bei ihm hat später Martin Luther gelernt, dass der wichtigste, der theologische Sinn des Gesetzes der ist, dem Menschen den Spiegel vorzuhalten, ihn seiner Sünde anzuklagen (sog. usus elenchticus = ermahnender, strafender Gebrauch des Gesetzes). Wer die Gebote als Gebote Gottes wirklich ernst nimmt, der wird an ihnen immer wieder scheitern, der wird durch sie in die Verzweiflung gestürzt, in die Verzweiflung über sich und die Menschheit, in der er lebt. Auch das ist eine Wirkung des Zornes Gottes. Ähnliches gilt von der Bedeutung des Todes für den Menschen. In der Bibel gibt es durchaus Stellen, in denen der Tod als natürliches biologisches Ende des Menschen erscheint, etwa wenn es von Abraham heißt, dass er »alt und lebenssatt zu seinen Vätern versammelt wird« (1Mose 25,S). Wo aber das Sterben im Zusammenhang mit der Sünde gesehen wird, ist es die entscheidende Strafe Gottes, Auswirkung seines Zornes: »Der Tod ist der Sünde Sold« (Röm 6,23). Tatsächlich kann ja die Todesfurcht ein ganzes Leben beherrschen bis dahin, dass vom Sterben eines Menschen möglichst wenig gesprochen wird, dass man die Wirklichkeit des Todes verdrängt oder dass man ihn beschönigt und vom Weiterleben in der Erinnerung oder von der unsterblichen Seele des Menschen redet. Wir Menschen sind ständig dabei, der Wirklichkeit des Todes auszuweichen, weil wir sie als letzte, unüberwindliche Bedrohung unserer Existenz empfinden. Freilich müssen wir uns auch hier vor Verallgemeinerungen hüten. Es gibt Menschen – auch Ungläubige – ohne Todesfurcht. Auch die Todesfurcht ist nichts, aus dem man so etwas wie einen Gottesbeweis, einen Beweis für den Zorn Gottes ableiten könnte. Erst in der Sicht des Glaubenden wird der Zusammenhang zwischen Todesangst und Gotteszorn klar erkennbar. Der Tod ist ein Zeichen für das Verhängnis, das auf der Menschheit lastet. Wir haben uns von Gott abgewendet, und deshalb werden wir die Angst nicht los, dass sich Gott eines Tages auch von uns so radikal abwenden könnte, dass wir ins Nichts zurückfallen (vgl. Ps 104,29). Ein letzter Punkt, an dem wir die Wirkung des Zornes Gottes betrachten wollen, ist das Endgericht. Auch hier lässt sich beobachten, dass für den Frommen, besonders für den des Alten Testaments, das Gericht Gottes kein Gegenstand der Furcht, sondern der Hoffnung ist. Der Fromme sehnt sich nach dem gerechten Gericht Gottes (Ps 7,9; 94; 1Kor 4,3). Für den Sünder aber bedeutet es endgültige Vernichtung. Hier erreicht der Zorn Gottes seine letzte, alles menschlich Vorstellbare überschreitende Gestalt. Die grausigen Visionen der Offenbarung des Johannes versuchen das zum Ausdruck zu bringen. Sie vermitteln etwas von der Furchtbarkeit, die in dem endgültigen Nein Gottes zum Leben des Sünders und zur Sünde überhaupt liegt. Freilich dürfen wir dabei nicht vergessen, dass auch der Zorn Gottes, wie er sich etwa im Gesetz oder im Todesschicksal äußert, unser Gutes will. Die Androhung von Gesetz, Tod und Gericht soll uns in die Arme des gnädigen Gottes treiben. Gott will uns damit zur Umkehr, zur Buße führen.

Aber auch das andere muss ausgesprochen werden: Wir haben keine Berechtigung, deshalb das letzte Nein Gottes im Endgericht abzuschwächen. Die Auffassung, dass am Ende alle zu Gott finden werden, hat nur wenig Anhalt in der Heiligen Schrift, so unbegreiflich und grausam das uns auch scheinen mag. Aber ist nicht das entscheidende Wort Gottes das von der Liebe? Ist es nicht die Aufgabe der Predigt, gerade die Zeichen der Liebe Gottes, die uns in der Natur, durch unsere Mitmenschen und nicht zuletzt in Jesus Christus begegnen, herauszuarbeiten und so bei der Bewältigung des Lebens und der

Gestaltung der Welt zu helfen? Und führt die Rede vom Zorn Gottes nicht am Ende zu psychischen Schäden, hindert die Entwicklung eines gesunden Selbstbewusstseins, bis dahin, dass sie für die Machtausübung einer herrschsüchtigen Kirche missbraucht wird? Es ist mindestens in der evangelischen Kirche üblich geworden, nicht mehr vom zornigen Gott zu reden, die Bibel so zu interpretieren, dass nur noch eine freundliche, Mut machende Botschaft übrig bleibt. Dagegen spricht, dass wir kein Recht haben, das Wort Gottes einem derartigen Auswahlverfahren zu unterziehen. Noch wichtiger erscheint mir aber ein anderer Gesichtspunkt: Dort, wo die Macht Gottes nur noch mit der freundlichen Seite der Wirklichkeit in Verbindung gebracht wird, bleibt die Frage nach der dunklen Seite der Welt und des Lebens offen. Für sie bleibt allein der Mensch (oder gar der Teufel) zuständig. Am Ende führt eine einseitige Betonung der Liebe Gottes zu einem Wirklichkeitsverlust für den Glauben. Um dem zu begegnen, ist das ganze Zeugnis der Heiligen Schrift (wie es z.B. gerade auch in den Psalmen vorliegt) festzuhalten, – dass Gott auch in den furchtbarsten Ereignissen in seiner Allmacht und in seiner Liebe gegenwärtig ist.

3 Die Schöpfung und der Ursprung des Bösen

a) Die Lehre vom Urstand

Am Anfang der Welt steht nicht der Streit des Menschen mit Gott, sondern die Gemeinschaft zwischen Schöpfer und Geschöpf.

Die christliche Theologie beschäftigt sich nicht nur mit der Deutung des Bestehenden, des gegenwärtigen Verhältnisses zwischen Gott und Mensch, sondern sie versucht auch, anhand der Heiligen Schrift Aussagen über den Anfang und die ursprüngliche Bestimmung des Menschen zu machen. Dabei müssen wir uns freilich davor hüten, diese Aussagen zu historisieren. Die Lehre vom Urstand, d.h. vom ursprünglichen Verhältnis zwischen Gott und Mensch, meint nicht etwa ein »goldenes Zeitalter« am Beginn der Geschichte. Menschliche Geschichte ist immer charakterisiert durch den Streit von Mensch gegen Mensch und Mensch gegen Gott. Aber die Bibel macht deutlich, dass Gott die Welt ohne diesen Streit, ohne das Böse gewollt und geschaffen hat. Sowohl das abschließende Urteil Gottes über seine Schöpfung in 1. Mose 1,31, dass alles Geschaffene »sehr gut« sei, als auch die Schilderung des Gartens Eden im 2. Kapitel als paradiesische Landschaft, in der vollkommener Friede herrscht, zeigen uns, dass die Welt ursprünglich anders gedacht war. Dies gilt auch für den Menschen selbst, der in 1. Mose 1,27 als Ebenbild Gottes bezeichnet wird. Auch für ihn gilt das »sehr gut« des Schöpfers. Was das freilich im Einzelnen bedeutet, worin die Gottesebenbildlichkeit ursprünglich bestanden hat und was von ihr auch heute noch übrig geblieben ist, das sind Fragen, über die sich zwar die Theologen der Vergangenheit viele Gedanken gemacht haben, die aber letztlich nur andeutungsweise zu beantworten sind. Wesentlich ist, dass wir kein Recht haben, die Ebenbildlichkeit auf irgendeine Seite, einen bestimmten Aspekt des Menschen zu beschränken, etwa auf seinen Geist oder seine Seele. Das Urteil Gottes betrifft den ganzen Menschen mit Leib und Seele. Das gilt sowohl für jenes »sehr gut« aus dem Schöpfungsbericht als auch für die Verurteilung des Sünders durch den zornigen Gott. Die Heilige Schrift hat keinen Anteil an der Verachtung des Leibes, wie sie von der griechischen Philosophie her zum Teil auch in die christliche Tradition eingedrungen ist. Die Gottebenbildlichkeit betrifft den ganzen Menschen. Ihr Inhalt ist wohl am ehesten damit zu beschreiben, dass Gott den Menschen zu seinem Stellvertreter, zu seinem Statthalter innerhalb der gesamten Schöpfung gemacht hat. Er ist zur Herrschaft über die Welt aufgefordert. Der Befehl: »Machet euch die Erde untertan!«, ist die biblische Begründung für den Siegeszug des Menschen als Beherrschers der Natur. Aber zugleich soll der Mensch Gesprächspartner Gottes sein, gehorsames, Gott antwortendes und verantwortliches Geschöpf. Auch dies gehört zu seiner Gottebenbildlichkeit, dass er mit Gott im Gespräch ist. Und an dieser Stelle wird dann wohl auch deutlich, dass das Ebenbild Gottes im gegenwärtigen Menschen nur noch teilweise erkennbar ist.

b) Der Fall

Zwischen dem Urstand und der menschlichen Geschichte liegt der Sündenfall, die grundsätzliche Abkehr des Menschen von Gott.

Auch hier haben wir es noch nicht mit einem historischen Ereignis zu tun. Die Geschichte vom Sündenfall in 1. Mose 3, auf die der dogmatische Begriff zurückgeht, enthält wohl die tiefsten Gedanken über die Sünde innerhalb des Alten Testaments; aber auch sie gehört zwar zu den Voraussetzungen der Geschichte als Streit zwischen Mensch und Gott, doch nicht zu dieser selbst. Sie markiert lediglich den Bruch, der zwischen der guten Schöpfung Gottes und dem gegenwärtigen Zustand der Welt liegt. Der Fall bedeutet eine grundsätzliche, unwiderrufliche Entscheidung des Menschen gegen Gott. Die zur Gottebenbildlichkeit gehörende Möglichkeit zur Gemeinschaft mit Gott kann nun nicht mehr vom Menschen aus verwirklicht werden. Die dogmatische Tradition spricht in diesem Zusammenhang von der Erbsünde. Am Beginn der Menschheit steht nicht nur die Schöpfung durch Gott, sondern auch die prinzipielle Entscheidung der Menschen gegen Gott, die alle folgenden Generationen mit umfasst. Die gesamte Menschheit wird in die Rebellion gegen Gott mit hineingerissen. Allerdings müssen wir hier vor einem gefährlichen Missverständnis auf der Hut sein: Es geht nicht darum, dass Schuld vor Gott, möglicherweise gar auf dem Wege der Zeugung, von Generation zu Generation weiter vererbt wird. Man spricht deshalb auch besser von Ursprungs- oder Menschheitssünde. Gemeint ist, dass kein Mensch in der Lage ist, sein Verhältnis zu Gott von sich aus völlig neu und selbständig zu bestimmen, sondern jeder tut dies als Glied der großen Menschengemeinschaft, aus deren gottfremder Grundhaltung auszubrechen keiner die Kraft hat. Das Verhältnis aller Menschen zu Gott ist deshalb von vornherein durch Schuld belastet. Wie es dazu kommen konnte, bleibt freilich für unser Denken ein Rätsel, und zwar nicht nur deshalb, weil wir in unserem Bild von der Geschichte der Menschheit nirgends ein derartiges Ereignis unterbringen können – genauso wenig wie die Vorstellung eines paradiesischen Urzustands –, sondern vor allem, weil auch unser Nachdenken über Gott hier seine Grenzen erreicht. Gott lässt sich seine gute Schöpfung durch den Sündenfall verderben. Hätte er nicht Widerstand leisten müssen? Alles Weitere, etwa die Sendung des Christus, erscheint als eine notwendig gewordene Reparaturmaßnahme an der Welt, die ohne den Fall zu umgehen gewesen wäre. Das sind nahe liegende Gedanken, die aber zu unserem Bild von dem souveränen, allmächtigen Gott nicht recht passen wollen. Man hat deshalb verschiedentlich versucht, die große Katastrophe, die der Sündenfall bedeutet, zu mildern, indem man die Sünde als eine Art von Gott vorausgesehener Störung bei der Entwicklung der Menschheit betrachtet. Man gewinnt auf diese Weise eine ungebrochene Linie, die von der Schöpfung zur Erlösung führt. Gottes Heilsplan kann dann in eindrucksvoller Geschlossenheit dargeboten werden. Fraglich ist nur, ob dies wirklich der Intention der Heiligen

Schrift entspricht. Der Gott der Bibel ist nicht nur der große Welt- und Menschheitsplaner, sondern er ist auch der liebende und zornige Vater, der seinen Geschöpfen die unbegreiflichsten Freiheiten, auch die zur Sünde, lässt und sie dennoch mit Liebe und Strenge immer wieder auf den rechten Weg zu bringen versucht. Es war zu allen Zeiten eine der großen Gefahren der Theologie, dass sie – der Neigung des menschlichen Denkens zur Systematisierung folgend – geschlossene Lehrgebäude errichtete, in denen uns die alle Welt und Zeit umspannende Einheit des göttlichen Planens und Handelns dargestellt wurde. In Gefahr gerät dabei immer die Lebendigkeit des biblischen Gotteszeugnisses und vor allem der Ernst, mit dem die Bibel über die Wirklichkeit der Sünde spricht. Die Bibel sprengt die Grenzen unseres Denkens nicht nur insofern, als sie uns die Existenz einer allmächtigen überweltlichen Gottheit predigt, sondern sie redet von diesem Gott auch auf sehr widersprüchliche Weise, indem sie ihn nicht nur als Herrn der Welt, sondern auch als persönlichen Partner des frei handelnden und sich entscheidenden Menschen darstellt.

c) Der Teufel

Die Rebellion des Menschen gegen Gott wird durch einen schlechthin bösen, gottfeindlichen Willen herausgefordert.

Das Böse, die Rebellion gegen Gott, ist nicht nur Sache des menschlichen Willens. Für die Bibel ist die Sünde nicht allein in der Entscheidung des Menschen, sondern zuletzt im Teufel, d. h. in einem übermenschlichen, gegen Gottes Herrschaft über die Welt gerichteten Willen begründet. Freilich hat es immer wieder Versuche gegeben, derartige Gedanken in der christlichen Theologie zu umgehen. Grund dafür ist einmal die Tatsache, dass vom Teufel oder Satan erst in den späteren Teilen der Bibel die Rede ist und dass diese Stellen von anderen Religionen her beeinflusst sind. Aber schwerer wiegt wohl auch hier jenes Bedürfnis des menschlichen Denkens zur Einlinigkeit, das es als unzumutbar empfindet, neben dem Willen Gottes noch einen anderen übermenschlichen Willen gelten zu lassen. Trotzdem sollte man sich auch in diesem Punkt nicht über das Zeugnis der Bibel, vor allem das des Neuen Testaments, hinwegsetzen. Und wir sollten auch nicht vergessen, dass jene Sicht des Neuen Testaments, die das Böse nicht nur als Äußerung menschlicher Entschlüsse, sondern als Macht begreift, die Menschen antreibt und zu ihren Werk-

zeugen erniedrigt bis hin zur Selbstzerstörung und zu Plänen der Vernichtung alles Lebens, sich in unserer eigenen Erfahrung häufig bestätigt. Eines freilich muss dabei noch beachtet werden: Der Teufel
ist kein Gegengott. Trotz seiner Realität bleibt er Geschöpf Gottes.
Der Spielraum seiner Aktivität gegen Gott ist genau bemessen (Hiob
1;2). Er hat nicht die Kraft zu schaffen, sondern nur zu zerstören.
Gerade an ihm erweist sich die Freiheit der Bibel, Widersprüchli-
ches auszusagen, indem sie nebeneinander die uneingeschränkte Allmacht Gottes und die selbständige Existenz eines übermenschlichen
widergöttlichen Willens behauptet. Aber sie tut es nicht aus Freude
am Undenkbaren, sondern weil nur so die übermenschliche Dimension des Bösen und die spannungsvolle Wirklichkeit im Verhältnis
zwischen Gott und seiner Schöpfung beschrieben werden kann.

II IM HORIZONT DER NATUR

1 Das biblische Schöpfungszeugnis

a) Die Gestalt der Überlieferung

*Die Heilige Schrift bezeugt die Schöpfung durch Gott am Anfang als
Voraussetzung für Gottes Heilshandeln an seinem Volk, als Beweis
für seine unumschränkte Allmacht und als Hinweis auf die Erneuerung aller Dinge am Ende der Tage.*

Das Zeugnis von der Schöpfung der Welt durch Gott steht nicht im
Mittelpunkt der Bibel. Für das Neue Testament ist diese Feststellung
ohnehin selbstverständlich, aber auch das Alte Testament redet von
der Schöpfung am Rande; in seiner Mitte steht die Erwählung des
Volkes Israel durch Gott und die Offenbarung Gottes in der Geschichte dieses Volkes. Das ist die Grundlage für das Bekenntnis, dass dieser Gott, der Gott Israels, der Herr und Schöpfer der Welt ist. Für die
Formulierung der Glaubensaussagen über den Anfang der Welt und
den Ursprung der Natur spielt die Berührung Israels mit vorderori-
entalischen Fruchtbarkeitsreligionen eine Rolle. Die beiden Schöpfungsberichte im 1. Buch Mose gehören nicht zu den ältesten Texten
der Bibel. Auch ist die Art, wie in ihnen über die Erschaffung der
Welt geredet wird, nicht ausschließlich Werk des israelitischen Volkes, sondern Überlieferungen anderer Völker und Religionen haben

mit eingewirkt. Der alttestamentliche Glaube hat kein Interesse daran, ein eigenes Weltbild zu entwickeln, er übernimmt die Naturerkenntnis seiner Zeit, um mit diesem Material zu bezeugen, dass der eine Gott, der Gott Israels, die Welt und alles, was darinnen ist, geschaffen hat. Ähnliches lässt sich auch an den anderen Schöpfungstexten in der Bibel zeigen. Nirgends dienen sie der Kenntniserweiterung des Menschen über den Anfang der Welt, sondern immer sind sie Glaubenszeugnis, freilich in verschiedenen Situationen; sei es, dass sie wie die Schöpfungspsalmen (z. B. 104) Gott loben wollen, sei es, dass sie das Vertrauen der verbannten Israeliten stärken und ihnen versichern wollen, dass Gottes Allmacht sein Volk auch aus der Gefangenschaft in Babylon zurückrufen kann (Jes 40,12 ff). Im Neuen Testament schließlich werden mit Hilfe der Schöpfungsaussagen die Gottheit Jesu Christi und die Größe seines Werkes herausgestellt. Gott hat am Anfang durch ihn die Welt geschaffen (Joh 11,1 ff; Kol 1,15) und wird sie am Ende wiederum durch ihn erneuern (Kol 3,10; 2Kor 5,17).

b) Die Souveränität Gottes in der Schöpfung

Die Schöpfung ist eine für unseren Verstand schlechthin unbegreifliche Tat des allmächtigen Gottes.

Es ist ein weitverbreiteter Irrtum, dass an Gott den Schöpfer leichter zu glauben sei als an Gott in Christus. Dies mag daher kommen, dass wir uns allzu leicht dazu verführen lassen, von der Tatsächlichkeit der Welt auf einen göttlichen Urheber zu schließen. Aber dabei begehen wir den Fehler des kosmologischen Gottesbeweises: Wir machen Gott zu einem Glied in der unendlichen Kette von Ursachen und Wirkungen, die die Welt ausmacht, ohne zu bedenken, dass wir ihn damit zum Bestandteil der Welt erniedrigen und die Frage heraufbeschwören, was denn dann die Ursache Gottes sei. Die Bibel redet anders über die Schöpfung. Sie macht deutlich, dass die Art, wie Gott die Welt hervorgebracht hat, mit nichts sonst zu vergleichen ist. So wird das hebräische Wort für »schaffen« (= bara) nur im Zusammenhang mit Gott gebraucht. Und aus dem gleichen Grund heißt es in 1. Mose 1, dass Gott durch sein *Wort* alles gemacht habe. Gott erweist sich gerade in der Schöpfung als der souveräne Herr, der nur zu sprechen, zu befehlen braucht, und der gesamte Kosmos tritt ins Dasein. Er hat die Welt aus dem Nichts geschaffen (Röm 4,17; 2Makk 7,22 f). Er ist nicht der Baumeister der Welt, auch nicht der Weltgrund, der alles aus sich selbst hervorbringt. Der Begriff des Schöpfers muss im letzten Grunde ungeklärt stehen bleiben. Gerade in der Abgrenzung gegen das naturwissenschaftliche Weltbild ist es erforderlich, den Schöpfungsbegriff in dieser Strenge durchzuhalten. Gott geht auch als der Schöpfer nicht in diese Welt ein, sondern bleibt ihr souveränes, befehlendes Gegenüber. Nur so wird verständlich, dass Gott in der Welt durch keine Methode der Wissenschaft nachweisbar ist. Die Naturwissenschaft kann Gott den Schöpfer weder beweisen noch widerlegen, da er kein Bestandteil der Welt ist, die Wissenschaft sich aber durch keine ihrer Methoden aus dem Kosmos der Naturgesetzlichkeiten hinausbegeben kann. Darin ist die Unbegreiflichkeit der Schöpfung begründet. Die Aussage, dass Gott der Schöpfer des Himmels und der Erde sei, kann deshalb grundsätzlich nicht in Konkurrenz zur Naturwissenschaft treten. Sie ist kein Versuch, die Entstehung der Welt zu erklären, sondern sie ist Zeugnis von Gott als dem allmächtigen Herrn, der auch der Herr über Anfang und Ende der Welt ist.

2 Schöpfung und Erhaltung

a) Die Erhaltung der Welt durch Gott

Gottes Schaffen ist nicht nur ein einmaliges Geschehen am Anfang der Welt, sondern bedeutet, dass Gott in jedem Augenblick mich und alle Geschöpfe neu ins Dasein ruft.

Es geht hier nicht nur darum, die Erhaltung der Welt durch Gott als eine Art Fortsetzung der Schöpfung am Anfang zu betrachten. Vielmehr zeigt sich erst bei der Lehre von der Erhaltung mit aller Deutlichkeit, dass der Glaube an Gott den Schöpfer mich selbst, meine Existenz betrifft. Solange wir die Schöpfung lediglich als eine Tat Gottes in der Vergangenheit betrachten, werden wir das Missverständnis nie ganz ausschließen können, als handle es sich bei der christlichen Schöpfungslehre nicht doch um eine Art Theorie der Weltentstehung, die in Konkurrenz zu anderen solcher Theorien steht. Wenn aber Gottes Schöpfungshandeln zugleich Erhaltung der Welt ist, dann wird deutlich: Glauben an Gott den Schöpfer heißt glauben, dass Gott mich geschaffen hat, dass er durch die naturgesetzliche Ordnung der Welt mein Leben ermöglicht und mir täglich alles Notwendige schenkt. Bekanntlich ist es Martin Luther gewesen, der in seiner Erklärung zum ersten Artikel im Kleinen Katechismus den Schöpfungsglauben auf diese Weise erklärt hat. Er kann sich dabei vor allem auf die Heilige Schrift berufen. Im Gegensatz zu der Fixierung unseres Denkens auf die Frage nach dem Anfang ist das Schöpfungszeugnis der Bibel am gegenwärtigen Erleben orientiert. Wir haben bereits im vorigen Abschnitt gezeigt, dass die Fragen der Erwählung und des Geschicks des Volkes Israel immer im Vordergrund stehen. Hier geht es im Grunde um den gleichen Tatbestand. Die Bibel zieht nicht Schlüsse vom Schöpfergott auf seine Bedeutung für die Gegenwart, sondern sie sagt: Der Gott, der heute unser Leben erhält, der hat auch Himmel und Erde geschaffen. Nichts liegt ihr ferner als eine deistische Einschränkung des Schöpferwirkens auf den Anfang der Welt. Freilich mag man fragen, ob wirklich die welterhaltende Tätigkeit Gottes auf der gleichen Ebene gesehen werden darf wie die Schöpfung am Anfang. Ist nicht die Schöpfung aus dem Nichts das schlechthin unbegreifliche Wunder, während das Fortbestehen des einmal Geschaffenen für unser Denken geradezu eine Selbstverständlichkeit ist? Aber solange wir so reden, haben wir wenig vom Glauben an den Schöpfergott begriffen. An Gott den Schöpfer glauben heißt eben nicht nur dort mit ihm rechnen, wo unser Denken eine ungelöste Frage sieht, sondern in jedem Augenblick das Leben und die ganze Welt als Gabe aus seiner Hand empfangen. Der Glaube bekennt, dass kein Atemzug ohne Gott getan werden kann, ja dass kein Gegenstand ohne Gottes Erhaltungswillen seine Existenz auch nur einen Augenblick gegenüber dem Nichts behaupten kann (vgl. Ps 104,29 f).

b) Gottes Weltregierung

Ebenso unbegreiflich wie die Schöpfung am Anfang ist die Tatsache, dass in allen durchschaubaren und undurchschaubaren Vorgängen die Macht Gottes wirkt.

Wir sind gewohnt, bei den unterschiedlichsten Gelegenheiten von Gottes Führung in unserem Leben zu reden. Auch die Bibel ist voll von solchen Geschichten. Denken wir nur an die Josepherzählung (1Mose 37 ff) oder an die Geschichte der Thronnachfolge Davids (2Sam 13 ff). Aber sie weiß auch, dass Gott dabei in der Regel völlig im Verborgenen bleibt, so dass alle diese Ereignisse immer auch ohne Bezug auf Gott betrachtet werden können. Nur unter dieser Voraussetzung hat es Sinn, von der Weltregierung Gottes zu sprechen. Wir müssen uns davor hüten, die Vorgänge in der Welt aufzuteilen in solche, die allein durch Naturgesetze und menschliche Aktivität zustande kommen, und in solche, in denen Gott wirksam ist. Jedes Ereignis ist ganz und gar ein Teil des großen Kausalzusammenhanges der Welt – und ist doch zugleich von Gott gelenkt und gewirkt. Die Frage, inwieweit etwas durch unseren Verstand aufgeklärt werden kann, ist dabei unerheblich. Wir haben keinen Grund anzunehmen, dass es Dinge in der Welt gibt, die von der Wissenschaft nie erforscht werden können. Und wir haben erst recht keinen Grund, von den Fortschritten der Wissenschaft irgendeine Gefahr für unseren Glauben zu fürchten, da wir in allem zugleich natürliche Ursachen und Gottes Weltregierung sehen. Über die Art dieses Zugleich lässt sich freilich nichts Näheres sagen. Jeder Versuch, dieses Zugleich genauer zu bestimmen, würde bedeuten, dass man nun doch wieder die Welt zwischen Gott und der Natur aufteilt. Wir haben es hier mit dem gleichen Wunder zu tun wie bei der Schöpfung aus dem Nichts. Auf verborgene, wissenschaftlich nicht erforschbare Weise ist Gott in jedem Geschehen gegenwärtig und wirksam. Dies meint der Glaube, wenn er von Gottes Weltregierung spricht. Der Glaube kennt keine Raumnot Gottes. Er erlebt Gott immer und überall. Deshalb ist auch das Gebet der angemessenste Ausdruck des Glaubens. Der Beter lässt sich nicht vom Zwang der Naturgesetze oder von der Übermacht menschlicher Gewalten einschüchtern. Er ist ganz und gar ausgerichtet auf den in allem Geschehen verborgenen Gott, der trotz allem auf unbegreifliche Weise die Regierung der Welt in seiner Hand hat. Wer betet, darf von Gott Wunder erhoffen, d.h. er darf hoffen, dass sich der verborgene Gott ihm offenbart als der Herr der Welt und der gütige Vater.

3 Die Schöpfung und die Zukunft der Welt

a) Schöpfung als Gnade

Schon in der Schöpfung offenbart sich die grundlose Liebe Gottes zu seiner Kreatur, die sich in Jesus Christus vollendet.

Es ist verschiedentlich darauf aufmerksam gemacht worden, dass es trotz aller Anstrengungen der Theologie nicht gelingt, von der Schöpfung zu reden, ohne Gott mit der Welt zu vermischen; denn auch als der souveräne Herr ist Gott nicht mehr ohne die Welt, nicht mehr ohne ein Gegenüber. Gott der Schöpfer ist nicht der ewig gleiche, jenseitige Gott, von dem die Philosophen geredet haben. Er thront nicht in unendlicher Ruhe, sondern ist tätig, in ständiger Auseinandersetzung mit dem Endlichen, mit seiner Welt. Wird hier nicht doch Gott zu einem Teil der Welt gemacht? Vom christlichen Glauben her gibt es auf diesen Einwand nur eine Entgegnung: Die Aussage, dass Gott die Welt geschaffen hat, ist eben nicht Folgerung aus einem allgemeinen monotheistischen Gottesbegriff, sondern bereits Zeugnis von der Liebe Gottes. Gott offenbart sich in der Schöpfung als der liebe Vater, der sich zu uns, zum Endlichen herabneigt, der sich in unbegreiflicher Liebe im Menschen und in der Welt ein Gegenüber schafft (vgl. Jes.45,18). Allerdings wird dies alles erst deutlich aussprechbar, wenn wir den ersten Artikel im Zusammenhang mit dem zweiten, mit dem Bekenntnis zu Jesus Christus lesen. Nicht umsonst wird Jesus Christus im Neuen Testament als der Mitschöpfer bezeichnet (Kol 1.16). Auf diese Weise wird gezeigt, dass die Liebe, die sich in ihm endgültig offenbart hat, bereits in der Schöpfung am Werk ist. Vom Glauben an Christus her erscheint die Schöpfung als Voraussetzung, ja als Anfang des Heilshandelns in Christus und das Heilshandeln als Ziel der Schöpfung. Dies darf freilich nicht so verstanden werden, als solle nun doch unter Übergehung des Sündenfalls ein großer, geschlossener Zusammenhang des Heilshandelns Gottes herausgearbeitet werden. Das Zeugnis der Bibel von der Sünde und vom Bösen verbietet solche Versuche. Dennoch dürfen wir nicht übersehen, dass Christus am Ende auch in die Schöpfungslehre mit hineingehört, bzw. dass die Schöpfung am Ende nur von der in Christus offenbarten Gottesliebe her zu verstehen ist.

b) Die Zukunft der Welt unter dem Zorn Gottes

Nach dem Urteil der Heiligen Schrift zieht der Mensch durch seine Sünde alle Kreatur in das Zornesgericht Gottes mit hinein.

Auch im Horizont der Natur muss vom Zorn Gottes geredet werden. Die Heilige Schrift tut es in großer Deutlichkeit. Sie sieht den Zorn Gottes nicht auf das Feld der Geschichte beschränkt, sondern redet bereits im Alten Testament von der Zerstörung der Ordnung der Natur durch Gottes Gericht (Jes 13,10 f). Nach dem Urteil der Bibel geht die Welt ihrem Ende entgegen. Naturkatastrophen sind Anzeichen für die bevorstehende Zerstörung (Offb 6 u. ö.; Mt 24,29). Für die Ewigkeit wird nicht nur die Erneuerung des Menschen, sondern ein neuer Himmel und eine neue Erde verheißen (Offb 21). Es hat gerade in unserer Zeit viele Überlegungen darüber gegeben, wie solch ein Weltende vorzustellen sei. Vor allem die modernen Massenvernichtungsmittel haben die Phantasie häufig angeregt. Auf diese Weise wird eine Zerstörung der Menschheit denkbar, die so furchtbar diese Möglichkeit auch sein mag – jedoch nicht das Weltende bedeutet. Auch hier müssen wir beachten, dass es sich um einen Glaubenssatz handelt, der durch die Naturwissenschaft weder widerlegt noch gestützt werden kann. Die Rede vom Ende der Welt muss auf der gleichen Ebene gesehen werden wie die von der Schöpfung. Beides ist nur im Glauben einsichtig. Eines aber muss auf alle Fälle festgehalten werden: Der Glaube redet nicht nur von sich selbst und von seinem Verhältnis zu Gott, sondern er bezieht immer auch die gesamte Welt und Menschheit in diese Rede mit ein. Und zwar geschieht dies nicht aus einem im Grunde glaubensfremden Interesse an einem christlichen Weltbild heraus, sondern weil jeder Glaubende immer selber Glied naturgesetzlicher und gesellschaftlicher Zusammenhänge ist. Dass der Glaube mit dem Verhältnis des einzelnen zu Gott zu tun habe, ist zwar ein richtiger und notwendiger Gesichtspunkt, aber er ist nicht ausreichend. Die Theologie muss den Blick für den Bezug des Glaubens zur Geschichte und zur Welt offen halten. Und sie kann sich dabei nicht nur darauf berufen, dass sie der Weltfremdheit des Glaubens begegnet, sondern sie hat vor allem die Heilige Schrift selbst hinter sich.

III Der kirchliche Glaube an den dreieinigen Gott

1 Gottes Gottheit

Wir Menschen dürfen nie vergessen, dass wir über Gott an sich nicht reden können. Jeder Versuch, in menschlicher Sprache etwas über Gott auszusagen, bedeutet, dass wir ihn in unsere in der Auseinandersetzung mit der Welt entwickelten und deshalb unangemessenen Denkformen einzwängen. Schon der über diesen Abschnitt gesetzte Begriff von der Gottheit Gottes zeigt, dass Gott nicht durch irgendwelche andere Begriffe, sondern nur durch sich selbst zu beschreiben ist. Die Bibel wird diesem Tatbestand gerecht, indem sie kaum von Gott an sich, sondern von seinen Taten, von seinem Verhältnis zum Menschen und zur Welt redet. Wenn wir, der kirchlichen Tradition folgend, am Ende der Dogmatik des ersten Artikels dennoch versuchen, thematisch von Gott zu reden, dann wollen wir diese prinzipielle Schwierigkeit nicht aus den Augen verlieren. Alle Aussagen über Gott sind am Ende Gleichnisse, bildhafte Rede, Symbole, ob wir nun von Gott als dem Herrn und Vater reden oder ob wir ihn als den Richter bezeichnen, der von uns Rechenschaft fordert. Dabei stehen hinter der Auswahl bestimmter Bilder Grundentscheidungen des biblischen Glaubens, z.B. wenn die Bibel in Abgrenzung gegen die Religionen der Umwelt nur selten das Bild der Mutter verwendet. Wenn wir dennoch versuchen, entsprechend der Tradition der Kirche eine »Lehre von Gott« zu formulieren, dann geht es um letzte Konsequenzen des gläubigen Denkens, darum, dass Aussagen über einen »Gegenstand« gewagt werden, von dem wir immer wieder bekennen müssen, dass seine Größe die Möglichkeit unseres Denkens übersteigt.

a) Gottes Weltüberlegenheit

Gott grenzt sich in seiner Heiligkeit ab von allem, was nicht er selbst ist. Er ist als der Ewige, Allgegenwärtige, Allmächtige und Allwissende über alle Grenzen der Zeit und des Raumes, der Macht und des Wissens erhaben.

Die Heilige Schrift bezeichnet Gott als den Heiligen (Jes 6; Offb 4,8). Sie meint damit, dass zwischen ihm und allen Geschöpfen eine unendliche Kluft besteht. Gott »wohnt in einem Licht, da niemand zukommen kann« (1 Tim 6,16). Sein Ort ist der Himmel, d.h. nicht ein jenseitiger Raum, schon gar nicht ein bestimmtes Gebiet innerhalb des Kosmos, sondern etwas unsere menschlichen Vorstellungen prinzipiell Übersteigendes. Die bildhafte Einkleidung der Rede vom Himmel in der Bibel darf uns nicht darüber hinwegtäuschen, dass es hier um einen Ort geht, der in keiner Weise räumlich bestimmt werden kann, sondern allein durch seine Funktion: Der Himmel ist der Ort des Gotteslobes, der Ort, den kein Mensch von sich aus erreichen kann, und schließlich der Ort, an dem die Schöpfung vollendet wird: der Ort des Friedens und der Freude. Nun hat es in der theologischen Debatte Stimmen gegeben, die meinten, in den christlichen Glauben gehörten derartige Aussagen über Gott gar nicht hinein. Die christliche Theologie habe es mit dem Gott in unserer Mitte, mit Gott in Christus, ja mit Gott im Mitmenschen, im beleidigten und verachteten Bruder zu tun, nicht aber mit dem heiligen weltüberlegenen

Herrn. Alles, was die Bibel und die Theologie über die Jenseitigkeit und Transzendenz Gottes gelehrt haben, sei letztlich Bestandteil eines alten patriarchalischen Weltbildes. Es hat im Grunde nicht wirklich etwas mit der christlichen Botschaft zu tun. Tatsächlich muss es in der christlichen Theologie immer um den Gott in unserer Mitte gehen. Von nichts anderem redet auch die Bibel. Aber gerade darin liegt das Gewicht dessen, was hier von Gott gesagt werden muss, dass der transzendente, der heilige Gott es ist, der uns begegnet. Was könnte die Rede von Gott in Christus oder Gott im Mitmenschen noch bedeuten, wenn dieser Gott nicht außerhalb und unabhängig von unserer Welt sein heiliges Wesen hätte, wenn dieser Gott nicht der ewige, allgegenwärtige, allmächtige Herr wäre? Sie kann dann nur noch bedeuten, dass wir von uns aus, aus eigener menschlicher Vollmacht, bestimmte Forderungen des Christus bzw. des Mitmenschen, wie z. B. die der Nächstenliebe, mit göttlicher, und d. h. dann lediglich mit absoluter Würde bekleiden. Das Ergebnis ist ein Humanismus, der zwar mit den besten Bewegungen der Menschheitsgeschichte eines Sinnes ist, der aber das spezifisch Christliche aufgegeben hat. Ob die Rede von Gottes Weltüberlegenheit in das Weltbild des modernen Menschen hinein passt oder nicht, kann die Aussagen der Theologie letzten Endes nicht beeinflussen. Entscheidend ist für uns, dass alle Aussagen des christlichen Glaubens ihren ursprünglichen Sinn verlieren, wenn wir aufhören, Gott als den weltüberlegenen Herrn zu bekennen.

b) Die unlösbaren Widersprüche in der Gotteslehre

Zwischen der Allmacht Gottes, aus deren Wirkungsbereich nichts ausgegrenzt werden darf, und der Gerechtigkeit Gottes, die jeden Menschen für seine Taten verantwortlich macht, besteht ein unlösbarer Widerspruch.

Es ist notwendig, noch einmal ausführlich von der Allmacht Gottes zu sprechen. Denn sie bedeutet, dass alles, was in der Welt geschieht, Gutes und Böses, letzten Endes Gott zum Urheber hat. Auch die Aktivität der Menschen ist Teil dieses großen Wirkungszusammenhanges. Auch unsere Taten sind Auswirkungen der Allmacht Gottes. Der allmächtige und allwissende Gott hat alles vorherbestimmt und führt es zum Ziel, bis dahin, dass er uns mit dem ewigen Leben beschenkt oder auf ewig verdammt. Aber so überzeugend auch diese Gedanken sich aus der Allmacht Gottes ableiten lassen, so gefährlich sind ihre

Folgen für den Glauben. Darf man wirklich Gott in gleicher Weise als Urheber des Guten und des Bösen betrachten? Bedeutet das nicht, dass wir aus dem liebenden Vater einen grausamen Tyrannen machen? Und darf man gar sagen, dass Gottes Allmacht den einen zum Heil und den anderen zum Unheil vorherbestimmt? Wo bleibt da Jesus Christus, der doch zum Heil aller Menschen von Gott gesandt worden ist, und in dessen Namen alle Menschen durch die Frohe Botschaft zur Umkehr und zum Glauben aufgefordert werden? Und wo bleibt das gerechte Gericht Gottes, das doch jedem Lohn und Strafe zuteilt, entsprechend seinen Taten? Man hat sich zu helfen versucht, indem man zwischen verschiedenen Arten der Wirksamkeit Gottes unterschied: Einige Ereignisse bestimmt er im voraus, andere lenkt er nur, wieder andere weiß er voraus und lässt sie zu, ohne aktiv beteiligt zu sein. Aber dadurch werden die Schwierigkeiten nicht beseitigt. Gott ist auf Grund seiner Allmacht an allem beteiligt. Auch dort, wo er lediglich zuschaut, ohne einzugreifen, bleibt er doch zuständig, es sei denn, man wolle behaupten, es gäbe Fälle, in denen auch Gott in seiner Allmacht ohnmächtig sei. Damit aber wäre Gottes Gottheit aufgegeben. Die Dinge werden klarer, wenn wir zunächst einmal versuchen, diese Widersprüche so deutlich wie möglich herauszuarbeiten. Wir begegnen hier dem sogenannten Theodizeeproblem, der Frage nach der Gerechtigkeit Gottes. Wie kann Gott gerecht sein, wenn Freude und Leid in der Welt so ungleich verteilt sind? Ist denn Gott wirklich der gerechte, liebe Vater, der alle seine Kinder gleich liebt? Entweder ist er allmächtig, dann kann er nicht gerecht sein, weil die Tatsachen eine allzu klare Sprache sprechen, oder er ist gerecht und für das Böse nicht verantwortlich zu machen, dann ist er nicht allmächtig. Freilich wäre einzuwenden, dass das Leid durchaus verschiedene Ursachen haben kann. Erstens gibt es den Fall, dass das Leid eine gerechte Strafe Gottes ist, zweitens hat ja eben Gott uns Menschen die Freiheit gegeben, das Böse zu tun – das gehört zu unserer Menschenwürde –, und drittens gibt es die Möglichkeit, dass das Leid erzieherische Funktion hat. Aber auch diese Auskünfte können nicht voll befriedigen vor allem, wenn man an die ungleiche Verteilung des Leides denkt. Im Blick auf unser irdisches Leben lässt sich diese Form des Widerspruchs nicht beseitigen. Erst wenn das Endgericht und das ewige Leben nach dem Tode in unsere Überlegungen mit einbezogen werden, zeigt sich eine Lösung. Die völlige Übereinstimmung von Allmacht und Gerechtigkeit Gottes kann sich erst in der Ewigkeit erweisen. Dort aber wird Gott tatsächlich nach den Verheißungen der Bibel sich als der Gerechte offenbaren. Aber es gibt noch eine andere Form dieses Widerspruchs. Gottes Allmacht bedeutet ja nicht nur, dass uns Gott mit irdischen Gütern beschenkt oder sie uns vorenthält, sondern sie bedeutet, dass er uns ewiges Leben gibt. Gerade dann, wenn wir jede Werkgerechtigkeit ausschließen und unser Heil von der Gnade Gottes in Jesus abhängig sehen, muss die Frage auftauchen: Wie kann Gott gerecht sein, wenn unser Heil auf der einen Seite ganz und gar sein Werk ist, wenn aber am Ende doch nicht alle Menschen selig werden? Gewiss wird man entgegnen, dass es ja auch auf unseren Glauben und unsere Bekehrung ankommt, dass Gott niemanden zum Heil zwingt. Vom Gedanken der Allmacht her aber müssen wir bekennen: Auch meine Bekehrung ist letzten Endes nicht mein Werk, sondern Gottes Werk in mir, mein Glaube ist Gottes Gabe, und unsere guten Werke sind von ihm gewirkt. Wie aber kann Gott dann jemanden dafür verantwortlich machen, dass er nicht geglaubt hat? Ja ist nicht geradezu auch der Unglaube auf das Wirken seiner Allmacht zurückzuführen? Schließlich steht doch selbst der Teufel unter Gottes Herrschaft! Wir sind damit dort angelangt, wo der Widerspruch zwischen Gottes Gerechtigkeit und seiner Allmacht die schärfste Form annimmt. Kann der gerechte Gott Menschen beschenken oder bestrafen, die bis in ihre letzten Regungen hinein ganz und gar sein eigenes Werk sind? Eine Antwort auf diese Frage gibt es nicht. Martin Luther sagt, dass wir sie erst in der ewigen Herrlichkeit erhalten werden. Für uns gibt es nur die Möglichkeit, diesen Widerspruch in aller Schärfe festzuhalten. Wo wir versuchen, ihn auszugleichen, ist die Wahrheit in Gefahr. Denn beides muss klar gesagt werden: dass Gott in seiner Gnade allmächtig ist und dass wir vor ihm frei und verantwortlich sind. Die christliche Predigt hat allerdings nicht die Aufgabe, diesen Widerspruch in der eben gezeigten Schärfe zu verkündigen. Sie hat aus der Fülle der Heiligen Schrift das zu sagen, was der Mensch in der jeweiligen Situation hören muss. Trotzdem ergibt sich noch ein Einwand: Jesus Christus hat uns doch offenbart, dass Gott unser lieber Vater ist. In Übereinstimmung mit ihm heißt es im 1. Johannesbrief (4,17): »Gott ist Liebe.« Dazu haben uns Paulus und Luther gelehrt, dass Gottes Gerechtigkeit darin besteht, dass er umsonst, allein aus Gnade, Sünde vergibt und Leben und Seligkeit schenkt. Ergibt sich daraus nicht, dass Gottes Liebe den unlösbaren Widerspruch zwischen Allmacht und Gerechtigkeit überwindet? Tatsächlich gilt: Solange wir bei Christus bleiben, ist die Botschaft von der Liebe Gottes der letzte, unüberbietbare, absolut zuverlässige Halt für uns. Wenn wir aber Christus verlassen, wenn wir aufhören, an Jesus zu glauben, tut sich der Widerspruch in seiner ganzen Schärfe von neuem auf. Man könnte ihm entrinnen, wenn man unabhängig vom persönlichen Glauben Christus als Heil für alle Menschen verkündigte. So haben es die Vertreter der Allversöhnungslehre (apokatastasis panton) getan, freilich um den Preis der Treue zur Heiligen Schrift. Denn für die Bibel bleibt die Liebe Gottes ein Angebot, das im persönlichen Glauben ergriffen werden muss. Wer nicht glaubt, hat keinen Anteil am Heil Gottes. Wo aber der Glaube als freie Entscheidung des Menschen respektiert wird, bricht der alte Gegensatz wieder auf. Unser Glaube kommt hier an einen Punkt, wo wir vor den Geheimnissen Gottes nur noch ehrfürchtig schweigen können und uns zu Jesus Christus flüchten, der uns die Liebe Gottes offenbart hat.

2 Der dreieinige Gott

a) Die Vielfalt Gottes

Schon das Alte Testament sieht den einen Gott umgeben von göttlichen Wesen und in einer Vielfalt von fast selbständigen Eigenschaften.

Obwohl sich der biblische Glaube gerade dadurch von seiner Umwelt unterscheidet, dass er Glaube an den einen Gott ist, kennt die Heilige Schrift die Vorstellung von einer Vielfalt göttlicher Wesen, den Engeln. Vor allem in den späteren Teilen des Alten Testaments finden sich derartige Gedanken, die dann ins Neue Testament übernommen werden. Verschiedentlich werden diese Engel sogar mit Namen genannt, wie etwa die Seraphim und Cherubim oder die Erzengel Gabriel und Michael (vgl. Dan 8,16; 10,13; Jes 6; Lk 1). Für modernes Denken liegen derartige Vorstellungen sehr fern. Wir sind leicht geneigt, auch dann, wenn wir an Gott glauben, die Engel im Reich der Märchen anzusiedeln. Aber wir sollten bedenken, ob wir nicht auch hier bei der Ablehnung der Engel sachfremden, d. h. glaubensfremden Argumenten Folge leisten. Am Ende ist es doch ein allzu theoretisch verstandener Monotheismus, der uns die Existenz von Engeln als undenkbar. erscheinen lässt.Dazu kommt, dass in den letzten Jahren gerade auch bei vielen nicht kirchlich gebundenen Menschen Engel als Symbole der Nähe Gottes eine Rolle spielen.

Freilich sollten wir uns auch vor Spekulationen hüten. Es kann nicht darum gehen, an Hand der Andeutungen in der Bibel ganze Hierarchien von Zwischenwesen zwischen Gott und der Welt aufzustellen. Was die Bibel meint, wenn sie von Engeln redet, wird am deutlichsten, wenn wir sie von ihrer Funktion her verstehen: Engel sind Boten Gottes. Sie sind die gehorsamen Geschöpfe Gottes. Ihr Dasein ist erfüllt durch die Gegenwart und den Lobpreis Gottes. Deshalb ist das Dasein der Engel schlechthin sinnerfülltes Leben. Sie haben teil an der Heiligkeit des einen Gottes.

Es ist biblische und kirchliche Tradition, Gott immer auch als Vielfalt überirdischer Mächte zu sehen. Gerade dort, wo (wie etwa im Judentum) die Ehrfurcht vor der Größe und Unnahbarkeit Gottes betont wird, erscheinen bestimmte Eigenschaften oder Tätigkeiten Gottes als geradezu selbständige Wesen. Diese sogenannten Hypostasen vermitteln die Nähe Gottes. So kann vom Namen Gottes, von seinem Wort oder seiner Weisheit geredet werden, als handele es sich um selbständige Personen (Ps 107,20; Spr 8). Auch hier zeigt sich, dass die Bibel Gott nicht als punktuelle Größe sieht. Es mag sich darin etwas von der Erfahrung niederschlagen, dass Gott uns auf die verschiedenste Weise in der Natur und in der Geschichte begegnet, so dass eben auch die Gottesvorstellung des Glaubenden immer vielfältig sein wird.

b) Die Ausbildung der Trinitätslehre

Die Trinitätslehre ist die Folgerung aus der Glaubenserfahrung der ersten Christen, dass ihnen der eine Gott, der Gott Israels, der Schöpfer des Himmels und der Erde, in Jesus Christus begegnet und in der Kraft des Heiligen Geistes ihr Leben von Grund auf erneuert.

An die oben geschilderten Vorstellungen von der Vielfalt Gottes haben die Theologen der frühen Kirche angeknüpft, als sie versuchten, ihre Glaubenserfahrung mit Jesus Christus und dem Heiligen Geist zum Glauben an den einen Gott in klare Beziehung zu bringen. Dabei steht die klassische Form der Trinitätslehre, dass der eine Gott in drei Personen existiere und die drei Personen, Vater, Sohn und Heiliger Geist, die gleiche göttliche Würde haben, erst am Ende eines langen dogmatischen Streites. Sie gehört nicht mehr in die Zeit des Neuen Testaments, sondern in die der alten Kirche. Trotzdem ist die Behauptung, die Trinitätslehre sei nicht biblisch, falsch. Sie ist nur innerhalb des Neuen Testament nicht fertig ausgebildet, ihre Ansätze lassen sich aber eindeutig nachweisen. So wird von Jesus nicht nur geredet wie von einem Engelwesen, sondern er ist weit über alle irdischen und himmlischen Geschöpfe erhaben, der Sohn Gottes, der Herr, der mit Gott am Anfang die Welt geschaffen hat (Hebr 1; Kol 1,16). Er wird wie Gott angebetet (Offb 5,13). Zu ihm bekennt sich Thomas mit den Worten »Mein Herr und mein Gott« (Joh 20,28). Ähnliches gilt auch vom Heiligen Geist. Er ist nicht nur Kraft, die die Jünger erfüllt. Der Heilige Geist erteilt konkrete Weisungen (Apg 8,29). Wer versucht, ihn zu täuschen, muss mit harten Strafen rechnen (Apg 5,1 ff). Wer ihn belügt, der belügt Gott selbst. In größter Nähe zur Trinitätslehre befinden wir uns schließlich bei den sogenannten triadischen Formeln. Am bekanntesten ist der Taufbefehl Mt 28,19: »Machet zu Jüngern alle Völker, und tauft sie auf den Namen des Vaters und des Sohnes und des Heiligen Geistes« (vgl. auch 2Kor 13,13; 1Kor 12,4-6). Hier werden bereits die drei Personen gleichberechtigt nebeneinander genannt, freilich ohne genaue Angabe über ihr Verhältnis untereinander und ihre göttliche Würde. Über dieses Problem ist dann später der Streit entbrannt. Er ist vor allen Dingen um die Stellung der Person Jesu geführt worden. Ist Jesus als Sohn Gottes ein Wesen unter Gott, gewiss in einmaliger unvergleichlicher Nähe zu ihm, aber eben doch untergeordnet, vom Vater geschaffen? Oder ist er vielleicht nur eine Erscheinungsweise des einen Gottes, eine Seite, ein Modus des unendlichen Gottes, der uns einmal als Schöpfer, dann als Erlöser und schließlich als Heiliger Geist erscheint? In die erste Richtung hat Arius gedacht, ein Theologe aus Alexandria († 335). In einem langwierigen Streit hat die alte Kirche sich mit seinen Auffassungen auseinandergesetzt und ihn schließlich als Ketzer abgelehnt; weil bei ihm nicht nur die Ehre Christi geschmälert wird, sondern auch Christus und der Heilige Geist zu zwei, trotz ihrer Unterordnung unter den Vater, fast selbständigen Gottheiten werden. Die zweite Position, der sogenannte Modalismus, fand besonders im Westen des römischen Reiches seine Vertreter. Hier werden zwar die Einheit Gottes und die göttliche Würde Christi gewahrt; aber es wird vernachlässigt, dass für die Bibel Vater, Sohn und Geist Personen sind, die selbständig handeln und von uns im Gebet angeredet werden können. Vor allem im Blick auf Jesus ist uns deutlich, dass so nicht gesprochen werden kann. Sein Leben und Sterben verliert die historische Realität, wenn wir es bei ihm nicht mit einer Person, sondern nur mit einer Erscheinungsweise der Gottheit zu tun haben. Deshalb muss auch dieser Lösungsversuch abgelehnt werden. Für den Weg der kirchlichen Theologie waren die

Gedanken des Athanasius, des großen Gegners des Arius, auch eines alexandrischen Theologen, entscheidend. Unter großen persönlichen Opfern verfocht er den Grundsatz, der bereits auf dem ersten ökumenischen Konzil 325 in Nizäa festgelegt worden war: dass Jesus (später wurde das dann auch auf die Lehre vom Heiligen Geist übertragen) mit Gott dem Vater gleichen Wesens (griech. homousios) sei. Dabei war sein wichtigstes Argument: Nur als wahrhaftiger Gott kann Jesus Christus uns in die volle Gemeinschaft mit Gott aufnehmen. Damit wird der Grundsatz für die Formulierung der kirchlichen Trinitätslehre erkennbar: Um der Erlösung willen muss außer vom Vater auch vom Sohn und vom Heiligen Geist als von selbständigen Personen der einen Gottheit geredet werden, auch wenn dabei unserer Vernunft ein unauflösbarer logischer Widerspruch zugemutet wird, dass »drei Personen in einer Gottheit und ein Gott in drei Personen geehrt werden« (symbolum athanasianum).

c) Der bleibende Sinn der Trinitätslehre

Die Trinitätslehre hat die Aufgabe, die geschichtliche Wirklichkeit und die Göttlichkeit des Heilsgeschehens zu wahren.

Man mag fragen, weshalb sich die Dogmatik in derartig unzugängliche Gebiete vorwagt, in denen unser Denken in unvermeidbare Widersprüche verwickelt wird. Haben wir es hier nicht letzten Endes mit den gedanklichen Produkten einer längst vergangenen Zeit zu tun, die an der Spekulation über das Unbegreifliche ihre Freude hatte? Wir gehören einer anderen Zeit an und haben andere Probleme. Es ist offensichtlich, dass unsere Zeit einer derartigen dogmatischen Leidenschaft, mit der einst um die Probleme der Trinitätslehre gerungen wurde, nicht fähig ist. Dem ist in der Predigt und Unterweisung der Kirche Rechnung zu tragen. Aber damit hat sich die Trinitätslehre nicht für uns erledigt. Sie gehört zu den Geheimnissen des Glaubens, die die Kirche auch in einer religionslosen Zeit zu bewahren hat. Würden wir sie aufgeben, wäre der Sinn unserer Predigt von Christus gefährdet. Denn in dem Augenblick, wo wir in Christus nicht mehr den wahren Gott sehen, sinkt seine Bedeutung für uns auf die eines Vorbildes herab. Und wenn wir im Heiligen Geist nicht mehr Gott selbst verehren, wird das gegenwärtige Geschehen in der Kirche, die Predigt und die Vergebung der Sünden, zu einer menschlichen Veranstaltung. Andererseits gilt, dass in dem Augenblick, wo

Christus und der Heilige Geist nicht mehr als selbständige Personen gelten, die Geschichte Jesu zu einer scheinbaren Geschichte wird. Die geschichtliche Wirklichkeit des Heilsgeschehens wäre gefährdet. So wird die Trinitätslehre selbst nur selten Gegenstand der Verkündigung in unserer Zeit sein. Aber sie ist ein wichtiger Maßstab, an dem sich alle theologischen Aussagen zu bewähren haben. Dies gilt einerseits für die Aussagen über das Heilswerk Gottes, zugleich aber im Hinblick auf das Gesamtzeugnis der Bibel: Nur wo die Dreiheit von Vater, Sohn und Heiligem Geist festgehalten wird, gilt unsere Aufmerksamkeit in gleicher Weise für die Werke Gottes – für Schöpfung, Erlösung und Heiligung.

Doch das theologische Nachdenken ist noch einen Schritt weiter gegangen. Bisher haben wir nur von der Bedeutung der Trinitätslehre für das Verständnis der Heilsgeschichte gesprochen. Man bezeichnet dies als die ökonomische Trinitätslehre. Die kirchliche Theologie hat darüber hinaus über die ontische Trinität nachgedacht, d. h. darüber, dass Gott auch abgesehen von der Heilsgeschichte der Dreieinige sein müsse, dass die Trinität eine Beschreibung des göttlichen Wesens selbst sei. Tatsächlich ist es ja nicht möglich, Gott selbst von seiner Offenbarung zu scheiden. Wenn Gott sich uns als der Dreieinige geoffenbart hat, dann muss er auch von Ewigkeit her der Dreieinige sein. Nicht umsonst redet das I. Kapitel. des Johannesevangeliums davon, dass das Wort (d. h. Christus) von Anfang an bei Gott gewesen sei. Auch diese Gedanken sollten wir nicht von der Hand weisen. Wir wollen sie als letzte Horizonte, zu denen unser Nachdenken vorzudringen vermag, stehen lassen. Freilich ist es ein verführerischer Gedanke, hier mit einem dogmatischen System anzusetzen und alles das, was über die Schöpfung, über Christus und den Heiligen Geist zu sagen ist, als Entfaltung der Trinität darzustellen. Aber erstens würde dann wiederum die Wirklichkeit der Heilsgeschichte in Gefahr geraten, da doch alles nur Entfaltung einer in Gott vorgegebenen Wirklichkeit wäre; zweitens muss die Frage gestellt werden, ob das Geheimnis der Trinität wirklich zum Ausgangspunkt unseres theologischen Denkens gemacht werden kann, ob wir uns damit nicht an eine Stelle begeben, die auch dem gläubigen Denken nicht zukommt. Gewiss muss die Theologie die Trinitätslehre festhalten, aber als ein Geheimnis, vor dem unser Denken anbetend innehalten sollte. An ihr wird deutlich, dass die Theologie nicht nur vom Lobpreis Gottes im Bekenntnis des Glaubens angeregt wird; sondern ihre Aussagen auch immer wieder in diesen Lobpreis einzumünden haben.

Dogmatik II – Der Glaube an Jesus Christus

Das Bekenntnis zu Jesus Christus ist die Mitte des christlichen Glaubens und der christlichen Kirche. Mit ihm beginnt das, was als Christentum in die Weltgeschichte eingetreten ist und sie auf weite Strecken mitgeprägt hat. Und an diesem Bekenntnis ist bis auf diesen Tag das spezifisch Christliche vom allgemein Religiösen oder Humanistischen zu unterscheiden. Wie grundlegend das Bekenntnis zu Jesus Christus für die christliche Theologie ist, kann man unter anderem auch daran erkennen, dass in den bisherigen Kapiteln – sowohl innerhalb der Lehre von der Heiligen Schrift als auch bei der Schöpfungslehre – immer wieder auf Jesus Bezug genommen werden musste. Und Entsprechendes gilt auch für den dritten Teil der Dogmatik, die Lehre vom Heiligen Geist, von der Kirche und den Sakramenten. Auch eine Dogmatik, die sich der Trinitätslehre verpflichtet weiß, darf nicht daran vorübergehen, dass die Offenbarung Gottes, dass das Heilswerk in Jesus Christus seine Mitte, sein Zentrum hat. In seiner Person laufen alle Linien der Heilsgeschichte zusammen, und von ihm geht das aus, was heute die Glaubenden bewegt. Diese besondere Stellung des Christusbekenntnisses hat dann freilich auch dazu geführt, dass die Theologie sehr unterschiedliche Ausgangspunkte für die Darstellung der Lehre von Christus gewählt hat. Auf der einen Seite bietet es sich an, gerade hier der Geschichtswissenschaft die Führung zu überlassen, da Jesus doch wahrhaftiger Mensch, historische Persönlichkeit, genauer, palästinensischer Jude zur Zeit der römischen Kaiser gewesen ist. Auf der anderen Seite ist es reizvoll, bei dem Gedanken einzusetzen, dass Jesus Christus das Zentrum der Offenbarung ist, zweite Person der Trinität, Gott von Ewigkeit zu Ewigkeit. Im folgenden soll versucht werden, weder den einen Weg, den der sogenannten Christologie von unten, zu gehen noch den anderen, den Weg der Christologie von oben. Statt dessen wollen wir bewusst beim Neuen Testament, genauer bei der historischen Debatte um das neutestamentliche Christuszeugnis beginnen, in der Hoffnung, dass gerade diese Methode deutlich werden lässt, wie sehr die beiden Betrachtungsweisen zusammengehören und nur gemeinsam ein der neutestamentlichen Überlieferung getreues Bild ergeben.

Kapitel 1 – Die Struktur des neutestamentlichen Christuszeugnisses

Die Struktur des neutestamentlichen Christuszeugnisses ist geprägt durch das Ineinander von Göttlichem und Menschlichem in Jesus Christus, das sich uns von der Auferstehung her als notwendig und historisch zutreffend erweist.

I DER STREIT UM DEN HISTORISCHEN JESUS

Die moderne Bibelwissenschaft beginnt mit dem massiven Zweifel an dem von der Kirche und ihrem Dogma überlieferten Jesusbild. Dies ist ein Tatbestand, der nicht übersehen werden darf. Hatte die Kirche Jesus Christus gepredigt als den für uns gekreuzigten und auferstandenen Herrn, der zur rechten Hand des allmächtigen Gottes thront, der wohl als barmherziger Heiland über diese Erde ging, aber dessen Erscheinung doch so einmalig ist, dass man sie mit nichts vergleichen kann, so versuchte die neutestamentliche Wissenschaft, sich von Jesus ein Bild zu machen im Rahmen des historisch Vorstellbaren. Sie ordnete ihn ein in die Welt des Judentums, sah in ihm einen Rabbi, einen Wanderprediger, wie es andere auch gegeben hat. Ihren exegetischen Ausgangspunkt nahm diese neue Betrachtungsweise beim Vergleich der sogenannten synoptischen Evangelien, Matthäus, Markus und Lukas, mit dem Christusbild der johanneischen Schriften und vor allem des Paulus. Während Paulus davon redet, dass Jesus für uns, zur Vergebung unserer Sünden am Kreuz gestorben ist und dass er nun als Auferstandener über alle Mächte und Gewalten regiert, begegnet uns Jesus in den synoptischen Evangelien viel schlichter, als Wanderprediger, der zwar Wunder tut, vor allem Kranke heilt, der aber kaum von sich selbst spricht, der Demut predigt und selbst übt und am Ende von seinen mächtigen Feinden ans Kreuz gebracht wird. Dieser Widerspruch zwischen dem Christusbild des Paulus, auf das sich vor allem die kirchliche Dogmatik stützte, und den Schilderungen der Evangelien hat bereits in der Zeit der Aufklärung dazu angeregt, nach dem echten, dem wirklichen, dem historischen Jesus zu fragen. Und es ist nur zu verständlich, dass man sich dabei für die synoptischen Evangelien entschied. In ihnen sah man die ursprünglichen Quellen für eine zu schreibende Biographie Jesu. Hier begegnete man einer Schlichtheit, die den Eindruck vermittelte, dem Ursprünglichen besonders nahe zu sein, während Paulus in seinen Briefen als der Dogmatiker erschien, der das einfache Zeugnis von Jesus ins Metaphysische und Unbegreifliche gesteigert hat. Dies ist der Beginn der sogenannten Leben-Jesu-Forschung. Immer wieder versuchten Theologen, eine Biographie, ein Leben Jesu zu schreiben. In bewusster Abgrenzung gegen das kirchlich-dogmatische Jesusbild wollen sie zu den Quellen, den Ursprüngen der Jesusüberlieferung vordringen. Und sie verfolgen dabei nicht nur das Ziel, der historischen Wahrheit zum Siege zu verhelfen, sondern sie möchten zugleich dem Glauben an Jesus die Grundlage zurückgeben, die allein tragfähig ist, die befreit ist vom dogmatischen Ballast der kirchlichen Traditionen. Erreicht hat die »Leben-Jesu-Forschung« dieses Ziel allerdings nicht. Sie hat das vorurteilsfreie, historisch gerechte Jesusbild nicht gezeichnet. Vielmehr lässt sich nachweisen, dass die einzelnen Forscher immer ihre eigenen theologischen Auffassungen in ihr »Leben Jesu« hineingetragen haben. Albert Schweitzer hat diesen Tatbestand in seiner berühmten Darstellung der Geschichte der Leben-Jesu-Forschung (1906 unter dem Titel »Von Reimarus bis Wrede«, 1913 in 2. Auflage »Die Geschichte der Leben-Jesu-Forschung«) herausgearbeitet und gezeigt, dass es z. B. das typisch aufklärerische »Leben Jesu« gegeben hat, in dem Jesus als der Weisheitslehrer und vorbildliche Mensch dargestellt wird, und dass andere Richtungen der protestantischen Theologie auch ihr »Leben Jesu« entsprechend den eigenen theologischen Vorstellungen vorgelegt haben. So endet der Versuch, im Gegensatz zur kirchlichen Überlieferung allein auf der Grundlage historischer Zeugnisse eine Lehre von Jesus Christus, eine Christologie, zu entwerfen, mit einem Misserfolg. Auch diejenigen, die die Aussagen der kirchlichen Dogmatik über Jesus hinter sich lassen wollten, um endlich der Wahrheit auf die Spur zu kommen, hatten einen von dogmatischen Vorurteilen getrübten Blick, nur dass es sich dabei um eine andere Dogmatik als die kirchliche handelte. Und die Kirche tat nur recht, wenn sie am Ende das überlieferte Bild von Jesus Christus beibehielt.

II Der historische Jesus und der kerygmatische Christus

Noch wichtiger und grundlegender als Albert Schweitzers »Geschichte der Leben-Jesu-Forschung« ist eine Schrift von Martin Kähler gewesen. Ihr Titel lautet: »Der sogenannte historische Jesus und der geschichtlich biblische Christus« (1892). Während Schweitzer im wesentlichen das Scheitern der Leben-Jesu-Forschung an ihren einzelnen Vertretern beschreibt, entdeckt Martin Kähler den tieferen Grund für dieses Scheitern. Er erkennt, dass auch die synoptischen Evangelien zur Erhebung einer Biographie Jesu nicht geeignet sind, weil sie bei genauerem Hinsehen genauso Glaubenszeugnis sind wie etwa die Paulusbriefe. Es gibt im Neuen Testament keine vorurteilsfreien historischen Berichte, sondern ausschließlich Glaubenszeugnisse, Predigten von Christus, die nicht nur historisches Material, sondern immer zugleich eine bestimmte dogmatische Auffassung von Jesus Christus beinhalten. Martin Kähler erkennt vom Neuen Testament her den sogenannten historischen Jesus als eine Abstraktion, die mit der Wirklichkeit, von der in der Bibel geredet wird, wenig zu tun hat. Der »echte« Jesus ist nicht der »historische«, sondern der »biblisch bezeugte Christus des Glaubens«. Wenn wir uns an ihn halten, dann befinden wir uns zugleich in größter Nähe zur historischen Wirklichkeit. Nach dem ersten Weltkrieg hat Rudolf Bultmann an Kählers Gedanken angeknüpft. Er redet vom kerygmatischen, d.h. von dem nach Ostern von den Jüngern bezeugten Christus und stellt ihn dem historischen Jesus gegenüber. Auch für ihn ist theologisch entscheidend nicht ein mit den Mitteln der Geschichtswissenschaft zu erstellendes Jesusbild, sondern der von den neutestamentlichen Zeugen gepredigte Christus, eben der Christus des Glaubens, der gestorbene und auferstandene Herr, der später zum Kristallisationspunkt der kirchlichen Christologie geworden ist. Allerdings versucht Bultmann, anders als Kähler, auch die Leben-Jesu-Forschung positiv aufzunehmen und weiterzuführen. Er schreibt sein eigenes Jesusbuch und stellt Regeln auf, die es ermöglichen sollen, in den synoptischen Evangelien das historisch Echte von dem zu trennen. was durch die Predigt der Gemeinde bzw. die jüdische oder hellenistische Umwelt hinzu gewachsen ist. Alles das, was auch in der Umwelt bekannt ist oder aus den Bedürfnissen der Urgemeinde heraus erklärt werden kann, scheidet als Material für das Leben Jesu aus. So gelten z.B. alle Worte Jesu, in denen er sich eine besondere messianische Würde zuschreibt, als unecht, da es ja durchaus den Bedürfnissen der ersten Gemeinde entsprach, so von Jesus zu reden. Übrig bleibt die Überlieferung von Jesus als einem jüdischen Wanderprediger mit gewissen endzeitlichen Hoffnungen, der durch die Römer am Kreuz hingerichtet wurde. Aber im Gegensatz zur alten Leben-Jesu-Forschung wird dieses Jesusbild nicht zur Grundlage des Glaubens an ihn gemacht, sondern es hat lediglich historische Bedeutung. Für die Verkündigung ist allein der Gekreuzigte und Auferstandene, d. h. der von den Aposteln gepredigte Christus entscheidend. Das gilt nicht nur deshalb, weil die Überlieferung vom historischen Jesus so weit reduziert worden ist, dass sie gar keinen Glauben an ihn mehr erlaubt, es gilt vor allem aus theologischen Gründen. Es widerspricht dem Wesen des Glaubens, dass er sich auf historisch nachweisbare Ereignisse beruft. Der Glaube braucht keine Sicherungen, keine historischen Stützen. Er kennt niemand »nach dem Fleisch«, auch Jesus nicht (2Kor 5,16). Eben weil der Glaube freies, grenzenloses Vertrauen ist, deshalb ist das, was die Historiker über Jesus ausmachen, für ihn letztlich unbedeutend. Es gibt auf alle Fälle keinerlei Glaubensgründe, der historischen Kritik an den Evangelien irgendwann Einhalt zu gebieten. Im Gegenteil, wo dies geschieht, wo Christen sich auf Ereignisse aus dem Leben Jesu als auf Heilstatsachen berufen, die nicht mehr der historischen Kritik ausgesetzt werden dürfen, da ist nicht der Glaube, sondern der Unglaube am Werk.

III Die Wiederentdeckung des historischen Jesus

Selbstverständlich haben die konservativen evangelischen Theologen dieser Position Bultmanns von Anfang an widersprochen. Sie fürchteten die Auflösung der Fundamente des christlichen Glaubens und warfen Bultmann vor, dass er im Grunde nicht mehr an die Person Jesus Christus glaube, sondern lediglich an das, was die ersten Christen von ihm geglaubt haben, so dass sich die christliche Kirche am Ende allein auf menschliche Überlieferung, auf eine »Christus-Tradition« gründet und nicht auf den wirklichen Menschen Jesus Christus und seine Geschichte. Aber auch unter seinen Schülern ist die Stellung Bultmanns zum Problem des historischen Jesus kritisiert worden. Während bei Bultmann der historische Jesus und der gepredigte Christus weit auseinander rücken und schließlich fast beziehungslos nebeneinander stehen, fragen seine Schüler nach der Kontinuität zwischen Jesus und dem Glauben der ersten Christen. Sie versuchen – auch wiederum mit Hilfe der kritischen Methode – aus biblischen Texten ein Bild des historischen Jesus herauszuarbeiten, in dem deutlich wird, warum die Gemeinde an ihn geglaubt hat und ihn als den Christus, den Messias in der ganzen Welt verkündigen konnte. Tatsächlich lässt sich nachweisen, dass auch bei Anwendung der Bultmannschen Kriterien für die Echtheit von Jesusworten und – taten die synoptischen Evangelien ein Selbstbewusstsein Jesu erkennen lassen, das das eines jüdischen Wanderpredigers der damaligen Zeit bei weitem übertrifft. Die Freiheit, in der Jesus mit dem alttestamentlichen Gesetz umging, war für jüdische Ohren unerhört. Kein jüdischer Rabbi hätte es gewagt, so wie es Jesus in den sogenannten Antithesen der Bergpredigt (Mt 5,21 ff) tut, seine eigenen Auffassungen denen des Gesetzes entgegenzustellen. Und das gleiche gilt für Jesu Stellung zum Sabbat und zum jüdischen Reinheitsgesetz (Mt 12; 15). Derartige Äußerungen sind vom Judentum her kaum denkbar. Sie liegen aber auch nicht im Gefälle dessen, was den ersten Christen an Jesus besonders wichtig war. Ähnliches gilt vom Handeln Jesu. Wenn er es wagt, Sündern die Vergebung zuzusprechen oder mit ihnen Freudenmahlzeiten zu halten (Mk 2,1 ff; 2,19 ff), dann zeigt sich darin ebenfalls jene einmalige Vollmacht. Freilich bedeutet das nicht, dass der historische Jesus zum Glauben an seine Person aufgefordert hätte. Das ist ein Gedanke, der nach der Überzeugung vieler Neutestamentler in die Urgemeinde gehört, aber nicht ins Leben Jesu. Jesus macht sich nicht zum Glaubensgegenstand, aber er zeigt, wie ein Leben im Glauben aussieht. Er ist das Vorbild und der Zeuge des Glaubens. Seine Gesetzesauslegung bedeutet, dass dem Menschen alle eigenmächtigen Sicherungen gegenüber Gott genommen werden. Er kann sich nicht mehr auf die Qualität seiner religiösen Leistung berufen, sondern ist ganz und gar angewiesen auf die Gnade Gottes. Besonders wichtig für die Haltung Jesu sind deshalb auch die Worte vom Nichtsorgen in der Bergpredigt (Mt 6,25 ff). Die Vollmacht Jesu besteht darin, dass er echten Glauben lehrt und praktiziert.

IV DIE BEDEUTUNG DER AUFERSTEHUNG JESU FÜR DEN GLAUBEN AN JESUS CHRISTUS

Ohne Zweifel hat die eben dargestellte »Wiederentdeckung des historischen Jesus« der evangelischen Theologie einen wichtigen Dienst geleistet: Sie hat die theologische Bedeutung des Lebens Jesu, die Bedeutung des historischen Jesus für den Glauben wieder herausgestellt. Aber damit ist noch nicht die Frage beantwortet, wie es zum Glauben an Jesus kam. Der Christenheit ging es von Anfang an nicht zuerst darum, *wie* Jesus zu glauben, in ihm das große Glaubensvorbild zu sehen, sondern sie hat *an* Jesus geglaubt, er war ihr Herr, von dem sie Entscheidendes für die Gegenwart und die Zukunft erwartete. Auch wenn wir im historischen Jesus den vorbildlich Glaubenden erkannt haben, bleibt noch eine unüberbrückte Kluft zwischen dem historischen Jesus und dem gepredigten und geglaubten Christus. Um diese Kluft zu schließen, müssen wir uns der Aussage des neutestamentlichen Zeugnisses zuwenden, die beide Seiten des Christusbildes zugleich trennt und verbindet: der Auferstehung. Denn es ist unbestritten, dass der Glaube an Jesus Christus als den Herrn von der Auferstehung her datiert. Und es ist ebenso klar, dass alles das, was über Jesus als einer mit anderen Menschen vergleichbaren historischen Persönlichkeit gesagt werden kann, an dieser Stelle abbrechen muss. Die Auferstehung ist nicht nur der zeitliche Einschnitt, der den historischen Jesus vom gepredigten Christus trennt, sie ist zugleich das entscheidende Ereignis für den Glauben: Mag Jesus vorher das Vorbild des Glaubens gewesen sein, nun ist er weit mehr, nun ist er der, an den geglaubt wird. Kann man aber der Auferstehung diesen Platz zwischen dem historischen Jesus und dem gepredigten Christus einräumen? Gehört sie nicht im Grunde schon ganz und gar auf die Seite dessen, was von Jesus geglaubt wird, aber nie und nimmer als historisches Ereignis nachgewiesen werden kann? Wir sind damit bei der entscheidenden Frage angelangt. An ihrer Beantwortung hängt alles. Es gibt gute Gründe, der Auferstehung die Qualität eines historischen Ereignisses abzusprechen. Sie hängen mit der innerhalb der Geschichtswissenschaft üblichen Begrifflichkeit zusammen. Nicht jedes in den Quellen erwähnte Ereignis gilt als historisch. Gerade das zeichnet die wissenschaftliche Beschäftigung mit der Geschichte aus, dass sie die Zeugnisse der Quellen nicht nur zur Kenntnis nimmt, sondern auch kritisch beurteilt. Dabei gilt der Grundsatz der historischen Analogie. Als historisch wertet man ein Ereignis, das sich in das Bild, was man von der Welt und speziell von jener Zeit hat, einfügt, zu dem es ähnliche, analoge Ereignisse gibt. Jedem leuchtet ein, dass die Auferstehung Jesu nicht als historisches Ereignis bezeichnet werden kann, wenn man sie mit diesen Maßstäben misst. Sie ist prinzipiell unvorstellbar. Ja ihre neutestamentlichen Zeugen legen sogar größten Wert darauf, dass es sich bei ihr um ein völlig einmaliges, unvergleichbares Ereignis handelt. Als historisches Ereignis in diesem Sinne können nur die Begegnungen der Jünger mit dem Auferstandenen gelten. Sie sind in Analogie zu anderen Berichten von visionären Erlebnissen in der Religionsgeschichte auch für den Historiker vorstellbar. Theologisch bedeutet eine derartige Beurteilung der

Auferstehung, dass sie zwar den Charakter eines Ereignisses behält, aber sie ist ein Ereignis in den Jüngern. Sie ist der entscheidende Wandel ihres Bewusstseins, der Beginn ihres Glaubens an Jesus Christus. Und das bedeutet, die Auferstehung schließt nicht die Kluft zwischen historischem Jesus und gepredigtem Christus, sondern sie signalisiert nur das andere Ufer des Christusglaubens. Nun fragt es sich allerdings, ob diese Betrachtungsweise wirklich sinnvoll und dem Gegenstand angemessen ist; denn sie übernimmt von der profanen Geschichtswissenschaft den Begriff des historischen Ereignisses und verwendet ihn zur Beurteilung der Auferstehung, ohne zu bedenken, dass sie sich bereits mit der Anwendung dieses Begriffs den Zugang zu dem neutestamentlichen Auferstehungszeugnis verbaut hat. Wenn historisch nur das ist, was anderswo auf dieser Welt auch in ähnlicher Weise geschehen könnte, dann darf die Auferstehung nie und nimmer historisch genannt werden. Aber damit ist noch nichts darüber ausgesagt, ob sie sich nicht doch ereignet haben könnte. Nur wenn wir ein Wirklichkeitsverständnis übernehmen, nach dem allein das geschehen kann, was in den Rahmen des modernen naturwissenschaftlichen Weltbildes passt, nur dann muss man die Auferstehung auf ein Geschehen im Bewusstsein der Jünger reduzieren. Betrachten wir jedoch ohne derartige Vorurteile die neutestamentlichen Auferstehungszeugnisse, dann stellt sich heraus, dass auch bei kritischer Beurteilung der Quellen die Auferstehung als ein wirklich außerhalb des Bewusstseins der Jünger geschehenes Ereignis wahrscheinlich gemacht werden kann. Dafür spricht nicht nur das leere Grab, dessen Existenz zwar immer wieder von der neutestamentlichen Wissenschaft bezweifelt wird, ohne das aber eine Verkündigung der Auferstehung Jesu in Jerusalem undenkbar gewesen wäre. Dafür spricht auch die Tatsache, dass für die Jünger nach allem, was wir von den religiösen Erwartungen des damaligen Judentums wissen, der Gedanke an eine Auferstehung ihres gekreuzigten Meisters völlig fern lag. Unübersehbar ist in allen Auferstehungsberichten der Zug, dass die Jünger völlig überrascht, ja ablehnend die Kunde von der Auferstehung zur Kenntnis nehmen. All dies spricht nicht nur dafür, dass zu Ostern tatsächlich das leere Grab entdeckt wurde, sondern es macht auch wahrscheinlich, dass die Jünger nach Ostern Begegnungen mit dem Auferstandenen hatten, durch die sie gegen ihren eigenen Willen davon überzeugt wurden, dass der historische Jesus, mit dem sie zusammen durch Palästina gezogen waren, auf eine neue, göttliche Weise lebendig war. So ist die Auferstehung Jesu das grundlegende Ereignis des Neuen Testaments, das die Klammer zwischen den Berichten vom historischen Jesus und dem Glauben an den gepredigten Christus bildet. Das, was in der neueren evangelischen Theologie immer wieder auseinanderzufallen drohte, das Leben Jesu und die kirchliche Christologie, wird von der Auferstehung her als Einheit sichtbar. Nur von der Begegnung mit dem Auferstandenen her konnten die Aussagen über Jesus als den Herrn und Sohn Gottes gewagt werden. Und nur von hier aus ist auch die Überlieferung der Evangelien zu verstehen. Wenn sie Jesu Leben so darstellen, dass in den einzelnen Worten und Taten immer zugleich göttliche und menschliche Züge sichtbar werden, dann tun sie damit etwas, was auch der historischen Wahrheit entspricht. Wer in Jesus bloß den Menschen sehen will, der geht im Grunde an der Wirklichkeit Jesu vorbei. Von der Auferstehung her wird uns deutlich, dass Jesus nicht erst durch ein merkwürdiges Ereignis zu dem werden musste, an den die Jünger geglaubt haben, sondern dass er immer schon mehr war als ein Mensch, dass in ihm Gott selbst den Menschen begegnet. Aber wird mit einer solchen Sicht der Auferstehung nicht doch der Glaube auf unerlaubte Weise gesichert? Oder anders ausgedrückt: Bedürfte es überhaupt noch wirklichen wagenden Glaubens, wenn die Auferstehung Jesu wenigstens für die Jünger ein geradezu bewiesenes, ein unbezweifelbares Ereignis war? Bekommt hier nicht die Auferstehung die Funktion eines Gottesbeweises? Mit solchen Fragen müssen wir besonders in der innerevangelischen theologischen Debatte rechnen. Machen wir uns deshalb noch einmal klar, was das Ereignis der Auferstehung für denjenigen, der davon erfährt, bedeuten kann! Es beinhaltet durchaus nicht, dass jeder Kundige damit diesen Jesus als seinen Herrn anerkennen muss, sondern lässt für jeden die Möglichkeit offen, das Ganze als ein merkwürdiges, unerklärbares Ereignis abzutun. Auch wenn das leere Grab und die Begegnungen der Jünger mit dem Auferstandenen nachweisbare Dinge sind, ist das Bekenntnis zu diesem gekreuzigten und auferstandenen Jesus allein Sache des Glaubens. Die Aufgabe des Glaubens ist es, die Bedeutung der Auferstehung für mich, für mein Leben und meine Zukunft zu erkennen. Das ist weit mehr als die Kenntnis gewisser dem modernen Weltbild widersprechender Vorgänge. Arbeitslos wird also der Glaube unter keinen Umständen. Aber bekommt er nicht doch eine wesentliche Stütze? Gewiss, er bekommt sie. Aber damit stehen wir nicht vor einem Widerspruch zum Grundverständnis des christlichen Glaubens, sondern vielmehr vor seinem entscheidenden Wesenszug. Christlicher Glaube ist nach dem Zeugnis der Bibel immer Glaube auf Grund eines Ereignisses, auf Grund einer Tat Gottes, auf die er sich stützt und von der aus er auf weitere zukünftige Taten Gottes hofft. So ist es beim Glauben des Volkes Israel im Alten Testament, für den Ereignisse wie die Rettung am Schilfmeer von entscheidender Bedeutung waren, und so ist es beim Glauben der ersten Christen, der sich auf die Begegnung mit dem auferstandenen Herrn stützte. Diesen Bezugspunkt des christlichen Glaubens dürfen wir uns durch die modernen Denkgewohnheiten unter keinen Umständen verdunkeln lassen.

Kapitel 2 – Die theologische Interpretation der Geschichte Jesu Christi

Seit Menschen an Jesus glauben, sind sie bemüht, in Worte zu fassen, was Jesus eigentlich für uns bedeutet. Dieser Vorgang beginnt zu Ostern, und er dauert im Grunde bis heute an. Denn mit der Auferstehung ist zwar der Schlüssel zum Verständnis Jesu gegeben, aber das bedeutet nicht im geringsten, dass das Nachdenken über Jesus mit dem Osterzeugnis schon an ein Ziel gekommen wäre. Nicht nur in den verschiedenen Schriften des Neuen Testaments, sondern auch in der kirchlichen Predigt und Theologie werden immer neue Versuche unternommen, zu sagen, wer Jesus war und was er für uns getan hat. Im Laufe dieser Bemühungen ist die kirchliche Lehre von Christus oft unter heftigen Kämpfen gewachsen. Dabei dürfen wir nie vergessen, dass das, was die berühmten Synoden der alten Kirche – etwa die Synode von Nizäa oder die von Chalcedon – an dogmatischen Formeln über Christus geprägt haben, zwar oft den Abschluss konkreter Auseinandersetzungen, nie aber das Ende des Nachdenkens über Jesus, das Ende der Interpretation seiner Geschichte bedeutet. Damit ist die christliche Kirche nie fertig geworden, offensichtlich nicht nur deshalb, weil die christliche Frömmigkeit so vielfältig ist oder weil die einzelnen Generationen auch immer das Denken und die Begriffe ihrer Zeit in den Interpretationsvorgang mit eingebracht haben, sondern wohl auch deshalb, weil die Person und das Werk Jesu die Grenzen unseres Weltbildes überschreiten und für unseren Verstand unausschöpfbar sind. Wir wollen im folgenden an Hand der verschiedenen Stationen der Geschichte Jesu Christi seine Bedeutung für den Glaubenden entfalten. Je nachdem, ob wir vom Leben Jesu, von seinem Kreuzestod, seiner Erhöhung oder seinem Ursprung ausgehen, ergeben sich verschiedene Betrachtungsweisen, die vielfach innerhalb der theologischen Tradition zum Ausgangspunkt gegensätzlicher dogmatischer Systeme gemacht wurden. Hier sollen sie nebeneinander gestellt werden, um auf diese Weise etwas von der Fülle des Nachdenkens über Jesus wiederzugeben. Es wird sich dabei zeigen, dass diese verschiedenen Betrachtungsweisen erst gemeinsam die Bedeutung Jesu Christi für unseren Glauben und für die Welt deutlich machen.

I Das Leben Jesu

In seinem Leben begegnet uns Jesus als der, der in grenzenlosem Vertrauen zum Vater sich an die Seite der leidenden und verworfenen Menschheit stellt und uns in seine Nachfolge ruft.

Die exegetische Begründung für eine theologische Interpretation des Lebens Jesu ist bereits im vorigen Kapitel dargestellt worden. Vor allem die neuere Evangelienauslegung hat hier wertvolles Material geliefert. Jesus bekennt sich zum alttestamentlichen Gebot der Gottes- und Nächstenliebe. Deshalb bemüht er sich um die Verachteten und Ausgestoßenen, die Zöllner und Sünder. Er bringt ihnen Vertrauen entgegen – wie es etwa in der Geschichte vom Oberzöllner Zachäus erzählt wird (Lk 19,1 ff) – und weckt neues Vertrauen. Jesus vertraut bedingungslos auf Gott und ermutigt andere, es ebenso zu tun. Auch sein Tod lässt sich in diesem Sinne als letzte Konsequenz und Vollendung dessen deuten, was er in seinem Leben gewollt hat: Jesus lässt sich ohne den Versuch einer Gegenwehr hinrichten und bleibt so seinem Weg des bedingungslosen Vertrauens treu. In diese oder ähnliche Richtung gehen viele Versuche der neueren evangelischen Theologie, die Heilsbedeutung Jesu für uns auszusagen. Jesus zeigt uns durch sein Leben und Sterben, dass wir gegenüber Gott keine Knechte mehr sein müssen, die ihr Leben in ängstlicher Gesetzeserfüllung verbringen. Er macht uns zu mündigen, zu freien Söhnen Gottes, die im Vertrauen zu ihrem Vater leben und die nun auch ihrerseits andere Menschen nicht als Mittel zum Zweck missbrauchen, sondern sie als freie Persönlichkeiten behandeln. Mögen diese Gedanken auch in der Gegenwart mit besonderer Leidenschaft vorgetragen werden, im Grunde lassen sie sich in die alte theologische Tradition der Nachfolge Christi einordnen. Immer wenn Menschen bemüht waren, mit ihrem Glauben an Jesus besonders Ernst zu machen, haben sie versucht, soviel wie möglich von dem, was das Leben Jesu in besonderer Weise auszeichnet, in ihrem Leben zu verwirklichen. Sie wollten ihr eigenes Leben als ein Leben des Opfers und der Hingabe für den Mitmenschen führen. Kein Wunder, dass für ein so verstandenes Christentum das Kreuz als Zeichen der Hingabe im Mittelpunkt steht. Die theologischen Vertreter dieser Richtung stellen deshalb ihre Gedanken gern unter die große Überschrift einer *theologia crucis*, einer Theologie des Kreuzes. Aber so richtig und für jedes christliche Leben notwendig diese Gesichtspunkte auch sein mögen, einen Ausschließlichkeitsanspruch innerhalb der theologischen Interpretation des Christusereignisses dürfen sie unter keinen Umständen erheben. Wohl ist es richtig, dass das Kreuz als Zeichen der Hingabe für andere niemals als ein historisches Ereignis in die Vergangenheit eingesperrt werden darf, sondern für jedes christliche Leben bestimmende Norm sein muss, aber es darf dabei nicht in Vergessenheit geraten, dass der Gekreuzigte auch der Auferstandene ist. Ganz Entscheidendes von dem, was die ersten Christen von Jesus bezeugt haben und auf das sich ihr Glaube gründete, wird unterschlagen, wenn die Auferstehung von einer Theologie des Kreuzes in den Hintergrund gedrängt wird. Es geht dabei nicht nur um die Vollständigkeit des Christuszeugnisses. Überall dort, wo die grundlegende Bedeutung Jesu für den Glaubenden darin besteht, dass seine Worte und Taten in irgendeiner Weise zur Norm für das Handeln der Christen erklärt werden, wird die Gefahr akut, dass die frohe Botschaft von der Gnade Gottes im Appell zum christlichen Handeln untergeht. Dabei macht es keinen großen Unterschied, ob der Ton mehr darauf liegt, dass das Gottvertrauen Jesu im christlichen Leben nachvollzogen werden soll oder ob Jesus in erster Linie das Vorbild für Taten praktischer Nächstenliebe ist. Immer geht es um menschliche Aktivität, und immer liegt deshalb die Gefahr der Gesetzlichkeit und der Überbewertung menschlicher Werke in der Luft. Nicht umsonst ist bereits die reformatorische Theologie mit der mittelalterlichen Frömmigkeit der Nachfolge Christi in Konflikt geraten. Das bedeutet beileibe nicht, dass wir auf den Gedanken der Nachfolge Christi verzichten könnten oder dürften, aber es bedeutet, dass ihre einseitige Betonung das Evangelium in Gefahr bringt. Hier liegen jedenfalls die Grenzen für jede Theologie, die sich auf die exemplarische Bedeutung des Lebens und Sterbens Jesu stützt.

II DAS KREUZ

Jesus stirbt am Kreuz als der Stellvertreter der gefallenen Mensch-
heit, an dem sich das unerbittliche Gericht Gottes über die Sünde
vollzieht. Er bietet damit jedem, der den Kreuzestod im Glauben de-
mütig für sich geschehen sein lässt, die Gerechtigkeit vor Gott an.

Das Kreuz ist zum allgemeinen Symbol des Christentums gewor-
den. Es krönt Kirchtürme und Bergkuppen. Viele Amtsstuben und
Gerichtssäle erhalten durch ein Kruzifix einen Bezug zu christlicher
Tradition. Nicht nur Orden sondern vielfältiger Schmuck zeigen die
Kreuzesform. Dabei wird kaum bedacht, dass das Kreuz eigentlich
ein Instrument für Folter und Tötung war. Heute regt sich zunehmend
Widerspruch wegen der Grausamkeit des Kreuzessymbols, der sich
oft mit grundsätzlicher Kritik am Christentum verbindet. An diese
Zusammenhänge wollen wir uns erinnern, wenn wir uns jetzt mit der
theologischen Deutung des Kreuzesgeschehens beschäftigen.

1 Neutestamentliche Grundlage

Dass Jesus am Kreuz hingerichtet wurde, gehört zu den Tatsachen
seines Lebens, die auch für den kritischen Historiker als gesichert
gelten. Aber damit ist der Theologie noch wenig geholfen. Ihr geht
es um die Interpretation des Kreuzestodes. Ja man kann sogar sagen: die christliche Theologie beginnt mit der Frage nach dem Sinn
des Kreuzes Jesu. Diese Frage treibt die Emmausjünger (Lk 14) um,
und diese Frage bewegt den Apostel Paulus, wenn er an zentraler
Stelle seine Predigt als Wort vom Kreuz bezeichnet (1Kor 1). Nun
waren wir freilich in gewisser Hinsicht schon im letzten Abschnitt
im Zusammenhang mit dem Leben Jesu und der Nachfolge bei diesem Thema. Auch dort, wo der Tod Jesu als letzte Konsequenz seines Lebens im Dienst für andere verstanden wird, geschieht ja eine
Deutung des Kreuzes. Sein Sinn besteht darin, dass es den Inhalt
des Lebens Jesu auf beispielhafte Weise zum Ausdruck bringt. Aber
weder das Neue Testament selbst noch die dogmatische Tradition
der Kirche hat sich damit zufrieden gegeben. Im Blick auf das Ganze
des Neuen Testaments ist es eher umgekehrt: Das Kreuz Jesu wird
nicht von seinem Leben her gedeutet, sondern das Leben Jesu steht
ganz im Schatten des Kreuzes. Es erscheint – etwa im Johannesevan-

gelium – fast nur als Vorbereitung des Todes Jesu. Der Tod Jesu hat seinen eigenen, unvergleichbaren Wert für die gesamte Menschheit. Ansätze für diese Deutung des Todes Jesu als Rettungstat für die Menschheit gibt es bereits in der Jesusüberlieferung. Hier ist einerseits zu verweisen auf das bekannte Wort vom Lösegeld (Mk 10,45): »Des Menschen Sohn ist nicht gekommen, dass er sich dienen lasse, sondern dass er diene und gebe sein Leben zu einer Erlösung für viele«, andererseits auf die Einsetzungsworte zum heiligen Abendmahl, in denen Jesus von seinem für die vielen vergossenen Blut redet (Mk 14,24). Dabei steht hinter dem Wort vom Lösegeld die profanrechtliche Vorstellung vom Sklavenloskauf : Sklaven werden befreit, indem ein anderer dem bisherigen Herrn den Kaufpreis,das Lösegeld, bezahlt, sie damit zu seinem Eigentum macht und dann frei lässt. In Entsprechung dazu wird das Leben Jesu als der Kaufpreis für die vielen – gemeint ist die Menschheit – verstanden, der von Jesus entrichtet wird, um uns Menschen die Freiheit zu schenken. In den Abendmahlsworten liegen dagegen kultische bzw. sakralrechtliche Vorstellungen zugrunde. Durch Jesu Tod wird der Neue Bund gestiftet. Der Hinweis auf seinen dahingegebenen Leib und sein vergossenes Blut macht deutlich: Jesus steht an Stelle des Opfertiers, das bei einer Bundesstiftung geschlachtet werden muss. Jesu Tod wird in Entsprechung zu alttestamentlichen Opfervorstellungen interpretiert. Daran wird erkennbar, wie bereits innerhalb der synoptischen Evangelien verschiedene Deutungen des Todes Jesu nebeneinander stehen. Dieser Eindruck wird noch verstärkt, wenn wir die anderen Schriften des Neuen Testaments einbeziehen. So findet sich bei Paulus die Vorstellung des Loskaufs (Gal 4,5), aber auch die des Opfers, etwa im Zusammenhang mit dem heiligen Abendmahl im 1. Korintherbrief (Kap. 10 und 11). Die Deutung des Todes Jesu als Opfertod liegt auch zugrunde bei dem vor allem in den johanneischen Schriften häufig wiederkehrenden Bild vom Lamm Gottes, aber auch überall dort, wo vom Blut Christi die Rede ist. Nicht vergessen werden darf in diesem Zusammenhang der Hebräerbrief, in dem ja die Deutung des Todes Jesu mit Hilfe alttestamentlicher Opfervorstellungen geradezu zentrales Thema ist. Aber so verschieden die Interpretationsversuche des Kreuzes innerhalb des Neuen Testaments auch sein mögen, in einem Punkt sind sie sich einig: Jesu Tod ist Tod für uns, Tod für die Menschheit. Dies ist der wesentliche Gedanke, der zum Ausdruck gebracht werden soll und der auch häufig losgelöst von Begriffen aus dem profanrechtlichen oder kultischen Bereich ausgesprochen wird (etwa Röm 5,6 ff; 2Kor 5,15 ff; Röm 8,11). Unterschiedlich ist die Art, in der man das »Für-uns-geschehen-Sein« des Kreuzestodes erläutert, eben einmal als Loskauf, dann als Sühneopfer oder als Bundesschluss. In dieser Vielfalt wird einerseits deutlich, dass es sich hier immer nur um Bilder handeln kann, um Interpretationsversuche, die sich der Sache selbst möglichst weit zu nähern versuchen, die aber immer in einem prinzipiellen, für menschliches Denken unüberwindbaren Abstand bleiben. Diese Vielfalt hängt aber andererseits auch damit zusammen, dass es jeweils um verschiedene Aspekte der Heilsbedeutung des Kreuzestodes geht. Dort, wo die Befreiung des Menschen von den bösen Mächten, von Sünde, Tod und Teufel zur Debatte steht, da liegt das Bild vom Loskauf nahe. Jesu Tod bewirkt Befreiung von allem, was den Menschen verknechtet, bei Paulus z. B. auch vom Gesetz (Gal 3,13). Wo jedoch der Zorn Gottes über die Sünde, wo das gestörte Verhältnis zwischen Gott und Menschen im Blick ist, da bietet sich das Bild vom Opfer an; denn das Opfer ist stets auf Gott gerichtet, in ihm geht es immer um einen Vorgang zwischen Gott und den Menschen.

2 Anselms Deutung des Kreuzes

Allerdings stammt der geradezu klassische dogmatische Entwurf, in dem eine geschlossene systematische Deutung des Kreuzestodes geliefert wird, erst aus einer viel späteren Zeit. Er ist in dem Buch des Erzbischofs Anselm von Canterbury († 1109) ».Cur deus homo« (»Warum Gott Mensch werden musste«) enthalten. Anselm geht davon aus, dass alle Menschen durch ihre Sünde zu Schuldnern Gottes geworden sind. Alle haben sie vor Gott ihr Leben verwirkt. Keiner aber kann etwas tun, um die Schuld auch nur an einer Stelle abzutragen; denn wir sind ja Knechte, Sklaven Gottes, und alles, was wir leisten können, ist vor Gott lediglich Pflichterfüllung, für die keinerlei Gegenleistung angemessen ist. Alle Menschen sind entsprechend dem Gleichnis, das Jesus erzählt, (Lk 17,7 ff) »unnütze Knechte«, die bestenfalls »getan haben, was sie zu tun schuldig waren«. Wie kann also die Rettung geschehen? Die schuldige Menschheit braucht einen Vertreter, der ganz zu ihr gehört, also ein Mensch ist, der aber andererseits frei von Sünden sein muss und mit übermenschlichen Fähigkeiten ausgestattet, um Gott den schuldigen Gehorsam an Stelle der Menschheit zu leisten. Mit anderen Worten: Allein ein Gott-

Mensch, eine Person, die zugleich Gott und Mensch ist, kann diese Voraussetzungen erfüllen und das Werk der Erlösung vollenden, indem sie den Weg des Gehorsams bis zum Tod geht. So versucht Anselm, von allgemeinen Gedanken über das Verhältnis zwischen Gott und der Menschheit ausgehend, bis dahin vorzudringen, wo sich seine Schlussfolgerungen mit dem Zeugnis des Neuen Testaments treffen: Jesus ist der Gott-Mensch, der uns allein retten kann, der für unser Heil am Kreuz gestorben ist. Wir haben die Gedanken Anselms vor allem deshalb referiert, weil man an ihnen besonders deutlich die Schwierigkeiten zeigen kann, die unserem Denken alle Deutungen des Kreuzes Jesu bereiten und die immer wieder zu theologischen Einwänden auch gegen die Aussagen des Neuen Testaments zu diesem Thema geführt haben.

3 Das Problem der Stellvertretung

So hat sich z. B. kein Geringerer als Rudolf Bultmann kritisch gegenüber dem Gedanken der Stellvertretung geäußert. Der Gedanke, dass vor zweitausend Jahren jemand für meine Sünde gestorben sei und damit das Heil für mich erworben habe, will in das moderne Welt- und Menschenbild nicht hineinpassen. Als wesentlich für mein Leben wird nur das akzeptiert, was heute und hier sich ereignet. Nun gibt es zwar Stellvertretung auch im allgemein menschlichen Bereich, von der einfachsten Form der Arbeitsteilung bis hin zu Gefahrenaugenblicken, welche den selbstlosen Einsatz des eigenen Lebens für andere Menschen fordern. Damit ist aber der Charakter der Stellvertretung Jesu noch nicht erfasst. Denn hier wird ja behauptet, dass ein einziger Mensch an die Stelle der gesamten Menschheit tritt. Als Interpretation für das Sterben des jüdischen Wanderpredigers Jesus ist eine solche Behauptung absurd. Sie kann nur gewagt werden, wenn man an Jesus als den Gottessohn glaubt, d. h., wenn wir die Beziehung Jesu zur Menschheit nicht nur von der Geschichte her, sondern von Gott her bestimmen. Das ist gemeint, wenn die Geschichte Jesu als Heilsgeschichte bezeichnet wird. Sie hat nach dem Willen Gottes Bedeutung für die gesamte Menschheit. Das Kreuz ist nicht nur ein zufälliges historisches Ereignis innerhalb der Epoche der römischen Herrschaft in Palästina, in ihm geschieht zugleich etwas Entscheidendes für die gesamte Menschheit. Aber möglicherweise ist für die Ablehnung des Stellvertretungsgedankens noch ein ganz anderer Beweggrund von Bedeutung. Dass Jesus am Kreuz für mich gestorben ist, bedeutet, dass mein Heil ganz und gar ohne mich, nicht nur ohne meine Werke, sondern auch ohne meinen Glauben, ohne meine persönliche Anteilnahme, in einer fernen, längst vergangenen Zeit erworben wurde. Die Ablehnung des Stellvertretungsgedankens hängt wohl auch damit zusammen, dass er das Streben des heutigen Menschen nach Autonomie außer acht lässt und das Heil sozusagen über seinen Kopf hinweg, ohne auf seine persönlichen Wünsche Rücksicht zu nehmen, für ihn geschehen sein lässt. Aber gerade dies ist ein Punkt, an dem unser Bekenntnis zu Jesus auf dem Spiele steht. Denn das ist das Kernstück christlichen Glaubens, dass er sich in keiner Weise auf den Menschen, nicht auf seine guten Werke, aber auch nicht auf seine Fähigkeit, zu glauben und auf Gott zu vertrauen, oder auf die Gabe, religiöse Erlebnisse zu haben, verlässt, sondern einzig und allein auf Jesus Christus und auf das, was er für uns getan hat. Durch die Interpretation des Kreuzestodes Jesu im Sinne der Stellvertretung für alle Menschen wird gerade dieser Wesenszug des christlichen Glaubens zur Geltung gebracht.

4 Das Problem der Freiheit Gottes

Freilich ist dies nicht die einzige Schwierigkeit für ein theologisches Verständnis des Kreuzes Jesu; denn auch dann, wenn man den Gedanken der Stellvertretung akzeptiert, bleibt ja noch die Frage, weshalb diese Stellvertretung ausgerechnet durch den Tod des Gott-Menschen Jesus geschehen muss. Man hat deshalb Anselm immer wieder vorgeworfen, dass er im Grunde Gott seiner Freiheit beraube, ihn an irgendwelche übergeordneten Gesetze binde durch die Behauptung, dass der Tod Jesu für das Heil der Menschheit unbedingt notwendig gewesen sei. Ja man hat sogar behauptet, dass Anselms Denken ganz und gar im vorchristlichen, jüdisch-heidnischen Schema der Werkgerechtigkeit steckenbleibe, da bei ihm am Ende das Heil der Menschheit allein durch die Werke erworben würde, bloß eben nicht durch die Werke der einzelnen Menschen, sondern durch die des Gott-Menschen Jesus. In der Tat gibt es verschiedene Versuche, über das Heilswerk Jesu so zu reden, dass der Tod Jesu nicht als Leistung vor Gott, nicht als Gott dargebrachtes Opfer betrachtet wird. Man kann dabei einmal vom Bild des Lösegelds ausgehen. Dabei wird, wie wir bereits oben sahen, Erlösung als Befreiung von den

Mächten des Bösen, von Sünde, Tod und Teufel, verstanden. Jesu Leben ist das Lösegeld, das in erster Linie dem Teufel gezahlt wird. Diese Vorstellungen haben vor allem in der alten Kirche eine Rolle gespielt. Gefährlich ist ihre Nähe zum Dualismus. Hier erscheint der Teufel als Gegengott. Die Macht, die Gott dazu zwingt, seinen Sohn am Kreuz zu opfern, ist die Macht des Teufels. Damit wird dem Teufel zu viel Ehre angetan, als ob er ein Recht hätte auf den Menschen, dem sich Gott bei der Erlösung des Sünders beugen muss. Es gerät in Vergessenheit, dass auch er Geschöpf unter Gott ist und dass seine Macht über den Menschen eine angemaßte, unrechtmäßige ist, auf die Gott zwar in der Form des Kampfes, aber doch nicht in der eines Rechtshandels reagiert. Eine andere Möglichkeit, die Gedanken Anselms zu vermeiden, besteht darin, dass man – etwa im Anschluss an 2Kor 5,15 – den Ton darauf legt, dass ja Gott gar nicht mit uns versöhnt werden muss, sondern umgekehrt, die Welt durch Christus mit sich versöhnt. Demzufolge ist der Kreuzestod auch nicht ein Opfer, das Gott dargebracht werden muss – denn Gott ist Liebe –, sondern er ist Offenbarung der Liebe Gottes. Gott will uns in Jesus zeigen, dass er trotz unserer sündigen Verhärtung und Abkehr von ihm dennoch unser lieber Vater ist, auf den wir vertrauen dürfen. Gewiss steht bei dieser Deutung des Kreuzes Gott ganz im Mittelpunkt. Er ist der einzig Handelnde. Aber ist das noch der Gott der Bibel? Die Heilige Schrift redet vom Zorn Gottes über die Sünde. Für sie ist die Sünde nicht nur eine menschliche Verirrung, die Gott letzten Endes gar nicht berührt, sondern eine ernsthafte Störung im Verhältnis zwischen Gott und seiner Schöpfung, die den Zorn Gottes zur Folge hat und zu deren Beseitigung wirklich etwas geschehen muss. Für die geschilderte Deutung der Versöhnung – sie ist in neuerer Zeit vor allem von Albrecht Ritschl († 1889) vertreten worden – bedeutet das Christusgeschehen am Ende nur die Herbeiführung einer Sinnesänderung im ungläubigen Menschen. Für die Bibel ist es ein heilsgeschichtliches Ereignis, das neue Tatbestände im Verhältnis zwischen Gott und den Menschen schafft. Die seltsame Gebundenheit Gottes innerhalb der Anselmschen Versöhnungslehre hängt also damit zusammen, dass er die Sünde des Menschen wirklich todernst nimmt und damit ein ganz und gar biblisches Anliegen zur Geltung bringt. Dabei weiß auch Anselm, dass der eigentliche Veranstalter des Kreuzesgeschehens einzig und allein Gott ist: Er lässt seinen Sohn Mensch werden; und er weiß auch, dass das Motiv seines Handelns seine unendliche Liebe zu seinen Geschöpfen ist. Dass sich dabei Spannungen ergeben zwischen der unendlichen Liebe und der Forderung Gottes nach Genugtuung, ist nicht Anselms Schuld. Dies liegt in der Sache begründet. Wir stoßen hier wieder auf den unlösbaren Widerspruch zwischen der Allmacht des guten Gottes und der Realität der Sünde und des Bösen, auf die der gerechte Gott mit seinem Zorn antwortet. Dies ist der Grund, weshalb wir bei der Interpretation des Kreuzestodes Jesu uns immer wieder in Widersprüche verwickeln. Der große Vorteil der Gedanken Anselms besteht darin, dass er sowohl der Allmacht Gottes als auch der Realität der Sünde gerecht zu werden versucht. An einer Stelle freilich kann ihm Kritik nicht erspart bleiben: Über die prinzipielle Unzulänglichkeit seiner Begriffe und die unvermeidbaren Widersprüche, in die er sich verwickeln musste, war er sich nicht im klaren. Sein Vertrauen in die Angemessenheit menschlicher Begriffe für das Heilsgeschehen war größer, als wir das heute verantworten können. Bei Anselm wird deutlich, wie stark besonders in der Tradition des Abendlandes juristische Kategorien benutzt werden, um das Gottesverhältnis zu beschreiben. Er kann sich dabei auf eine bereits im Alten Testament angelegte Denkweise berufen. Aber uns muss klar sein, dass auch Begriffe, wie Bezahlung, Opfer, Genugtuung und wie sie auch immer lauten mögen, letztlich unangemessen sind. Wesentlich ist, dass am Kreuz Jesu wirklich das Entscheidende für die Rettung der Menschheit, für unsere Rettung, geschehen ist.

5 Die persönliche Aneignung des Kreuzesgeschehens

Damit ist allerdings die Frage noch offen, auf welche Weise diese Interpretation des Kreuzes Jesu für unser christliches Leben aktuell werden kann. Gerade gegenüber einer Theologie der Nachfolge, wie wir sie im vorigen Abschnitt entwickelt haben, steht die Lehre vom stellvertretenden Leiden und Sterben Jesu heute leicht in dem Verdacht, eine lebensfremde, dogmatische Konstruktion zu sein. In der Tat gibt es hier zunächst keinen direkten Anreiz zu guten Werken; die werden ganz und gar auf die Person Jesu konzentriert, er allein ist der Handelnde. Trotzdem hat auch die Interpretation des Kreuzes ihren festen, unaufgebbaren Platz im christlichen Leben. Sie wird aktuell im Rechtfertigungserlebnis jedes Christen, dort wo Menschen unter der Last ihrer Schuld und eines verfehlten Lebens leiden und in der Beichte den Zuspruch der Sündenvergebung gläubig annehmen. Der außerhalb und unabhängig von uns sich ereignende Kreuzestod zielt darauf hin, von uns heute als für uns geschehen ergriffen zu werden. Und unser gläubiges Vertrauen auf Gott hat seinerseits seinen Grund darin, dass Jesus für uns am Kreuz gelitten hat. Wo nur noch das heilsgeschichtliche Ereignis gesehen wird, da verliert es tatsächlich seine Aktualität und erstarrt zur dogmatischen Formel. Wo man aber nur den gegenwärtigen Glaubensakt anerkennen will, da wird am Ende das Ereignis der gläubigen Annahme der Vergebungsbotschaft selbst zum Heilsereignis gemacht und damit die Gefahr heraufbeschworen, dass unser Glaubensakt die Bedeutung der eigentlichen Heilstat bekommt, dass wir uns also durch unseren Glauben am Ende selbst erlösen. Der Glaube an die Sündenvergebung kann nur dort bestehen, wo er auf das Kreuz als Heilstatsache bezogen bleibt, wo er sich auf den stellvertretenden Tod Jesu beruft.

III Die Erhöhung

Jesus hat durch seine Auferstehung und Himmelfahrt die Mächte des Unheils, Sünde, Tod und Teufel, bezwungen und sich zum Herrn einer neuen Welt gemacht, zu der die Gläubigen schon jetzt gehören dürfen.

So wichtig auch der Kreuzestod Jesu für den christlichen Glauben sein mag, das Wort vom Kreuz braucht neben sich immer das Zeugnis von der Auferstehung, und zwar zunächst schon einmal deshalb, weil es zu Aussagen über die Heilsbedeutung des Kreuzes, zu einem Glauben an die Bedeutung des Todes Jesu für uns, überhaupt nur von der Auferstehung her kommen konnte. Nur weil die Jünger nach Ostern dem lebendigen Christus begegnet waren, konnten sie verkündigen, dass der Tod Jesu mehr war als das Scheitern eines großen Unschuldigen, nämlich ein für die Zukunft und das Heil der Menschheit entscheidend notwendiges Ereignis. Aber noch aus einem anderen Grund müssen in der christlichen Predigt und Theologie Kreuz und Auferstehung immer in möglichst großer Nähe zueinander gesehen werden. Die Interpretation des Kreuzes als Grund für die Vergebung unserer Sünden bindet unseren Blick sehr stark an die Vergangenheit, an das, wovon wir uns distanzieren müssen, an die Beseitigung dessen, was uns bisher von Gott getrennt hat. Von der Heiligen Schrift her ist deutlich, dass dies ein unbedingt notwendiger Aspekt ist; aber gerade die Bibel lenkt unseren Blick auch immer in die Zukunft, auf die neue Welt, die neue Kreatur, deren Signal die Auferstehung Jesu ist. So hat die Predigt von der Auferstehung zugleich die Funktion eines Gegengewichts gegenüber einer einseitigen Betonung des Gedankens der Sündenvergebung, indem sie die endzeitliche Komponente des christlichen Glaubens, den Aspekt der Hoffnung, besser zur Geltung bringt. Das Heilswerk Jesu bedeutet nicht nur, dass der Schaden der Sünde, des Abfalls von Gott, behoben, sozusagen rückgängig gemacht wird. Vielmehr geht es auch um Vollendung der Schöpfung, darum dass der Mensch in eine ewige Gemeinschaft mit Gott kommt. Im 2. Petrusbrief (1,4) heißt es sogar: dass wir »teilhaftig werden der göttlichen Natur«. Das ist die Richtung, in die die Auferstehungsbotschaft über das Kreuz hinaus weist.

Nun haben wir allerdings als Überschrift für diesen Abschnitt nicht den Begriff der Auferstehung, sondern den der Erhöhung gebraucht. Dies hat seinen Grund im Zeugnis des Neuen Testaments. Von Erhöhung ist vor allem im Johannesevangelium die Rede (Joh 3,14; 8,28; 12,32). Dort werden Kreuzestod, Auferstehung und Rückkehr des Christus zum Vater unter dem Begriff Erhöhung zusammengefasst. Es geht an dieser Stelle also nicht allein um das Ereignis der Auferstehung, sondern um alle Aussagen des Neuen Testaments, die über das menschliche Ende Jesu am Kreuz hinausweisen, um alle Aussagen, die deutlich machen, dass Jesus mit seinem Tod nicht einfach von der Bühne des Geschehens abtritt, sondern dass er nun erst recht der ist, an dem sich alles entscheidet, der Herr über alle Welt. In diesem Zusammenhang muss dann auch von der Himmelfahrt Christi geredet werden. Denn sie macht ja in besonderer Weise deutlich, dass Jesus nach Ostern »zur Rechten Gottes erhöht« wird, d. h., dass er Teil hat an der Herrschaft des Vaters. Allerdings wird gerade die Himmelfahrtsgeschichte häufig angefochten. Erstens steht sie am Rande des Neuen Testaments. Nur bei Lukas, im Evangelium und in der Apostelgeschichte, ist von ihr die Rede, abgesehen vom Schluss des Markusevangeliums, der aber nicht einmal in allen Handschriften enthalten ist. Außerdem ist die Himmelfahrtsgeschichte in den Vorstellungen des alten Weltbildes erzählt und erweckt den Eindruck, als würde Jesus durch geheimnisvolle Kraft aus dem irdischen in das höher gelegene himmlische Stockwerk der Welt befördert. Man betrachtet diese Geschichte deshalb heute weithin als Legende und spricht ihr jeden historischen Gehalt ab. Bei genauerem Hinsehen erweist sich freilich auch dieses Urteil als fragwürdig, da es völlig außer acht lässt, dass die Himmelfahrtsgeschichte ja vom Auferstandenen, nicht vom historischen Jesus handelt. Es ist eine Auferstehungsgeschichte, die genauso gut und genauso schlecht bezweifelt werden kann wie andere Geschichten von Erscheinungen des Auferstandenen auch, aus denen ja durchweg deutlich wird, dass die Existenzweise Jesu nach Ostern keinesfalls im Rahmen seines irdischen Lebens gedacht werden darf. Damit sind wir wieder bei dem zentralen Ereignis, auf das sich alle Aussagen über die Erhöhung Jesu gründen, bei der Auferstehung. Sie bedeutet, dass sich Gott zum gekreuzigten Jesus bekennt und ihn, der vor den Menschen als der Gescheiterte, als der Versager dasteht, zum Sieger macht. Aber damit noch nicht genug: Vor allem der Apostel Paulus hat die Auferstehung Jesu als ein Ereignis interpretiert, das nicht nur grundlegende Bedeutung für das Schicksal Jesu hat, sondern mit dem bereits jetzt die neue, die zukünftige Welt Gottes anbricht. Wer die Auferstehung begreifen will, darf sie deshalb nie einfach als Mirakel sehen, in dem ein Toter wieder lebendig wird. Sie wird nur verständlich auf dem Hintergrund der alttestamentlich-jüdischen Zukunftserwartung. Mit der Auferstehung beginnt mitten in der alten, ihrem Ende zugehenden, sterblichen Welt die neue Schöpfung, der neue Äon. Jesus ist der zweite Adam. Während der erste Adam der Repräsentant der alten Welt ist, vertritt Jesus das Neue (Röm 5; 1Kor 15,40). Seine Auferstehung ist Beginn der allgemeinen Totenauferweckung am Ende der Tage (1Kor 15,20ff). Sie steht in Analogie zur Schöpfung der ersten Welt aus dem Nichts (Röm 4,17). Mit der Auferstehung hat Jesus den Sieg über die Mächte der alten Welt, über Sünde, Tod und Teufel errungen (Röm 6,9ff). Sie ist der Beginn der endzeitlichen Herrschaft Christi, seine Einsetzung zum Richter der Welt (Mt 28,18f; Apg 2,36). In der Auseinandersetzung mit den Bestreitern der Auferstehung Jesu müssen wir diese Zusammenhänge unbedingt beachten. Die Kirche verteidigt hier nicht einfach ein besonders wunderbares Ereignis und versucht ihm einen Platz in unserem Weltbild zu retten. Wenn im Namen der Naturwissenschaft erklärt wird, dass ein derartiger, im Widerspruch zu den Naturgesetzen stehender Vorgang in der Welt, d.h. in dem großen Wirkungszusammenhang der Natur, nicht denkbar sei, dann kann auch die kirchliche Theologie ein solches Urteil im Namen des Neuen Testaments nur bestätigen. Denn das Neue Testament selbst sagt eindeutig, dass dieses Ereignis bereits einer anderen, nämlich der zukünftigen Welt Gottes angehört. Und ob es eine solche Welt geben kann, das ist eine Frage an unseren Glauben an die Allmacht Gottes.

Von maßgebender Bedeutung für unser Nachdenken über die

Auferstehung Jesu können allerdings derartige apologetische Gedankengänge nicht sein. Wichtiger ist, dass auch von der Auferstehung her deutlich gemacht werden kann, was Jesus für uns bedeutet, was er für uns getan hat. Die Auferstehung, oder besser die Erhöhung Jesu, ist mehr als der Hinweis auf die Bedeutung des Kreuzes, sie ist ein Geschehnis mit eigenem Gewicht. An ihr wird deutlich, dass es im christlichen Glauben um mehr als um Reparatur oder bessere Verwaltung der alten Schöpfung geht, sondern um die Erwartung, ja um den Anbruch eines völlig Neuen. Die Auferstehung ist Unterpfand der christlichen Hoffnung. Weil sich Jesus in der Auferstehung als der Sieger gezeigt hat, dürfen auch wir in allen Situationen unseres Lebens darauf vertrauen, dass er sich als der Stärkere erweist. Er ist stärker als die Gesetze unserer Welt, aus der wir nicht ausbrechen können. Er ist stärker auch als der Tod.

Freilich darf auch hier eine Einschränkung nicht fehlen: Jesus ist der Sieger, sein Sieg wird in aller Welt verkündigt, trotzdem bleibt dieser Sieg bis zum Ende der Welt verborgen. Für den Nichtglaubenden bleibt Jesus nach wie vor der schwache, der gescheiterte Mensch. Die Welt hat die Freiheit, ihn abzulehnen. Auch die Christen bleiben weiterhin dem Tod unterworfen (Röm 8,18 ff), ja sie haben sogar die Möglichkeit, immer wieder auch den Herren der »alten Welt« gehorsam zu sein und sie wichtiger zu nehmen als Jesus. Wo diese Zusammenhänge außer Acht gelassen werden, besteht die Gefahr einer sogenannten theologia gloriae, einer Theologie der Herrlichkeit. Wo die Kirche vergisst, dass die Herrschaft Jesu noch grundsätzlich verborgen ist, da versucht sie ihrerseits im Namen Jesu nach der Weltherrschaft zu greifen. Berühmtestes Beispiel dafür ist das Papsttum des Mittelalters. Aber auch im privaten Leben der Christen kann sich ein derartiges Denken auswirken. Es führt dazu, dass der einzelne sich bereits jetzt für ein vollkommenes Glied des Reiches Gottes hält und andere an seinen religiösen und moralischen Maßstäben zu messen versucht. Bei aller notwendigen Betonung der Erhöhung Jesu dürfen diese Gefahren nicht übersehen werden. Ein Überwiegen der theologia gloriae führt im Blick auf die Kirche zum Streben nach Theokratie, im Blick auf den einzelnen zum geistlichen Hochmut. Solange diese Welt steht, behält auch das Zeugnis vom Sieg Jesu einen vorläufigen Charakter; es bleibt – um mit Martin Luther zu reden – »unter dem Kreuz verborgen«.

IV DER URSPRUNG JESU CHRISTI

Der Glaube erkennt in Jesus den, dessen Wesen von Anfang an in der Gemeinschaft mit Gott bestand, ja in dem Gott selbst die Menschheit zur Gemeinschaft mit ihm erwählt hat.

Haben wir im letzten Abschnitt die Bedeutung Jesu von dem her gesehen, was über sein irdisches Leben hinausreicht, so ist nun das ins Auge zu fassen, was vor diesem Leben liegt. Wir haben uns mit dem zu beschäftigen, was die Heilige Schrift über die Herkunft, über den Ursprung Jesu bezeugt. Dabei mag die Frage auftauchen, warum denn dieses Thema erst jetzt in Angriff genommen wird. Sollte man es nicht besser noch vor dem Leben Jesu behandeln? So wie es das berühmte Christus-Lied (Phil 2,5-11) tut, in dem ja auch der Weg Jesu von seinem Ursprung in Gott her beschrieben wird. Freilich auch dieses Lied wurde nach Ostern geschrieben. Der Weg Jesu erschließt sich für uns von seinem Ende her. Die theologische Frage nach dem Ursprung Jesu kann erst im Licht der Auferstehung gestellt werden; denn diese Frage meint ja nicht Jesu Herkunft im biologischen Sinne, sondern sie zielt ab auf den Ursprung der Gottessohnschaft Jesu, auf die Herkunft seiner göttlichen Würde, die der Glaube in der Begegnung mit dem Auferstandenen erkannt hat. Mit anderen Worten, nur derjenige, der an Jesus glaubt als den, der zur Rechten Gottes erhöht ist, nur der wird die Frage stellen, woher dieser Jesus kommt. Es ist wichtig, dass wir uns diesen Zusammenhang deutlich machen. Die Frage nach dem Ursprung Jesu steht nicht an erster Stelle. Sie ist gewissermaßen zweitrangig, eine Frage, die auch noch gestellt wird, wenn der Glaube in seinem Nachdenken die Grenzen der Geschichte Jesu erreicht. Ihre Nähe zur Spekulation gebietet uns größte Vorsicht in unseren Schlussfolgerungen. Und auch das, was im Neuen Testament zu diesem Thema gesagt wird, gibt uns keinerlei Anlass, hier etwa das Zentrum des Nachdenkens über Jesus zu sehen.

Die bekanntesten neutestamentlichen Zeugnisse zu diesem Thema sind ohne Zweifel die beiden Erzählungen zur sogenannten Jungfrauengeburt Jesu Mt 1 und Lk 1. Aus beiden Kapiteln geht hervor, dass Jesus ohne einen menschlichen Vater, allein durch die Kraft Gottes, in der Mutter Maria gezeugt worden ist. Allerdings steht diese Aussage im Blick auf das Ganze des Neuen Testaments am Rande. Weder im weiteren Verlauf der beiden Evangelien noch bei Markus oder Johannes noch in der neutestamentlichen Briefliteratur wird darauf Bezug genommen. Aber nicht von daher kommt die eigentliche Kritik gegen das Zeugnis von der Jungfrauengeburt, sondern vom naturwissenschaftlichen Weltbild. Innerhalb dieses Weltbilds ist es ein unzumutbarer Gedanke, dass Jesus ohne einen Vater im biologischen Sinne entstanden sein soll. Wir haben hier eines der bekanntesten Beispiele für eine Kollision von wissenschaftlichem Denken und Neuem Testament vor uns. Allerdings verliert der Gegensatz in dem Augenblick seine Schärfe, wo wir uns an den eigentlichen Sinn der Geschichte von der Jungfrauengeburt halten. Nicht ein biologisches Wunder soll uns vorgeführt werden, sondern es geht um die theologische Aussage, dass dieser Jesus bereits im Mutterleib mehr ist als ein gewöhnlicher Mensch. Diese Aussage wird nach antiker Sitte in eine Erzählung gekleidet. Was könnte auch der Nachweis der Jungfrauengeburt für den Glauben einbringen? Genaugenommen nichts! Denn selbst dann, wenn Jesus nachgewiesenermaßen ohne menschlichen Vater gezeugt wurde, lässt sich daraus seine Gottessohnschaft nicht beweisen. Das biologische Wunder könnte höchstens ein Hinweis, ein Zeichen für den besonderen Ursprung Jesu sein, nicht mehr. Ganz gleich, wie der einzelne Gläubige über die biologische Möglichkeit einer Jungfrauengeburt denkt; jeder sollte sich darüber im klaren sein, dass mit ihr nicht etwa der Glaube an Jesus steht und fällt, sondern dass die Aussage über den göttlichen Ursprung Jesu, über seine Gottessohnschaft im Grunde davon unabhängig ist, ob Jesus auch einen menschlichen Vater hatte oder nicht.

Allerdings sollte auch die evangelische Dogmatik nicht übersehen, dass gerade das Lukasevangelium nicht nur den Aspekt der Gottessohnschaft Jesu im Auge hat, sondern sich in besonderer Weise für Maria, die Mutter des Herrn, interessiert. Die Geschichte von der Jungfrauengeburt macht deutlich, dass der Christus nicht durch die Aktivität eines Mannes gezeugt werden kann, sondern dass der Beitrag, den Menschen bei der Geburt des Gottessohnes leisten, grundsätzlich nur darin besteht, dass sie bereit sind, ihn willig aufzunehmen. So betrachtet, kann man in der Jungfrauschaft der Maria ein Symbol für die Empfangshaltung, für die prinzipielle Passivität sehen, in der sich die Menschheit bei allem, was mit ihrer Erlösung zusammenhängt, befindet.

Die anderen Zeugnisse des Neuen Testaments zum Thema des Ursprungs Jesu sind weit weniger Gegenstand der Kritik gewesen; denn sie verzichten ganz und gar auf eine Aussage über die Art und Weise, wie die Verbindung Gottes mit dem Menschen in Jesus Christus zustande gekommen ist. Klassisch ist der lapidare Satz in Joh 1,14, der feststellt, dass in Jesus der ewige Logos, das göttliche Wort, Fleisch geworden sei. Von dieser Stelle ist ja auch der dogmatische Begriff der Inkarnation, der Fleischwerdung Gottes, abgeleitet. Die Antwort auf die Frage nach dem Ursprung Jesu lautet hier: Das Wort Gottes, das von Ewigkeit her Gott ist, kam in Jesus Christus in die Welt und wurde ein geschichtlicher Mensch. Der Ursprung des Christus liegt in Gott. Schon bei der Schöpfung war er dabei (Kol 1,15; Offb 3,14; 1Kor 8,6). Der Verzicht Jesu auf die Macht, sein Herabsteigen zu den Leidenden und Erniedrigten ist nicht erst ein Vorgang, der sich in seinem Leben abspielt, sondern bereits seine Geburt als Mensch ist ein Akt freiwilliger Erniedrigung (Phil 2,5ff; 2Kor 8,9). Einen Ansatzpunkt für diese Gedanken bilden auch die Worte in den Evangelien, wo Jesus selbst von seinem Gekommensein in die Welt spricht (Mt 5,17; 9,13; 10,34; 20,28). Freilich kommt das menschliche Denken auch hier in große Schwierigkeiten; denn diese Aussagen behaupten eine Existenz Jesu Christi vor seiner Geburt, die sogenannte Präexistenz. Auch darf der Begriff des Wortes, des Logos in Joh 1, ja nicht etwa im Sinne einer Anrede Gottes an die Menschen verstanden werden, als ob sich im Menschen Jesus nur das Wort Gottes in besonderer Weise Gehör verschafft, sondern er gehört in den Bereich der sogenannten jüdischen Hypostasenvorstellungen. Der Logos ist ursprünglich eine personifizierte Eigenschaft Gottes; bei Johannes wird der Begriff dann verwendet, um die Präexistenz Jesu Christi auszusagen. Dass wir uns damit völlig außerhalb dessen befinden, was für Menschen denkbar und vorstellbar ist, braucht eigentlich nicht gesagt zu werden. Ja nicht nur das Interesse der Vernunft, auch gewisse theologische Anliegen scheinen hier bedroht zu sein. Es entsteht der Eindruck, als würde die historische Gestalt des Jesus von Nazareth in Spekulationen über seinen göttlichen Ursprung aufgelöst. Als das Eigentliche erscheint die zweite Person der Trinität, der ewige Logos, gleich ewig mit dem Vater, während Jesus mit seinem Leiden und Sterben nur noch die Bedeutung einer vorübergehenden, am Ende zweitrangigen Gestalt dieses Ewigen hat. Zweifellos liegen hier echte Gefahren. Wir sollten ihnen aber nicht dadurch begegnen, dass wir derartige Gedankengänge von vornherein abweisen, sondern indem wir dafür sorgen, dass sie nicht in den Mittelpunkt der Theologie rücken. Dabei kann uns das Neue Testament selbst Vorbild sein, dem es ja offensichtlich gelingt, von der Präexistenz Jesu Christi zu reden, ohne dass das Zeugnis von der vollen Menschheit Jesu darunter leidet. Denn andererseits gibt es auch echte Gründe für die Beibehaltung der Aussagen über den Ursprung Jesu, über Präexistenz und Inkarnation. Zunächst dienen sie zur Unterstreichung des Bekenntnisses zu Jesus als dem Heiland der Menschheit. Sie machen deutlich, dass seine Person und sein Werk von Anfang an ein anderes Gewicht haben als alles, was in der Menschheitsgeschichte sonst geschehen ist und noch geschieht. In diesem Sinne haben die theologischen Aussagen über den Ursprung Jesu eine dienende Funktion gegenüber der Interpretation seines Lebens, seines Todes und seiner Auferstehung.

Allerdings haben schon die griechischen Theologen der alten Kirche den Aussagen über die Inkarnation eine selbständige Bedeutung für das Heil der Menschheit beigemessen, ja sie haben die Inkarnation zum Teil als das Heilsereignis schlechthin gedeutet. Für sie war die Menschwerdung Jesu nicht nur die Voraussetzung für sein Leiden, Sterben und Auferstehen, sondern sie sahen in ihr die eigentliche Überwindung der Kluft zwischen Gott und Menschheit, die Vereinigung Gottes mit den Menschen. Zwar hat sich in der abendländischen Kirche dieses Denken nie durchgesetzt, trotzdem haben in neuerer Zeit manche evangelische Theologen versucht, von der Inkarnation her auszusagen, was Christus für das Heil der Menschheit bedeutet. Zu verweisen wäre auf Männer wie Hegel, Schleiermacher und Tillich. Sie zeichnen sich dadurch aus, dass sie das eigentliche Heilsfaktum nicht mehr in dem sehen, was Jesus getan hat oder was an ihm geschehen ist, vielmehr ist für sie das Entscheidende die Person Jesu, die sie als Einheit des objektiven Geistes mit den Menschen (Hegel), als Urbild des religiösen Menschen (Schleiermacher) oder als Verwirklichung des neuen Seins (Tillich) interpretieren. Jesu Leben und Sterben ist Ausdruck dieser Person. Entscheidend für unser Heil ist, dass dieser Jesus da ist und nicht seine Geschichte. Damit klingt bereits an, wo die Schwächen dieses Denkens liegen: es ist geschichtsfremd. Die Person Jesu wird zum Symbol des Heils, der Vereinigung von Gottheit und Menschheit. Sein wirkliches Leben hat mehr den Wert einer Illustration. Die großen Ereignisse wie Kreuz und Auferstehung, die die Zeugen des Neuen Testaments bewegen, verlieren ihr Gewicht zugunsten von Interpretationen der Person Jesu. Freilich darf auch nicht verschwiegen werden, dass diese Gedanken einen legitimen Platz innerhalb der christlichen Theologie beanspruchen können. Ihre Stärke ist, dass hier in besonderer Weise die Menschheitsbedeutung Jesu zum Ausdruck kommt. Durch die Inkarnation bekommt die gesamte Menschheit eine neue Würde. Jeder Mensch ist nicht nur Geschöpf Gottes, sondern zugleich der Bruder Jesu Christi. Während eine vom Kreuz und dem Geschehen der Rechtfertigung her geprägte Theologie sich häufig in der Gefahr einer zu starken Individualisierung befindet, da sie ihren Blick vor allem auf die Aneignung des Heils durch den einzelnen richtet, steht hier die Bedeutung Jesu Christi für alle Menschen im Mittelpunkt, unabhängig davon, ob sie sich dessen bewusst sind oder nicht.

Kapitel 3 – Die Person Jesu Christi

I DIE LEHRE VOM DREIFACHEN AMT JESU CHRISTI

In der Lehre vom dreifachen Amt Christi als Prophet, Priester und König wird sein Werk zusammengefasst und Jesus als der Erfüller des Alten Bundes dargestellt.

Haben wir uns im letzten Kapitel vor allem an den einzelnen Etappen der Geschichte Jesu Christi orientiert, an seinem Leben, seinem Kreuz und seiner Auferstehung, so kommen wir nun – im Zusammenhang der Lehre von den Ämtern Christi – zu Aussagen über seine Person. Wesentlich Neues kommt dabei freilich nicht zur Sprache, vielmehr werden hier lediglich die Aussagen über Jesu Leben, sein Kreuz und seine Auferstehung zusammengefasst. Das Besondere dabei ist, dass dies mit Hilfe von alttestamentlichen Begriffen geschieht. Die Lehre vom dreifachen Amt Jesu Christi geht bewusst vom Zusammenhang von Altem und Neuem Testament aus. So wird Jesus im Neuen Testament dargestellt als der eigentliche Prophet, mit dem das Prophetentum des Alten Testaments zur Vollendung gebracht wird. In der Bergpredigt tritt er auf als der vollmächtige Ausleger des Gesetzes, als der neue Moses. Jesus übt die prophetische Gerichtsrede, etwa in Mt 23. Man spricht ihn an als Rabbi, als Lehrer und Meister. Ähnliches gilt vom Priestertum Jesu. Jesus übt in beispielhafter, unübertrefflicher Weise priesterliche, und d. h., zwischen Gott und Menschen vermittelnde Funktionen aus. Er ist der Mittler (1Tim 2,5). Er vertritt die Sache Gottes vor den Menschen und die Sache der Menschen vor Gott. Er steht vor Gott und bittet für die Menschen (Hebr 7,25). Mit seinem Opfer am Kreuz ist aller priesterliche Opferdienst zugleich vollendet und abgetan (Hebr 9,12). Schließlich ist Jesus der eigentliche, der wirkliche König. Darauf weisen schon in den Evangelien seine Titel: Er ist der Messias, der Gesalbte, griechisch der Christus. Er ist der Davidssohn und der Kyrios, der Herr. Sogar die Bezeichnung Sohn Gottes gehört hierher. Sie ist ursprünglich ebenfalls ein Titel des Königs, den man sich als Adoptivsohn Gottes vorstellt (Ps 2,6 f). In diesen sogenannten drei Ämtern Christi kommen ohne Zweifel wesentliche Dinge zum Ausdruck. Sie umreißen die wichtigsten Funktionen Jesu Christi und können den im vorigen Kapitel behandelten Etappen in der Geschichte Jesu zugeordnet werden: Das prophetische Amt gehört vor allem zum Leben Jesu, das priesterliche zu seinem Kreuz, und das Amt des Königs übt der Erhöhte aus.

Aber es darf auch nicht übersehen werden, dass Jesus diese alttestamentlichen Ämter jeweils nicht nur erfüllt, sondern auch überbietet und sprengt. Gewiss, Jesus ist der Prophet, der Verkünder des Wortes Gottes. Aber er ist zugleich mehr als ein Prophet. Er tut das, was kein Prophet tun darf. Er stellt sich über das Gesetz des Mose. Mit seinem »Ich aber sage euch« in den Antithesen der Bergpredigt interpretiert er nicht nur das Gesetz, sondern stellt seine eigene Meinung dem Gesetz entgegen. Jesus Christus fordert nicht nur zur Entscheidung und zum Gehorsam gegenüber dem Wort Gottes auf, das er zu sagen hat. Bei ihm geht es um die Entscheidung gegenüber seiner Person (Mt 10,32). Jesus hat nicht nur wie ein Prophet das Wort Gottes zu sagen, er ist – wie es im Johannesevangelium heißt – selbst das Wort (Joh 1). Und was vom prophetischen Amt gilt, das gilt auch vom Amt des Priesters. Besonders der Hebräerbrief hat sich über dieses Problem Gedanken gemacht. Jesus ist für ihn der Hohepriester, aber der Hohepriester nach der Ordnung Melchisedeks (Hebr 7,1), d. h. der Hohepriester unbekannter Herkunft. Seine Amtszeit ist unbegrenzt. Er bleibt ewig (Hebr 7,24). Im Gegensatz zu allen irdischen Priestern ist er sündlos und unschuldig (Hebr 7,26). Und vor allem: er opfert ein einziges Mal, ein für allemal (Hebr 7,27), und zwar nicht irgend etwas, sondern sich selbst (Hebr 7,27; 9,12). Jesus ist Priester und Opfergabe zugleich. Damit wird deutlich, dass der herkömmliche Begriff des Priestertums kaum mehr als ein Hinweis sein kann auf das, was Jesus, besonders sein Leiden und Sterben, eigentlich bedeutet. Aber auch das Amt des Königs wird bei Jesus gesprengt. Jesus ist nicht nur der siegende, der triumphierende Messias, er ist zuerst der leidende und sterbende Gottesknecht. Weil Jesus in ganz anderer

Weise König war, als es die Juden erwarteten, wurde er von seinen Zeitgenossen abgelehnt und gekreuzigt. Seinen Königstitel hat Pilatus als Urteilsbegründung übers Kreuz schreiben lassen: Jesus von Narareth König der Juden. Nun kann man freilich einwenden, dass dies ein durch Ostern und Himmelfahrt überwundenes Stadium sei. Trotzdem bleibt Jesu Macht auch heute verborgen. Das Reich Jesu ist auch heute noch, im Gegensatz zum Reich des Königs David, nicht von dieser Welt. Wo dies nicht berücksichtigt wird, stehen wir wieder vor den Abwegen der Theokratie und des Perfektionismus (s. o. S. 119). Jesus hat das Amt des Königs gesprengt. Das heißt, weder er noch seine Jünger verwirklichen eine Zwangsherrschaft in seinem Namen. Jesus lässt auch als der Erhöhte den Menschen die Freiheit, auch die Freiheit, ihn abzulehnen. Solange die Erde steht, ist Jesus immer zugleich der König und der Knecht.

II Jesu Menschheit

Das Bekenntnis zur wahren Menschheit Jesu meint nicht nur seine historisch aufweisbare Menschlichkeit, sondern rühmt Jesus als den eigentlichen Menschen, den Menschen nach Gottes Willen, der vor Gott als Repräsentant der Menschheit steht.

Dass Jesus wirklicher Mensch gewesen ist, wird manchem innerhalb einer Dogmatik kaum der Rede wert sein. Für sein Leben gibt es eindeutige historische Zeugnisse, auch außerhalb der Bibel. Keiner, der Verständnis für historische Zusammenhänge hat, wird bezweifeln, dass Jesus tatsächlich existiert hat. Eine Gestalt wie die Jesu wird nicht erfunden, schon deshalb nicht, weil Jesus, menschlich gesehen, gescheitert ist. Noch heute spüren wir aus den neutestamentlichen Berichten, wie einschneidend die Katastrophe des Kreuzes für alle Anhänger Jesu war. Der Kreuzestod Jesu ist der beste Beweis dafür; dass er wirklich gelebt hat. Was aber bedeuten diese Feststellungen für die Dogmatik? Jesu Menschheit ist nicht nur der Hintergrund, vor dem die Dogmatik seine Bedeutung für alle Menschen erörtert und vor dem sie sich Gedanken über seine Gottheit macht. Die Betonung der Menschheit Jesu hat immer zugleich die Funktion eines Korrektivs. Sie muss den Theologen ständig auf den Boden der Wirklichkeit zurückrufen, muss ihn daran hindern, dass er sich in Spekulationen verliert und aus Jesus am Ende ein frommes Phantasiegebilde oder eine philosophische Idee macht. Offensichtlich haben bereits die neutestamentlichen Schriftsteller diese Gefahr gesehen. Denn sie reden ausdrücklich davon, dass Jesus auch an der ganzen Begrenztheit und Hinfälligkeit des menschlichen Lebens Anteil hat. Jesus wird in Windeln gewickelt (Lk 2). Er hungert und dürstet (Mt 4,2). Er ist müde (Mt 8,24). Er weint (Lk 19,41) und hat Angst vor dem Tod (Mt 26). Alle diese Einzelzüge werden in dem berühmten Wort des Pilatus in der Leidensgeschichte geradezu zusammengefasst (Joh 19,5): Ecce homo; sehet, welch ein Mensch! Aber das Neue Testament meint noch mehr, wenn es von der Menschheit und Menschlichkeit Jesu redet. Jesus ist nicht nur ein Mensch wie alle anderen, er ist zugleich der eigentliche, der wahre Mensch, der Mensch, wie er sein soll, der Mensch nach Gottes Willen. Jesus ist das Ebenbild Gottes, von dem bereits in der Schöpfungsgeschichte die Rede ist (Kol 1,15; Hebr 1,3). Er ist gehorsam im Gegensatz zu allen anderen Menschen seit Adam (Phil 2,8), und deshalb ist er auch ohne Sünde (2Kor 5,21). Es ist deutlich, dass wir uns mit diesen Aussagen bereits weit von dem entfernt haben, was historisch oder gar psychologisch nachweisbar ist. Das Urteil über Jesus als den wahren Menschen hat zwar in bestimmten Aussagen über den historischen Jesus seinen Anhaltspunkt – etwa im gläubigen Vertrauen Jesu zu Gott oder in seinem Gang zum Kreuz –, trotzdem ist es Glaubensaussage. Erst nachdem sich Gott zu diesem Jesus bekannt hatte, konnte man sich zu ihm als dem sündlosen und einzig wahrhaften Menschen bekennen. Das Osterereignis ist auch für das Verständnis der Menschheit Jesu von entscheidender Bedeutung. Von Ostern her wird deutlich: Jesus ist nicht nur der Beauftragte Gottes in dieser Welt, sondern auch der Repräsentant der Menschheit. Er verwirklicht in seinem Leben nicht nur die Gebote Gottes, sondern auch die Ideale der Menschlichkeit. An ihm wird deutlich, was es heißt, ein sinnvolles Leben im Dienste der Mitmenschen zu führen. Er zeigt, wie man Versöhnung stiftet und sich für den Frieden einsetzt, aber auch, wie man als weltoffener Mensch die Gaben Gottes dankbar annimmt und benutzt.

III Jesu Gottheit

*Das in der Begegnung mit dem Heiland Jesus gewachsene Bekennt-
nis zu seiner Gottheit ist gerade in seiner Unbegreiflichkeit als Aussage über das Wesen der Person Jesu Christi feslzuhalten.*

Auch hier geht es im Grunde nicht um eine völlig neue Aussage über
Jesus, sondern um Zusammenfassung und Konsequenz aus dem
bereits Gesagten. Dass wir uns zur Gottheit Jesu bekennen, ist die
Konsequenz aus der Vollmacht seiner Predigt, aus der Heilsbedeutung seines Sterbens und aus seiner den Tod überwindenden Auferstehung. Bereits innerhalb des Neuen Testaments ist diese Folgerung
gezogen worden. Thomas bekennt (Joh 20,28), als er dem Auferstandenen begegnet: »Mein Herr und mein Gott!«

Eine andere und weit kompliziertere Frage ist es freilich, ob und
auf welche Weise unser Denken diese Folgerung mit vollziehen kann.
Schließlich darf uns ja der traditionelle kirchliche Sprachgebrauch,
nach dem Jesus göttliche Würde beigelegt wird, nie darüber hinwegtäuschen, wie unerhört eine derartige Aussage ist. Es ist deshalb eine
unerlässliche Aufgabe der Dogmatik, darüber nachzudenken, auf
welche Weise Gott in Jesus sein kann bzw. wie die Rede von seiner
Gottheit interpretiert werden darf. Besonders naheliegend ist dabei
die Vorstellung, dass Gottes Gegenwart in Jesus die Gegenwart seines
Geistes ist. Man könnte sich dafür auf Röm 1,4 oder auch auf Apg
2,33 berufen, wo beide Male dem Heiligen Geist im Blick auf die göttliche Würde Jesu eine besondere Bedeutung zugemessen wird. Aber
damit wäre die Einheit der Person Jesu gefährdet. Die göttliche Würde
wäre von der Person Jesu ablösbar. Wir würden uns ihn vorstellen
als Geistträger unter anderen, sozusagen als Ersten unter Gleichen.
Er stünde auf einer Linie mit den Aposteln und Propheten und mit allen Christen nach Pfingsten. Jesus wäre nicht mehr unser Gegenüber,
der Heiland, zu dem wir aufschauen dürfen, der allmächtige Herr, der
uns beschenkt, sondern nur noch das große Vorbild, dessen Gottesverhältnis jedem Christen als Ziel vor Augen steht. Ein anderer Versuch,
sich das Sein Gottes in Christus vorzustellen, war die sogenannte
Logoschristologie. Man knüpfte dabei an die jüdisch-hellenistische
Hypostasenspekulation an. Sie stellte sich den Logos als »Weltver-
nunft« vor, der einerseits persönliche Züge gegeben wurden, die man
sich aber zugleich als die der Welt zugewandte Seite Gottes dachte. In
Anlehnung an Joh 1 bezeichnete man deshalb Jesus als den Mensch

gewordenen Logos, das Fleisch gewordene Wort. Weil Jesus der Logos ist, deshalb ist Gott in ihm, deshalb kann man von seiner Gottheit reden. Diese Gedanken haben den Vorteil, dass sie die Einheit Jesu mit Gott verständlich machen, ohne seine Person in einen göttlichen und einen menschlichen Teil zu zerlegen. Ihr großer Nachteil aber ist, dass derartige Vorstellungen wie die vom Logos als einer Hypostase Gottes uns Heutigen nicht mehr einleuchten. Sie sind für uns zur Interpretation der Aussage von der Gottheit Jesu kaum mehr geeignet, da sie selbst umständlich interpretiert werden müssen. In neuerer Zeit hat man deshalb versucht, die Aussagen über die Gottheit Jesu auf das Geschehen der gläubigen Begegnung des einzelnen mit Jesus zurückzuführen. Gemeint ist folgendes: In Jesus Christus, in seinen Taten und seinem Wort begegne ich Gott. In Jesus bekomme ich es mit dem Gott der Bibel, dem Gott Israels, dem Schöpfer des Himmels und der Erde zu tun. Oder anders ausgedrückt: In Jesus Christus offenbart sich Gott. Hier wird nicht mehr versucht zu erläutern, auf welche Weise Gott in Jesus ist. Es wird nicht mehr versucht, Gottheit und Menschheit in Jesus einander gegenüberzustellen. Statt dessen ist von einem Geschehen die Rede, vom Geschehen der Begegnung oder der Offenbarung. Das Sein Gottes in Jesus bedeutet, dass sich in ihm Gott selbst offenbart. Diese Art, über die Gottheit Jesu zureden, hat zunächst den Vorteil, dass sie nicht mit den Begriffen vergangener theologischer und philosophischer Strömungen arbeitet, sondern mit dem uns allen geläufigen Offenbarungsbegriff. Dazu kommt als positives Moment, dass im Mittelpunkt der Erklärung der Gottheit Jesu ein Vorgang steht, der sich auch heute noch in verschiedenster Form ereignet, nämlich die Begegnung mit Jesus. Auch heute noch geschieht es immer wieder – und jeder Christ hat im Grunde selbst ähnliches erlebt –, dass Jesus für Menschen entscheidende Bedeutung erlangt, dass er für sie göttliche Autorität bekommt, dass sie aus der Begegnung mit ihm den Sinn ihres Lebens herleiten. Freilich dürfen auch die Nachteile dieser Gedanken nicht übersehen werden. Die Verwendung des Offenbarungsbegriffes an so zentraler Stelle bringt die Gefahr mit sich, dass wir nun doch das Werk Jesu zu einer geistigen Befreiungstat machen und damit seine Geschichte, sein Kreuz und seine Auferstehung, aus der Mitte verdrängen. Kreuz und Auferstehung sind dann nur noch Illustrationen, nähere Erläuterungen zu dem, was Offenbarung Gottes bedeutet; sie zeigen uns Gott als den, der den Sünder liebt und ihm die Hoffnung des ewigen Lebens vermittelt, ihre Bedeutung als heilsgeschichtliche Ereignisse aber tritt in der Hintergrund. Dazu kommt, dass ja auch der

Offenbarungsbegriff genauso wie der Begriff des Logos – mag er auch biblisch besser bezeugt sein – ein Produkt menschlichen Denkens ist. Seine Überzeugungskraft ist genauso Wandlungen unterworfen wie die Überzeugungskraft anderer Begriffe, nur für das christliche Denken einer bestimmten Zeit kann er besonders einsichtig sein. Schließlich ist noch ein dritter kritischer Einwand zu bedenken: Der Verweis auf die Offenbarung, auf das Geschehen der Begegnung mit Jesus, ist in gewisser Hinsicht ein Schritt zurück. Die Frage nach der Person Jesu ist ja erst am Erlebnis der Begegnung mit ihm entstanden. Eben weil man in ihm Gott begegnet war, tauchte das Problem auf, wie man denn nun von diesem Jesus zu reden habe. Die Auseinandersetzung um die Lehre von der Person Jesu hat sich erst dort entzündet, wo man versuchte auszusagen, wer denn dieser Jesus, unabhängig von meiner Begegnung mit ihm, sei. Diese Frage wird von der sogenannten Offenbarungs- oder Begegnungschristologie gar nicht mehr gestellt. Sie bleibt beim Erlebnis, beim Geschehen. Die Frage nach dem Sein Jesu Christi bleibt ausgeklammert. Nun kann man freilich einwenden: Gerade diese Frage darf auch nicht gestellt werden. Wir haben Jesus Christus als den, der uns begegnet, der sich uns offenbart, sonst nicht. Wer mehr will, überschreitet die Grenzen, die menschlichem Denken gesetzt sind, und verirrt sich in Spekulationen. Das Sein Gottes in Jesus bleibt für uns ein Rätsel. Menschliche Logik ist letztlich nicht imstande zu erklären, wie sich Gott und Mensch in der Einheit einer historischen Person vereinigen können. Das Bekenntnis des Thomas, dass Jesus sein Gott und sein Herr sei, bleibt für menschliches Denken ein Paradox, ein unauflösbarer Widerspruch. Dennoch muss dieser Satz gerade in seiner Unerklärbarkeit gewagt werden. Dies klingt wie eine Bankrotterklärung dogmatischen Denkens. Im Begriff des Paradoxes wird unsere Unfähigkeit, das Sein Gottes in Jesus vorstellbar zu machen, endgültig fixiert. Aber wir dürfen nicht vergessen, dass auch dies das Ergebnis eines Denkprozesses ist. Die Dogmatik hat hier die Aufgabe, darüber zu wachen, dass das Paradox im Blick auf die Person Jesu Christi auch wirklich festgehalten wird. Das heißt, sie muss einerseits darauf achten, dass nicht durch scheinbar vernünftigere und einleuchtendere Erklärungsversuche aus der Gottheit Jesu seine Vorbildlichkeit als Mensch wird, und sie muss andererseits unkontrolliertem Gebrauch widervernünftiger Ausdrucksweisen in der Theologie und der Predigt wehren, indem sie die Paradoxalität streng auf die Aussagen über das Sein Jesu Christi begrenzt.

IV Jesus Christus – wahrer Mensch und wahrer Gott

Im Bekenntnis zur wahren Gottheit und wahren Menschheit Jesu Christi geht es nicht nur um die Paradoxalität seiner Person, sondern zugleich um ihre Einheit, die uns heute im Glauben und im Gottesdienst begegnet.

Jesus Christus – wahrer Gott und wahrer Mensch, dies ist die Form, in der die Paradoxalität der Person Jesu bereits in der alten Kirche ausgesprochen wurde. Das war das Ergebnis einer langen, die gesamte Kirche erschütternden Diskussion, in der im Grunde alle Möglichkeiten, das Besondere der Person Jesu zu erklären, in die Debatte geworfen wurden, so dass bis heute zu diesen Fragen kaum etwas gesagt werden kann, was nicht schon damals gedacht worden ist. Am einleuchtendsten ist dabei der Grundgegensatz zwischen ebionitischer und doketischer Christologie. Er zeigt sich bereits innerhalb des Neuen Testaments. Während die ebionitische Richtung in Jesus vor allem den Menschen sieht, betonen die Doketisten die Gottheit Jesu. Sie tun das auf eine Weise, dass die Menschheit Jesu zu einem Schein, einer Äußerlichkeit wird. Vor beiden Extremen muss sich die kirchliche Christologie hüten, und zwar nicht etwa aus irgendeinem theoretischen Interesse, sondern weil an der unverkürzten Betonung der Gottheit und der Menschheit Jesu die Möglichkeit des Erlösungswerkes hängt. Die Erlösung besteht darin, dass Gott sich wirklich ganz auf die Seite der Menschen stellt, dass er richtiger Mensch wird. Im anderen Falle wäre Jesu Leben etwas Unwirkliches, sein Tod hätte nicht wirklich stattgefunden. Das bedeutet aber zugleich, dass Jesus auch wahrer Gott gewesen ist, sonst könnte sein Leiden keine erlösende Bedeutung haben, es wäre nicht mehr als das Todesleiden anderer unschuldig Verurteilter auch. Es sind dies Gedanken, die in der alten Kirche von Athanasius, dem Bischof von Alexandrien, vertreten wurden. Im Grunde finden sie sich aber bereits im Hebräerbrief (Kap. 5). Ihr großer Vorzug ist, dass sie das Nachdenken über die Person Jesu Christi eng mit der Erlösung und dadurch mit dem eigentlichen Interesse des Glaubens verbinden. Allerdings hat sich die altkirchliche dogmatische Diskussion auch an dieser Stelle noch nicht beruhigt. Denn nachdem klar war, dass Gottheit und Menschheit Jesu Christi festgehalten werden mussten, blieb ja noch die Frage offen, wie das Verhältnis von Gottheit und Menschheit in Jesus zu bestimmen sei. Die eine Seite, die sogenannten Monophysiten (abgeleitet von monos = einzig, physis = Natur), betonte die Einheit von Gott und Mensch in der Person Jesus Christus, während die andere Seite, die sogenannten Diophysiten (abgeleitet von dyo =zwei), auf die Unterschiedenheit von Gottheit und Menschheit in Jesus Wert legte. Der Streit spitzte sich zu in der Frage, ob Jesus eine gottmenschliche Natur habe oder zwei Naturen, eine göttliche und eine menschliche. Schließlich wurde er im Jahre 451 auf dem Konzil von Chalcedon zwar offiziell beendet, indem man sich auf die Formel einigte: eine Person, aber zwei Naturen, die unvermischt und ungetrennt voneinander bleiben. Aber die Auseinandersetzungen gingen weiter. Es gab von da an je nachdem monophysitische oder diophysitische Interpretationen des Chalcedonense. Letztlich stehen hinter beiden Richtungen verschiedene Glaubens- bzw. Geisteshaltungen. Die Monophysiten gehen von der im Glauben, im Gottesdienst und besonders im Sakrament des Altars gegenwärtigen einen gottmenschlichen Person Jesu Christi aus. Sie betonen deshalb die Einheit in Christus. Der Diophysitismus dagegen hat seinen Ansatzpunkt nicht im Erlebnis des Gottesdienstes, sondern im gläubigen Nachdenken über Jesus Christus. Er ist einerseits interessiert an der Reinheit des Gottesbegriffs, andererseits an der Unversehrtheit der Menschheit Jesu. Infolgedessen betont er die Unterschiedenheit beider Naturen. Uns Heutigen sind freilich diese Gedankengänge fremd und unverständlich. Auf alle Fälle nehmen wir Anstoß an der Verwendung des Naturbegriffs. Er ist für uns so eindeutig durch die Naturwissenschaft belegt, dass wir nicht mehr von einer göttlichen Natur sprechen können. Aber die Probleme, die dahinter stehen, behalten trotzdem ihre Gültigkeit. Sie haben eine Neuauflage in der Reformationszeit gefunden, wo die Lutheraner sehr stark monophysitisch, die Reformierten stark diophysitisch gedacht haben. Diese Dinge spielen bis heute in den interkonfessionellen Gesprächen eine Rolle. Für die Lutheraner war die Betonung der Einheit von Gottheit und Menschheit vor allem im Blick auf ihr Abendmahlsverständnis wichtig, Nur so konnten sie deutlich machen, dass Jesus Christus mit seinem Leib und Blut tatsächlich in Brot und Wein gegenwärtig werden kann. Weil in Jesus Gott und Mensch vereinigt sind, bekommt seine Menschheit, zu der Leib und Blut gehören, Anteil an der göttlichen Allgegenwart. Für die Reformierten dagegen war ein derartiges Ineinanderaufgehen von Gottheit und Menschheit Jesu unannehmbar. Sie steigerten sich in dem Bemühen, Gottheit und Menschheit zu unterscheiden, bis zu der Formel, die im Grunde die Menschwerdung

Gottes in Jesus selbst in Frage stellt: finitum non capax infiniti = das Endliche kann das Unendliche nicht aufnehmen. Inzwischen hat sich eine Annäherung beider Standpunkte ergeben. Dies hat aber nichts damit zu tun, dass sich etwa durch neuere Entwicklungen in Theologie und Kirche diese Fragestellungen überhaupt erledigt hätten. Wir dürfen nie vergessen, dass sich hinter all diesen oft sehr theoretischen Erörterungen Glaubensanliegen verbergen. Es geht letzten Endes darum, was wir von Jesus erwarten, wie wir uns seine Gegenwart vorstellen dürfen. Die Formel von der wahren Gottheit und wahren Menschheit Jesu will zum Ausdruck bringen, dass Jesus immer der für uns Gekreuzigte und Auferstandene ist, der eben als Gekreuzigter und Auferstandener, als wahrer Gott und wahrer Mensch, ständig für uns gegenwärtig ist, von uns angebetet und um seine Hilfe angerufen werden will. Damit rückt freilich das mehr theoretische Interesse an der Unterschiedenheit der beiden Naturen in Christus deutlich an die zweite Stelle. Denn letztlich geht es bei allen christologischen Aussagen nicht um die Analyse des Wunders, sondern um Anbetung. Die Aussagen über die Person Jesu Christi haben die Struktur des Lobpreises, der Doxologie. Ihre Heimat ist der Gottesdienst der im Namen Jesu versammelten Gemeinde, besonders die Feier des Herrenmahls. Gerade die Tatsache, dass unser Denken am Problem der Person Jesu Christi immer wieder scheitert, darf für uns nicht der Anlass zu einer Art dogmatischer Resignation sein, die die Probleme unmutig beiseite schiebt; sie soll uns hinweisen auf die eigentliche Quelle der Dogmatik, nämlich die Bewunderung der großen Taten Gottes. Wo christologisches Denken nicht mehr von dieser anbetenden Bewunderung getragen wird, da entartet es zur glaubensfremden Scholastik oder zur Darstellung eines menschlichen Vorbildes. Wo es sich aber als Rühmung Gottes versteht, da bekommen auch die Grenzen, an die unser Nachdenken über Jesus stößt, eine positive Bedeutung: Sie zeigen uns den Punkt, an dem Menschen in der Begegnung mit den Geheimnissen Gottes nicht mehr zu reden, sondern ehrfürchtig zu schweigen haben.

Dogmatik III – Der Glaube an den Heiligen Geist

Kapitel 1 – Die Wirklichkeit des Heiligen Geistes

I DAS WESEN DES HEILIGEN GEISTES

1 Der Heilige Geist als Person und als Kraft

Durch seinen Geist erfüllt Gott die Welt mit Leben, durch ihn lenkt er die Geschicke seines Volkes und macht einzelne Menschen in besonderer Weise zu seinen Werkzeugen.

Führen wir uns den dritten Artikel unseres Glaubensbekenntnisses vor Augen, so wird schon auf den ersten Blick deutlich: Vom Heiligen Geist selbst ist nur sehr kurz am Anfang die Rede. Die meisten Aussagen betreffen eher Folgen der Ausgießung des Geistes. Martin Luther hat in seiner Erklärung zum dritten Artikel im Kleinen Katechismus diesen Zusammenhang vorbildlich deutlich gemacht, indem er unseren persönlichen Glauben und den Glauben der Kirche als Werk des Heiligen Geistes bezeichnet, aus dem dann Vergebung der Sünden, Auferstehung und ewiges Leben folgen. Offensichtlich gilt bei der Lehre vom Heiligen Geist noch mehr das, was wir bereits im Zusammenhang der Gotteslehre und der Christologie feststellen mussten: Unsere Möglichkeiten, zu reden, sind eng begrenzt. Wir können allenfalls die Wirkungen Gottes, seine Werke, beschreiben. Wenn wir vom Wesen und von der Person dessen, der da handelt, sprechen wollen, versagen bald unsere Worte und Begriffe. Es ist deshalb kein Wunder, dass gerade die Beschäftigung mit dem dritten Artikel sich oft bei der Behandlung der Werke erschöpft, bei Kirche, Rechtfertigung und Heiligung, und den Heiligen Geist über seinen Werken vergisst. Trotzdem gibt es in unserer Zeit ein besonderes Interesse an der Theologie des Heiligen Geistes. Das hängt einmal zusammen mit dem Bedürfnis, in der Kirche nicht nur richtige Lehre, nicht nur zuverlässige Ordnung, sondern auch aktuelles Leben zu finden. Quer durch alle Konfessionen gibt es eine charismatische Bewegung, die vielen Menschen unserer Zeit Erfahrungen mit Gott vermittelt, sei es durch Wundererlebnisse oder durch besondere Gemeinschaft in Gebet und Hingabe an Gott. Andererseits ermöglicht die Betonung der Pneumatologie eine Weitung des streng patriarchalischen Gottesbildes. Mit dem Begriff des Geistes verbindet sich die Vorstellung von Offenheit und Freiheit – auch gegenüber kirchlichen Institutionen.

Gerade vor diesem Hintergrund ist es wichtig, auf die Aussagen der heiligen Schrift besonders zu achten Die Schwierigkeiten beim Verständnis der biblischen Aussagen über den Heiligen Geist beginnen bereits bei der Vieldeutigkeit des Geistbegriffs. Nicht umsonst redet der dritte Artikel des Glaubensbekenntnisses ausdrücklich vom Heiligen Geist. Denn das Wort Geist kann nicht nur etwas Göttliches bezeichnen bzw. Ausdruck für Gott selbst sein (Joh 4,24), sondern es dient auch zur Beschreibung des Menschen. Auch der Mensch hat Geist, ist ein geistiges Wesen. Es gibt nicht nur den Heiligen Geist, den Geist Gottes, sondern auch den Geist des Menschen, der vom Heiligen Geist säuberlich unterschieden werden muss. Und es gibt nach dem Zeugnis der Bibel auch den Geist des Bösen, die dämonischen Kräfte. Diese Vieldeutigkeit ist nicht etwa in einer Ungenauigkeit der deutschen Sprache begründet. Sie findet sich ebenso in den biblischen Aussagen über den Heiligen Geist. So bedeutet das hebräische rûaḥ (רוח) nicht nur Geist Gottes, sondern auch den Sturm und den Lebensatem, der durch den Schöpfergott Mensch und Tier eingegeben ist. Das Alte Testament redet deshalb bereits im Zusammenhang mit der Schöpfung vom Geist. Etwa in dem Schöpfungspsalm (104,29 f): »Du sendest aus deinen Odem, so werden sie geschaffen«, oder in der schwer deutbaren Stelle 1. Mose 1,2 (in der Lutherbibel wird sie übersetzt: »Der Geist Gottes schwebte auf dem Wasser«; andere Übersetzer reden von einem Gottessturm). Geist ist der bewegende, lebenschaffende Atem Gottes. Ohne ihn ist kein Leben denkbar. Aber gerade deshalb ist er der Heilige Geist, nämlich Gottes Eigentum, – ja im Grunde Gott selbst. Keine Kreatur kann darüber verfügen, so sehr sie auch von ihm bewegt und erfüllt sein mag: Gott kann jederzeit seinen Odem, seinen Geist, wieder zurücknehmen und auch den Menschen wieder zu Staub werden lassen (Ps 104,29; 1. Mose 6,17). Der Heilige Geist ist auf der einen Seite Gabe Gottes an die Menschen, eine Kraft, die in ihnen und im Grunde in allen Geschöpfen das Leben wirkt; und er ist auf der anderen Seite die souveräne Macht Gottes selbst, in der sich seine Herrschaft manifestiert. Dies lässt sich auch an der Art, wie über die besonderen Geistträger, die Charismatiker, die Richter, Könige und Propheten Israels, geredet wird, erkennen. Bei den Richtern, aber auch beim König Saul befähigt der Geist zu besonderen Krafttaten. Berühmtestes Beispiel dafür sind die Geschichten von Simson (Ri 13 ff). Aber er verleiht auch politische und militärische Führungsqualitäten (1Sam 11) und vor allem: er redet durch die Propheten. Sie sind in besonderer Weise Träger des Geistes, vom Heiligen Geist getriebene Leute (Mi 3,8). Gerade bei ihnen wird deutlich, dass der Heilige Geist mehr als eine Kraft ist. Er ist der lebendige persönliche Gott selbst. Die Worte der Propheten sind nicht nur vom Geist gewirkt, sie sind Gottes eigene Worte. Wo der Geist Gottes spricht, da redet Gott selbst. Ähnlich verhalten sich die Dinge im Neuen Testament. Nicht nur in den Berichten der Evangelien über Jesus, sondern vor allem bei der Schaffung der Gemeinde, des neuen Gottesvolkes, offenbart der Heilige Geist seine schöpferische Macht. Es ist besonders das Anliegen der Apostelgeschichte zu zeigen, wie der Heilige Geist die Gemeinde sammelt und leitet, wie die Apostel »voll des Heiligen Geistes« (Apg 2,4; 4,8) predigen und Wunder tun, aber auch, wie die maßgebenden Männer bis in ihre einzelnen Schritte vom Geist gelenkt werden (Apg 8,26 ff; 13,2; 16,6). Der Geist ist auch hier sowohl Gabe an die Gemeinde und an die Gläubigen, aber zugleich wird er gerade in den Berichten über die ersten Gemeinden als der souveräne Herr dargestellt. Weil Ananias und Saphira versucht haben, den Heiligen Geist zu belügen, müssen sie sterben (Apg 5). Der Geist spricht nicht nur durch die Jünger, er spricht auch zu ihnen (Apg 8,29;10,19). Wo wir ihm begegnen, haben wir es nicht nur mit einer göttlichen Kraft, sondern mit Gott selbst zu tun. Ja er ist geradezu das Markenzeichen der christlichen Gemeinde. Erst wenn die neugetauften Gemeindeglieder »in Zungen reden«, also das Sprachengebet praktizieren können, sind sie in vollem Sinne zugehörig (Apg 7). Nicht umsonst schreibt der Apostel Paulus im Römerbrief (8,14): »Welche der Geist Gottes treibt, die sind Gottes Kinder«.

2 Die eschatologische Bedeutung des Heiligen Geistes

Der Heilige Geist ist die Gabe Gottes an die Gemeinde des Neuen Bundes. Mit seiner Ausgießung bricht die Heilszeit an. Durch ihn hat die Gemeinde Gemeinschaft mit Christus.

Bereits in der alttestamentlichen Prophetie spielt der Gedanke eine wichtige Rolle, dass die Endzeit die Zeit des Geistes sein wird. Der Messias ist der Geistträger schlechthin (Jes 11,2). Das gleiche gilt vom Gottesknecht (Jes 42,1). Besonders wichtig ist in diesem Zusammenhang die berühmte Joel-Weissagung (Joel 3), in der von der Ausgießung des Geistes auf das gesamte Volk geredet wird (vgl. auch Jes 44,3; Hes 39,29). Sie wird in der Plingstgeschichte (Apg 2) ausführlich zitiert, um deutlich zu machen, dass die von Joel prophezeite Endzeit, in der der Geistbesitz nicht mehr das Kennzeichen einiger auserwählter Menschen ist, nun anbricht. Erst recht beruft sich das Neue Testament auf die alttestamentliche Verheißung, wenn es darum geht, Jesus als den endzeitlichen Geistträger, als den Messias zu bezeichnen. Bestes Zeugnis dafür ist die Taufgeschichte, die mit dem Bericht von der Verleihung des Geistes an Jesus endet und offensichtlich an Jes 42,1 anknüpft. Nicht zu vergessen ist auch die »Antrittspredigt« Jesu in Nazareth über Jes 61,1 f: »Der Geist des Herrn ist bei mir, darum weil er mich gesalbt hat« (vgl. auch Mt 12,28). Aber auch in der Perikope von der Empfängnis Jesu spielt der Heilige Geist eine wichtige Rolle: Gottes Schöpfergeist wirkt die Schwangerschaft der Jungfrau Maria (Lk 1,35). So gehören Ausgießung des Heiligen Geistes und Anbruch der Endzeit unbedingt zusammen. Die Erfüllung der Geistverheißung in Jesus und in der Gemeinde ist für das Neue Testament ein Zeichen für den Beginn der Endzeit. Deshalb kann auch Paulus den Heiligen Geist als die den Gläubigen verliehene Erstlingsgabe, als das Angeld des ewigen Lebens bezeichnen (Röm 8,23).

Bis dahin lässt sich das Zeugnis des Neuen Testaments vom Heiligen Geist als Erfüllung des im Alten Testament Vorbereiteten verstehen. Aber das Neue Testament sagt noch mehr. Es sieht in Christus nicht nur den Träger, sondern auch den Geber des Geistes (Joh 16,7 ff). Es entspricht der zentralen Heilsbedeutung Jesu Christi, dass der Heilige Geist im Neuen Testament stets der Geist Jesu ist. Es gibt kein besonderes Evangelium, keine besondere Botschaft vom Heiligen Geist. Der Geist fügt zur Botschaft von Jesus nichts hinzu. Er sorgt nur dafür, dass sie gehört und angenommen wird. Aber gerade damit dies geschehen kann, ist er unerlässlich. »Niemand kann Jesus einen Herrn heißen, außer durch den Heiligen Geist« (1Kor 12,3). Ja die Verbindung von Heiligem Geist und Jesus Christus geht sogar so weit, dass in gleicher Weise von der Gegenwart des Geistes und von der Gegenwart Christi in den Gläubigen und in der Gemeinde geredet wird. Nicht nur der Heilige Geist, auch Christus wohnt in den Gläubigen (Röm 8,11; Eph 3,17). Beide können geradezu als zwei Seiten derselben Sache angesehen werden; so etwa im 2. Korintherbrief (3,17): »Der Herr ist der Geist; wo aber der Geist des Herrn ist, da ist Freiheit.« Wo Christus ist, da ist auch der Heilige Geist, da ist wirkliche Gemeinschaft mit Gott, da bricht schon heute die Ewigkeit an (vgl. auch 1Kor 15,45).

Freilich muss bereits an dieser Stelle vor Fehldeutungen gewarnt werden. Das neutestamentliche Zeugnis vom anbrechenden Gottesreich ist immer von zwei Missverständnissen bedroht: Entweder man verwechselt schwärmerisch den Anbruch mit der Vollendung und vergisst, dass trotz aller Gemeinschaft mit Gott der endgültige Sieg über die Sünde und die Friedlosigkeit der Welt noch aussteht, oder man übersieht infolge der noch ausstehenden Vollendung die Gegenwärtigkeit des Gottesreiches. Im Blick auf den Heiligen Geist bedeutet das: Entweder man erklärt den Geist zum festen, nachweisbaren Besitz der Gläubigen und der Kirche, oder man betont das Herrsein des Geistes, seine Freiheit, der gegenüber auch die Christen in diesem Leben nur die Bittenden und Wartenden sein können. Vor beiden Extremen müssen wir uns hüten. Im ersten Fall, wo der Heilige Geist als Besitz der Frommen betrachtet wird, kommt es zur Überheblichkeit der angeblich Geistbegabten, zur Verletzung der Bruderliebe, ja mitunter sogar zur offenen Aufkündigung des Gehorsams gegen das Wort Gottes, da man sich auf Grund des Geistbesitzes allen Autoritäten gegenüber unabhängig fühlt. Beispiele dafür liefern die schwärmerischen Bewegungen aller Zeiten, von den Korinthern der neutestamentlichen Zeit über die Wiedertäufer bis zu den Sekten der Gegenwart. Aber auch die großen hierarchisch organisierten Kirchen – wie die römisch-katholische Kirche – sind von diesem Irrtum nicht frei geblieben. Hier war es nicht eine Gruppe von Gläubigen, sondern der Klerus selbst, der sich auf Grund seines Amtes als Besitzer des Geistes betrachtete und seine eigenen Entscheidungen neben oder gar über das Wort Gottes stellte. Nicht weniger gefährlich ist aber auch das andere Extrem. Dort, wo man nichts mehr vom Anbruch des Neuen in der Gegenwart, von der Ausgießung des Geistes auf die gegenwärtige irdische Gemeinde weiß, da entartet die Kirche zur Lehrkirche, deren Leben sich in der immer neuen Wiederholung und Verteidigung einst gefundener Lehrformeln erschöpft und die den einzelnen am Ende mit dem Appell an seinen eigenen guten Willen allein lässt. Denn wo der Heilige Geist nicht mehr als gegenwärtige Kraft Gottes gepredigt und erfahren wird, da machen sich die Versuche des alten Menschen wieder breit, durch eigene Leistung das Ansehen vor Gott und Menschen zu sichern. Eben weil der Heilige Geist in die Endzeit hineingehört, muss hier streng auf die Beachtung beider Aspekte geachtet werden.

So gewiss der Heilige Geist bei der Kirche und in den Gläubigen ist, so gewiss bleibt sein Kommen andererseits immer Gegenstand unseres Gebetes und unserer Hoffnung, weil auch unsere Gemeinschaft mit Gott Gegenwart und dennoch zugleich noch Zukunft ist.

3 Der Heilige Geist als dritte Person der Trinität

Die im Neuen Testament bezeugte Herrschaft des Heiligen Geistes in der Kirche und in den Gläubigen hat in der Lehre vom Heiligen Geist als dritter Person der Trinität ihren Niederschlag gefunden.

Bekanntlich gibt es bereits im Neuen Testament sogenannte triadische Formeln, d. h. Worte, in denen nebeneinander von Gott dem Vater, von Jesus Christus und vom Heiligen Geist die Rede ist (Mt 28,19; 2Kor 13,13; 1Petr 1,2). Trotzdem kam die Kirche erst im Rahmen der dogmatischen Streitigkeiten der ersten Jahrhunderte zu der Entscheidung, dass der Heilige Geist als wahrer Gott und als dritte Person der Trinität zu betrachten sei. Und bis heute sind die Stimmen nicht verstummt, die zwar dem Heiligen Geist seinen göttlichen Charakter nicht bestreiten, wohl aber mit der Personalität des Geistes nichts anzufangen wissen. In der alten Kirche ist die eigentliche Entscheidung im Nachgang zum arianischen Streit gefallen. Athanasius, der große Verfechter der Wesensgleichheit (homousie) Jesu mit dem Vater, setzte sich schließlich auch für die Homousie des Heiligen Geistes ein. Ähnlich wie beim Streit um die Gottheit Jesu argumentiert Athanasius von dem Ziel der Erlösung des Menschen durch Gott her. Wäre der Heilige Geist ein Geschöpf, dann hätten wir keine wirkliche Gemeinschaft mit Gott, dann wäre das Leben der Gläubigen lediglich menschliches Werk und die Kirche nicht mehr als eine Vereinigung von Menschen. Nur dann kann die im Neuen Testament verheißene Gemeinschaft der Christen mit Gott Wirklichkeit werden, wenn der Heilige Geist selbst Gott ist. Unseres Erachtens ist diese Argumentation auch heute noch überzeugend. Sowohl die Einheit von Gott und Geist, als auch die Einheit von Jesus und Geist, die in der Bibel bezeugt wird, machen es geradezu unmöglich, den Heiligen Geist von der Gottheit auszuschließen und ihm eine niedrigere Qualität zuzumessen. Freilich bleibt damit die Frage nach der Personalität noch unbeantwortet. Ist es wirklich sinnvoll, den Heiligen Geist als dritte Person der Gottheit neben Vater und Sohn zu bezeichnen? Wenigstens gibt es selbst unter den im kirchlichen Bekenntnis verwurzelten Christen nur wenige, die hier keine Bedenken anmelden. Offensichtlich haben sich unpersönliche Vorstellungen derartig eng mit dem Geistbegriff verbunden, dass wir zur Lehre von der Personalität des Geistes kaum noch Zugang finden. Schuld daran ist wohl vor allem, dass wir den in der Neuzeit entwickelten Begriff der Persönlichkeit, des selbständigen menschlichen Individuums auf die Trinität übertragen. In diesem menschlichen Sinne aber ist allein Jesus als Person zu bezeichnen. Auch die Personalität des Schöpfergottes ist für uns unvorstellbar. Der Protest wird an dieser Stelle nur deshalb weniger laut, weil wir uns durch die Bezeichnung Gottes als des Vaters leicht über das Problem hinwegtäuschen lassen. Am Ende geht es sowohl im Blick auf Gott den Vater als auch im Blick auf den Heiligen Geist darum, dass der Personbegriff deutlich machen soll: Wir haben es hier mit einem Gegenüber zu tun, das Adressat unserer Gebete sein kann und vor dem wir uns zu verantworten haben für unsere Gedanken, Worte und Taten. Beides gilt auch vom Heiligen Geist. Wir brauchen bloß an die Schilderungen der Apostelgeschichte zu denken und an das auch in der evangelischen Kirche in den Pfingstliedern geübte Gebet zum Heiligen Geist. Gewiss ist der Begriff der Person nur eine unzulängliche Bezeichnung für das Wesen des Heiligen Geistes. Aber er macht deutlich, dass wir es auch bei der Kraft, die die Kirche aufbaut und erhält, nicht mit namenlosen, geheimnisvollen Energien, sondern mit dem lebendigen, uns Menschen persönlich zugewandten Gott zu tun haben.

Ein Problem, das in der Dogmen- und Konfessionsgeschichte eine besondere Rolle gespielt hat, soll an dieser Stelle nicht unerwähnt bleiben. Gerade wenn nach der Stellung des Heiligen Geistes innerhalb der Trinität gefragt wird, ist an den alten Streit zwischen Ost- und Westkirche, zwischen Konstantinopel und Rom, über das sogenannte »filioque« zu erinnern. Während es im ursprünglichen Text des Nicänoconstantinopolitanum heißt, dass der Geist vom Vater ausgeht, wurde im 8. Jahrhundert in der Westkirche das Wort filioque (= und vom Sohn) in das Bekenntnis eingefügt. Bis heute steht diese Differenz zwischen den beiden alten Konfessionen, zwischen Rom und Konstantinopel. Dahinter stehen sehr komplizierte Überlegungen über das Verhältnis der drei Personen der Gottheit untereinander. In der Westkirche hielt man es für angemessen im Blick auf die Sendung des Heiligen Geistes den Vater und den Sohn sozusagen gleichberechtigt nebeneinander zu stellen. Dabei besteht die Gefahr, dass Christus durch seine Gegenwart in der Kirche die Aufgaben des Geistes mit übernimmt. Man hat daher auch von einer »Geistvergessenheit« in der Theologie der Westkirche gesprochen. Inzwischen wird das Problem in der Ökumene erkannt. Ein Zeichen dafür sind die Texte der Abendmahlsliturgie, die nun auch in der katholischen Kirche vom Heiligen Geist sprechen (sogenannte Epiklese), aber auch die Form der Lobpreises der Dreieinigkeit, wo es nicht mehr nur die alte Formulierung gibt »Ehre sei dem Vater und dem Sohne und dem Heiligen Geist«, sondern auch andere, wie z. B. »Ehre sei dem Vater durch den Sohn im Heiligen Geist«. Gerade in den Bemühungen, die alte Kluft zwischen Ost- und Westkirche zu überbrücken, spielt die Art, wie vom Verhältnis des Heiligen Geistes zu Jesus Christus zu reden ist, eine wichtige Rolle.

II DIE WIRKSAMKEIT DES HEILIGEN GEISTES

1 Die Verborgenheit des Heiligen Geistes

Der Heilige Geist hat teil an der prinzipiellen Verborgenheit und Unbeweisbarkeit Gottes.

a) Der Heilige Geist als Gegenüber des Menschen

Der Heilige Geist ist für uns verborgen, weil er auch dort, wo er die Menschen ergreift, im strengen Sinne Gegenüber für uns bleibt. Der Geist ist für uns immer außerhalb. Auch für Christen bleibt er der Herr. Diese Erkenntnis wird für uns besonders dort wichtig, wo es um die Unterscheidung von Gottesgeist und Menschengeist geht. Die Menschen waren zu allen Zeiten in der Gefahr, den menschlichen Geist für etwas Göttliches, für einen Funken der Gottheit zu halten. Gewiss ist diese Gefahr nicht speziell christlich. Diese Gedanken haben ihre berühmtesten Vertreter bereits in der vorchristlichen idealistischen griechischen Philosophie, vor allem in Platon, gefunden; aber auch christliches Denken hat sich dafür anfällig gezeigt. Wenn Gott Geist ist, wie es im Johannesevangelium steht (4,24), weshalb sollte dann nicht auch der menschliche Geist etwas Göttliches und damit auch etwas Gutes sein, was nur unglücklicherweise an den materiellen Leib und an die materielle Welt, die Heimstatt allen Übels, gebunden ist? Von der Heiligen Schrift her ist diese Frage mit Nein zu beantworten.

Die Bibel sagt: Der Mensch ist Fleisch (Jes 40,6; Röm 7 und 8). Und sie meint damit den ganzen Menschen, nicht nur seinen Leib, sondern auch Seele und Geist oder welche anthropologischen Begriffe man sonst anwenden mag. Fleisch ist der ganze Mensch unter dem Aspekt der Vergänglichkeit und der Sünde, d.h. auch der Geist des Menschen hat teil an der Sünde. Martin Luther hat häufig darauf hingewiesen, dass gerade die schwerwiegendsten Sünden des Menschen, alles was mit seiner Auflehnung gegen Gott zusammenhängt, geistige Sünden sind. Wenn in der Bibel Geist und Fleisch einander gegenübergestellt werden, dann ist damit keine Aufteilung menschlicher Fähigkeiten und Bereiche gemeint, sondern die Entgegensetzung des lebendig machenden Geistes Gottes und des vergänglichen und dem Bösen ausgelieferten Menschen (Röm 8,1 f). Der Idealismus aller Zeiten kann sich deshalb nicht auf die Bibel berufen. Für sie steht der ganze Mensch, auch sein Geist und seine Seele, unter dem Urteil der Vergänglichkeit. Und es gibt deshalb auch für uns nicht die Möglichkeit, von der Selbständigkeit und Würde des menschlichen Geistes auf die Existenz eines von der Welt unabhängigen ewigen geistigen Wesens, eben auf Gott, den Heiligen Geist, zu schließen. Die Bibel lehnt diese immer wieder behauptete Wesensgemeinschaft zwischen dem menschlichen Geist und Gottes Geist ab. Der Heilige Geist ist extern, verborgen, unbeweisbar. Er ist genauso unbeweisbar und unbegreiflich wie Gott der Schöpfer oder wie Gott in Jesus Christus.

b) Der Heilige Geist in uns

Noch in einer anderen Hinsicht muss von der Verborgenheit des Heiligen Geistes gesprochen werden. Der Heilige Geist ist nicht nur deshalb verborgen, weil er immer zugleich außerhalb des Menschen bleibt als der Herr, er ist auch, verborgen, weil er so im Menschen wirkt, dass seine Wirksamkeit nicht mehr von der natürlichen Aktivität des Menschen unterschieden werden kann. Gerade auch in seinem Im-Menschen-Sein ist der Geist verborgen und unbeweisbar. Freilich scheinen wir hier mit dem Zeugnis des Neuen Testaments in Konflikt zu geraten. Gibt es nicht tatsächlich sehr eindeutige Erscheinungen und Gaben, in denen sich der Heilige Geist in der Gemeinde manifestiert? Etwa wenn zu Pfingsten die Jünger in anderen Sprachen reden (Apg 2,4) oder wenn der Apostel Paulus von den Geistesgaben an die Korinther schreibt (1Kor 11,1 ff), von Weisheitsrede, von Erkenntnis, von Wundern, Weissagung und Zungenreden? Tritt in diesen Gaben der Heilige Geist nicht doch aus seiner Verborgenheit heraus, wird erkennbar und auch für Nicht-Glaubende nachweisbar? Tatsächlich hat es viele christliche Strömungen und Kreise gegeben, die so gedacht haben. Wir brauchen nur an die Pfingstbewegung unserer Tage zu denken. Man ist stolz auf den Geistbesitz, den man vor allem in der heute wieder häufiger werdenden Gabe des Zungenredens belegt sieht, und betrachtet alle anderen Christen, die daran keinen Anteil haben, als Menschen, die möglicherweise ein richtiges Glaubensbekenntnis, aber durchaus nicht den wirklichen lebendigen Glauben haben. Neu sind solche Gedankengänge freilich nicht. Auch der Apostel Paulus hat sich mit ihnen auseinandergesetzt. Gerade in der bereits erwähnten Stelle aus dem ersten Korintherbrief (Kap. 12-14) geht es im Grunde darum, die Ordnung der Gemeinde gegenüber der Überheblichkeit der sogenannten Charismatiker, der Besitzer von Geistesgaben, zu sichern. Auffällig ist dabei, dass der Apostel den allgemeinverständlichen Wirkungen des Geistes, wie dem Bekenntnis zu Jesus (1Kor 12,3), der prophetischen Rede (1Kor 14,23 ff) und vor allem der Liebe (1Kor 13) vor der unverständlichen Zungenrede den Vorzug gibt. Das bedeutet aber, dass Paulus gerade auf die Wirkungen des Geistes Wert legt, die sich in den Rahmen der natürlichen Aktivitäten des Menschen einordnen lassen, in denen der Heilige Geist so in den Bereich des Menschen eingeht, dass er dem Nicht-Glaubenden nicht mehr nachgewiesen werden kann. Damit sind natürlich die »ungewöhnlichen« Geisteswirkungen wie Zungenreden oder Wunderheilungen nicht in Abrede gestellt. Paulus denkt gar nicht daran, sie zu bestreiten. Er möchte nur vermeiden, dass sie allein als Wirkungen des Heiligen Geistes gelten. Andererseits werden wir uns davor hüten müssen, diese Dinge, so wie es jahrhundertelang in unserer Kirche üblich gewesen ist und wie es zum Teil auch heute noch geschieht, zu ignorieren. Aber wir sollten auch nicht vergessen, dass es im weiten Reich der Religionen durchaus Parallelen zu diesen Erscheinungen gibt und dass die Wissenschaften, vor allem die Psychologie, möglicherweise vieles erklären können, was uns absolut unbegreiflich und vielen als ein Beweis für die Wirksamkeit des Heiligen Geistes erscheint. Am Ende geht es auch hier um die bekannte Wahrheit, dass Gott nicht bewiesen werden kann. Auch die Geistesgaben können keinen Gottesbeweis liefern. Nicht umsonst wird mitten im Jubel der Pfingstgeschichte das spöttische Urteil der Ungläubigen überliefert: »Sie sind voll süßen Weins« (Apg 2,13). Auch dort, wo der Heilige Geist den Menschen ergreift, wo er in ihm wirkt, ihm Gaben und Früchte des Geistes schenkt, bleibt er verborgen und unbeweisbar.

Diese Erkenntnis hat nun aber nicht nur für die Beurteilung der neutestamentlichen Geistesgaben, sondern für alle praktische Arbeit der Kirche heute große Bedeutung. Sie beinhaltet, dass wir auf keinem Gebiet kirchlicher Arbeit die Wirksamkeit des Heiligen Geistes von den Erkenntnissen und der Aktivität des Menschen und seines Geistes trennen können. Konkret bedeutet das die Untrennbarkeit von Gottes Geist und menschlicher Rhetorik in der Predigt, von Gottes Geist und Pädagogik in der Katechese, von Gottes Geist und Psychologie in der Seelsorge, von Gottes Geist und Soziologie bei der Kirchenleitung und so weiter. Der Geist Gottes wirkt nicht neben dem Menschen, sondern in ihm und durch ihn. Alle Versuche, die Aktivität des Geistes gegen die Aktivität der Menschen in der Kirche auszuspielen, sind unangemessen. Gottes Geist wirkt so im Menschen, dass er zugleich im menschlichen Handeln verborgen ist.

2 Die Werkzeuge des Heiligen Geistes

Weil der Heilige Geist der Geist Jesu Christi ist, geschieht seine Wirksamkeit in der Bindung an Wort und Sakrament

a) Wort und Sakrament als Mittel des Heiligen Geistes

Wenn nun aber der Heilige Geist derartig in das Handeln der Menschen eingeht, dass man seine Aktivität nicht mehr gegen die des Menschen aufrechnen kann, wie sollen wir dann beurteilen, ob etwas in der Kirche vom Heiligen Geist kommt oder menschliche Erfindung ist? Der Apostel Paulus gibt uns im 1. Korintherbrief (12,3) dafür eine einfache Regel an die Hand: »Darum tue ich euch kund, dass niemand Jesus verflucht, der durch den Geist Gottes redet; und niemand kann Jesus einen Herrn heißen ohne durch den Heiligen Geist.« Jesus ist der Maßstab für die Beurteilung der Geisteswirkungen. Dort, wo das Evangelium von Jesus Christus verkündigt wird, dort, wo Menschen seinem Wort gehorsam werden, dort, wo sie seine in den Sakramenten Taufe und Abendmahl angebotenen Gaben gläubig annehmen, da ist der Heilige Geist am Werk. Anders gesagt: Wort und Sakrament sind die Mittel, die Werkzeuge des Heiligen Geistes. Weil Jesus in Wort und Sakrament zu uns kommt und weil der Heilige Geist der Geist Jesu Christi ist, deshalb gilt dieser Satz. Martin Luther hat von dieser Position aus die Auseinandersetzung mit den sogenannten Schwärmern geführt, die sich auf Offenbarungen Gottes, auf Wirkungen des Heiligen Geistes außerhalb und über die Heilige Schrift hinaus beriefen. Und ihm ging es dabei nicht um die kirchliche Reglementierung von freier denkenden Christen, sondern darum, dass der Glaube an den Herrn Jesus wirklich in der Mitte bleibt. Um Jesu willen kann man sogar von einer Selbstbindung des Geistes an Wort und Sakrament sprechen. Eben weil der Heilige Geist kein neues Evangelium bringt, sondern weil seine Aufgabe darin besteht, das Evangelium von Jesus an den Mann zu bringen, Menschen zu seiner Verkündigung auszusenden und bereit zu machen, Sündern den Trost der Vergebung zuzusprechen, deshalb vollzieht sich seine Wirksamkeit in Wort und Sakrament, deshalb ist dort, wo das Evangelium wahrhaft verkündet wird und die Sakramente der Einsetzung gemäß verwaltet werden, der Heilige Geist. Das bedeutet natürlich nicht, dass das Hören des Wortes und der Empfang der Sakramente automatisch zum Heil führen. Bereits der Apostel Paulus hat bei aller Hochschätzung der Sakramente gewusst, dass der menschliche Ungehorsam auch diese Gnadengaben wieder verspielen kann (1Kor 10,1 ff). Und erst recht gilt, dass nicht jede christliche Predigt Menschen zum Glauben bringen muss. Der Heilige Geist überwindet Menschen, wo und wann er will (CA V). Die Selbstbindung des Geistes an Wort und Sakrament bedeutet nicht, dass er nicht doch zugleich der souveräne Herr bliebe. Wir müssen uns deshalb davor hüten, der Predigt und der Austeilung der Sakramente, die ohne Erfolg in der Gemeinde bleiben, den Zusammenhang mit dem Heiligen Geist abzusprechen. Denn es ist eine Sache, dass der Geist die Predigt von Jesus bewirkt, und eine andere, dass er durch diese Predigt andere Menschen zum Bekenntnis zu Jesus führt.

b) Heiliger Geist und menschliche Freiheit

Mit den letzten Sätzen sind wir schon sehr nahe an das Problem herangekommen, das von dem Theologen Regin Prenter als die »Paradoxie des Heiligen Geistes« bezeichnet worden ist. Einerseits ist der Heilige Geist personale Macht, die allein Glauben im Menschen schafft, die ihn zum Christusbekenntnis fähig macht und seinen widerspenstigen Menschengeist überwindet. Auf der anderen Seite wirkt der Heilige Geist nur dort, wo der Mensch sich frei für Christus entscheidet. Die beste Predigt vermag nichts gegen die ablehnende Haltung des Hörers. Und auch die Sakramente sind ja keine Handlungen, die den Menschen gegen seinen Willen allein durch den Vollzug verwandeln. Wer die Wirkungen des Heiligen Geistes spüren will, der muss darum bitten, der muss ihn haben wollen.

Heiliger Geist und menschlicher Wille stehen in einem paradoxen Verhältnis zueinander. Auf der einen Seite schließen sie sich einander aus, auf der anderen bedingen sie sich gegenseitig. Der Heilige Geist verknechtet den Menschen. Er zwingt ihm seinen Willen auf. Denken wir nur an die Bekehrung des Paulus (Apg 9)! Selbst unsere bewusste und freiwillige Hingabe an Gott ist am Ende allein durch ihn gewirkt. »Ich glaube, dass ich nicht aus eigener Vernunft noch Kraft an Jesus Christus meinen Herrn glauben oder zu ihm kommen kann« (Kl. Kat.). Und trotzdem gilt zugleich das andere: Der Mensch kann sich dem Heiligen Geist widersetzen. Nur dort, wo wir uns Gott hingeben, da wirkt der Heilige Geist. Nur dort, wo wir lernen, dem Herrn Christus im Gehorsam und im Vertrauen unser ganzes Leben zu übergeben, werden wir Erfahrungen mit dem Heiligen Geist machen.

Auf eins soll am Ende der Lehre vom Heiligen Geist noch aufmerksam gemacht werden: die Spannung zwischen einem weiten Verständnis des Heiligen Geistes (von dem am Anfang des Kapitels im Zusammenhang mit dem Alten Testament die Rede war) und der deutlichen Einengung im Neuen Testament. Dort war der Geist Schöpferkraft und Prinzip allen Lebens, Macht, die die Menschheit und ihre Geschichte durchwaltet und bestimmt. Hier ist er der Geist, der in der christlichen Gemeinde wohnt, der von Jesus ausgeht und Menschen zu seinen Gläubigen und seinen Missionaren macht, eine Linie, die in der Kirche mitunter so weit gezogen wurde, dass der Heilige Geist vorwiegend als Geist des kirchlichen Amtes erschien. Es leuchtet ein, dass dabei der Missbrauch der Lehre vom Heiligen Geist zur Stabilisierung kirchlicher Machtverhältnisse vor der Tür steht. Auf der anderen Seite freilich reizt ein weiter Geistbegriff dazu, ein dogmatisches System von der Lehre vom Heiligen Geist her zu begründen. Wenn Gottes Geist Grundprinzip der Welt und allen Lebens ist, dann ist alles Sein, erst recht alles menschliche Sein, immer schon von Gott bewegt, dann lässt sich Jesus verstehen als exemplarische Vereinigung zwischen Geist und Welt, dazu Kirche und Sakrament als die Wege, auf denen diese Einheit für uns heute verwirklicht wird. Der Glaube aber ist die Offenheit für neue Erweise dieser Gegenwart. Tatsächlich haben solche Gedankengänge im Gegenzug gegen eine Verkirchlichung des Heiligen Geistes eine große Anziehungskraft. Sie sind besonders überzeugend in einer Zeit, in der der Glaube an den außerweltlichen persönlichen Gott vielen nicht mehr einleuchtet, während die Lehre vom Heiligen Geist die Vorstellung einer allumfassenden Gemeinschaft Gottes mit seinen Kreaturen ohne gesetzliche oder institutionelle Einschränkungen nahelegt. Trotzdem sollte eine christliche Theologie diesen Weg nicht weit mitgehen. Wo das Bekenntnis an den Christus Jesus als Grund unseres Glaubens in Geltung bleibt, kann die Lehre vom Heiligen Geist Christologie nur entfalten, aber nicht ersetzen. Es darf nicht übersehen werden, dass die Engführung der Lehre vom Heiligen Geist in erster Linie christologisch bestimmt ist. Allein die Bindung an den Namen Jesus kann uns davor schützen, dass die Theologie auf dem Weg über die Pneumatologie in den Idealismus, die Identifizierung von Menschengeist und Gottesgeist oder gar in den Pantheismus abgleitet. Das bedeutet zwar, dass die christliche Theologie bestimmte Ansätze des Alten Testaments nicht zu Ende führen kann, aber um der Ehre Christi willen muss dieser Verzicht geleistet werden. Gerade hier wird sich die trinitarische Grundstruktur der christlichen Dogmatik bewähren als das Gefäß, das biblische Vielfalt aufbewahrt, zugleich aber vor den gefährlichen Konsequenzen der spekulativen Vernunft schützt.

Kapitel 2 – Die Gegenwart Gottes in der Kirche

I DIE LEHRE VON DER KIRCHE

1 Der Ursprung der Kirche

Die Kirche ist ihrem Ursprung nach eine Stiftung des Fleisch gewordenen, gekreuzigten und auferstandenen Herrn.

Jedem Leser des Neuen Testaments ist deutlich, dass dem Heiligen Geist bei der Entstehung der Kirche entscheidende Bedeutung zukommt. Er bewirkt die Predigt, er leitet die Missionare, und er bekehrt die Zuhörer. Trotzdem wäre es falsch, wollte man allein von der Gegenwart des Heiligen Geistes in der Kirche reden. Obwohl der Platz der Lehre von der Kirche innerhalb des dritten Artikels ist, muss sie von der Trinität her verstanden werden. Die Kirche ist nicht

147

nur Werk des Heiligen Geistes, sie ist zugleich das Volk Gottes, des Vaters im Himmel, und sie ist eine Stiftung Jesu Christi. Nun hat es allerdings gerade im Blick auf die letzte Aussage theologische Auseinandersetzungen gegeben. Vor allem im protestantischen Raum wurde häufig die Auffassung geäußert, dass zumindest der historische Jesus nichts mit der Kirche zu tun habe, dass er sie nicht gewollt und schon gar nicht gestiftet habe. Freilich ist dies eine Sicht der Dinge, die die Kirche vor allem als festgefügte, hierarchische Institution, besonders mit Blick auf die römisch-katholische Kirche versteht. Aber wenn man die Evangelien liest, ergibt sich, dass Jesus vom ersten Tag seines Wirkens an Jünger und Jüngerinnen gesammelt hat, dass er die verschiedensten Menschen in seine Nachfolge ruft, mit ihnen lebt und durchs Land zieht, sie unterweist und bereits aussendet. Diese Jüngergemeinde wird dann – nach dem Zeugnis der Apostelgeschichte – zur Kirche. Gewiss lässt sich eine eindeutige Anweisung Jesu zur Gründung der Kirche im Neuen Testament nicht finden. Es gibt kein Wort aus dem Mund Jesu, das als Aufforderung zur Gründung einer Kirche zu verstehen wäre. Aber es finden sich eine ganze Reihe von Maßnahmen und Anordnungen Jesu, die in ihrer Gesamtheit als Stiftungsmaßnahmen bezeichnet werden können, weil sie alle darauf abzielen, dass die Predigt Jesu von anderen weiter getragen wird und dass diese Predigt auch in bestimmten Gemeinschaftsformen ihren Niederschlag finden soll. Zu nennen wären hier die in den Evangelien berichtete Aussonderung der Zwölf, dann die Aussendung der Zwölf und der siebzig Jünger (Mt 10; Lk 10), außerdem die Übergabe der Binde- und Lösegewalt (Mt 18,18; 16,19; Joh 20,23), die Aufforderung, das heilige Abendmahl zu wiederholen (1Kor 11,23 ff), und schließlich der Missionsbefehl (Mt 28,19 f). Aber stammen diese Worte wirklich alle von Jesus selbst? Die Bibelkritik hat das in vielen Fällen bestritten und hat in ihnen Bildungen der Gemeinde gesehen, die erst nachträglich Jesus in den Mund gelegt worden sind. Alles das, was mit der Gründung der Kirche zusammenhing, wollte in das Bild nicht hineinpassen, das sie sich vom historischen Jesus erarbeitet hatte. Aber nun behauptet ja auch das Neue Testament nicht, dass Jesus vor seinem Tod alles dies gesagt habe. Auf alle Fälle sind der Missions- und Taufbefehl in Mt 28 und die Übergabe der Binde- und Lösegewalt in Joh 20 eindeutig Worte des Auferstandenen. Gerade das Neue Testament macht immer wieder deutlich, dass erst das völlig unerwartete und die Jünger neu prägende Ereignis der Auferstehung und dass erst die Ausgießung des Heiligen Geistes erfolgen musste, bevor sie in der Lage waren, das Werk ihres Meisters, die Predigt des Evangeliums vom Reich Gottes weiterzuführen. Man lese dazu nur die Abschiedsreden im Johannesevangelium (Kap. 14 ff) und die Pfingstgeschichte (Apg 1 und 2). Ohne die Auferstehung und den Heiligen Geist ist die Kirche nicht denkbar. Und damit ist zugleich gesagt, dass sie nur teilweise aus den Evangelien zu begründen ist. Trotzdem aber ist sie eine Stiftung des Herrn Jesus Christus, weil Jesus nicht nur der historische, der Fleisch gewordene, sondern auch der gekreuzigte und auferstandene ist und weil der Heilige Geist der Geist Jesu Christi ist. Nur wenn ich Jesus und den Heiligen Geist voneinander trenne, kann ich an der Stiftung der Kirche durch Jesus Christus zweifeln. Wir haben es hier mit dem gleichen Problem zu tun, das uns bereits im Zusammenhang der Christologie begegnete: Wer sich dazu entschließt, in Jesus nur den Wanderprediger, den jüdischen Rabbi zu sehen, der verbaut sich selbst den Zugang zum neutestamentlichen Zeugnis vom gekreuzigten und auferstandenen Herrn und damit auch zum Verständnis der Kirche.

2 Das Wesen der Kirche

Die Kirche ist das Gottesvolk des Neuen Bundes, das in der Nachfolge Christi zur Martyria, zur Diakonia und zur Leiturgia berufen ist.

Was aber haben wir nun genauer unter dieser von Jesus Christus gestifteten Kirche zu verstehen? Worin besteht ihr Wesen? Das unserem Begriff »Kirche« entsprechende neutestamentliche Wort heißt ekklesia. Es bedeutet im Griechischen soviel wie Volksversammlung. Im Neuen Testament ist sein Gebrauch allerdings bereits durch die griechische Übersetzung des Alten Testaments, die Septuaginta, vorgeprägt. Dort wird ekklesia benutzt als Bezeichnung für die alttestamentliche Bundesgemeinde, für die Versammlung des alttestamentlichen Gottesvolkes. Das Wort ekklesia ist im Neuen Testament also bereits theologisch qualifiziert. Es meint das Gottesvolk des Neuen Bundes. Besonders deutlich werden diese Beziehungen im 1. Petrusbrief (2. Kap.), wo unter Berufung auf das Alte Testament die Christen als das »königliche Priestertum« und das »heilige Volk« bezeichnet werden. Aber auch an anderer Stelle, z. B. im Hebräerbrief (4. Kap.), wird die Parallele vom alten Volk Israel zur Kirche gezogen. Genauso wie das Volk Israel das vor allen Völkern der Erde erwählte und herausgerufene Volk ist, so ist die Kirche die Schar der Erwählten und Herausgerufenen, die Schar der geheiligten Menschen. Wie das Volk Israel einst unterwegs war durch die Wüste in das Gelobte Land, so ist die Gemeinde unterwegs zur ewigen Heimat bei Gott. Bei beiden kommt es trotz aller Berufung und Führung durch Gott darauf an, dass die Treue und der Gehorsam gegen den Herrn durchgehalten werden, sonst ist das Ziel nicht zu erreichen (1Kor 10).

Aber damit erschöpft sich die neutestamentliche Lehre von der Kirche noch nicht. Es gibt noch eine ganze Reihe weiterer Aussagen über die Kirche, durch die ähnliche Gedanken zum Ausdruck gebracht werden: etwa das Bild vom Tempel Gottes, zu dem sich die Gläubigen als lebendige Steine zusammenfügen (1Petr 2,5), oder das Bild von der Braut, die in Treue auf den Bräutigam wartet (Offb 21,2), oder das Bild von der Herde, die auf die Stimme des Hirten hört, der sie gegen den Wolf verteidigt und zur frischen Weide führt (Joh 10). In all diesen Bildern wird deutlich, dass die Kirche die Gemeinde der von Gott berufenen und geführten Menschen ist. Das Verhältnis zwischen Gott bzw. Jesus Christus und der Kirche ist ein Gehorsamsverhältnis, in dem es selbstverständlich auf Seiten des Menschen immer wieder den Abfall, das Versagen, den Ungehorsam geben kann. Eine andere Seite des Wesens der Kirche wird beleuchtet durch die neutestamentliche Rede, dass die Kirche der Leib Christi sei. Hier geht es weniger um ein Gehorsamsverhältnis zwischen Christus und Gemeinde, sondern um einen organischen Zusammenhang. So wie die Glieder eines Leibes aufeinander angewiesen sind, wie eines ohne das andere nicht bestehen kann, so besteht auch zwischen Christus und der Kirche und von einem Gläubigen zum anderen ein Lebenszusammenhang, in dem einer dem anderen dient und alle vom Dienst und von der Hingabe Christi ihre Kraft empfangen (Röm 12; 1 Kor 12; Eph 1; Kol 1). Für die neutestamentlichen Schriftsteller geht es dabei um mehr als einen Vergleich. Für sie ist die Einheit des Leibes eine geheimnisvolle, vom Heiligen Geist gewirkte Tatsache (1Kor 12,12 f), die nicht in erster Linie auf dem gehorsamen Willen des einzelnen Gliedes, das zum Leib der Kirche gehören will, sondern auf der Liebe Jesu zu seiner Gemeinde beruht. So macht gerade die Rede vom Leib Christi deutlich, dass die Kirche mehr ist als eine menschliche Vereinigung. Sie ist mehr als die Summe ihrer Glieder; und die Kraft, die sie erhält, ist mehr als der Wille einzelner Menschen, in Gemeinschaft miteinander zu bleiben: In der Kirche ist der lebendige Christus selbst gegenwärtig.

Für die Lehre von der Kirche ist es wesentlich, dass beide Arten, das Verhältnis zwischen Christus und Kirche zu beschreiben, nämlich einmal als Gehorsamsverhältnis und dann als organischen Zusammenhang, nebeneinander in Geltung bleiben. Denn dort, wo man zu einseitig auf den Gedanken des Gehorsams der Gemeinde gegenüber dem Herrn Christus festgelegt ist, fällt man sehr leicht dem Missverständnis zum Opfer, als sei dieser menschliche Gehorsam es am Ende, der die Kirche konstituiert. Wo man aber nur noch von der Kirche als dem Leib Christi reden möchte, kommt es bald zu einer Gleichsetzung von Christus und Kirche, so dass man der Kirche die gleiche Würde und die gleiche Unfehlbarkeit zuspricht, die allein Christus gehört. Das erste Missverständnis findet sich vorwiegend im Protestantismus, das zweite im Katholizismus. Der Wahrheit werden wir dort am nächsten kommen, wo wir beide Gesichtspunkte zur Geltung bringen.

Aber es kann bei der Erörterung über das Wesen der Kirche nicht nur darum gehen, das Verhältnis zwischen Christus und der Kirche zu beschreiben, sondern es kommt darauf an, dass wir – ausgehend von der Einheit zwischen Christus und seiner Gemeinde – ihre Aufgaben im Blick auf die Welt und im Blick auf Gott ins Auge fassen. Schon die oben angeführten Stiftungsmaßnahmen der Kirche machen deutlich, dass sie im Zusammenhang mit bestimmten Aktionen entsteht. Sie wird gestiftet und ins Leben gerufen, indem der Herr seine Jünger in Bewegung setzt. Am deutlichsten wird das im Zusammenhang mit dem Missionsbefehl. Kirche ist dort, wo die Martyria, das Zeugnis von Jesus Christus, erklingt. Weil Menschen mit dieser Aufgabe betraut sind, gibt es Kirche. Und wo Kirche ist, da ist ihr diese Aufgabe gestellt, in der Welt die Versöhnungsbotschaft weiterzusagen (2Kor 5,18 f). Ähnliches gilt von der Diakonia. Jesus erwartet von seinen Jüngern, dass sie die Rolle des Dieners übernehmen (Mt 20,26 ff; Joh 13,13 ff), so wie er selbst zum Diener der vielen geworden ist. Auch die Diakonie gehört deshalb zu den grundlegenden Lebensvollzügen der Kirche. Dort, wo die Kirche in Übereinstimmung mit ihrem Herrn lebt, findet auch dieser freiwillige Liebesdienst am anderen statt. Aber nicht nur auf den anderen und auf die Welt hat sich die Aktivität der Kirche zu richten. Es gibt in der Kirche auch einen Auftrag im Blick auf Gott, den Auftrag zum Gottesdienst, zur Leiturgia. Nicht umsonst bezeichnet der 1. Petrusbrief (2,9) die Gemeinde als »königliche Priestertum«, und auch die Offenbarung Johannes weiß etwas von der priesterlichen Funktion der Gläubigen (Offb 1,6). Die Kirche hat den

Auftrag, als die Schar derer, die aus der Menschheit herausgerufen sind, vor Gott zu stehen und stellvertretend das schuldige Lob- und Dankopfer darzubringen. Hier ist die Begründung für den in der evangelischen Kirche geläufigen Begriff des allgemeinen Priestertums der Gläubigen. Wir sind alle Priester, weil wir alle zum Lob Gottes und zum Gebet für die Welt berufen sind, weil wir alle dazu berufen sind, uns selbst als Opfer vor Gott darzubringen. In Martyria, Diakonia und Leiturgia vollzieht sich die Aufgabe der Kirche. Und sie tut damit nichts, was über das Werk Jesu Christi hinausgeht, sondern sie bekommt nur Anteil an dem, was Jesus beispielhaft und ein für allemal getan hat. Ja man kann sogar diese drei Funktionen der Kirche mit den drei Ämtern Jesu Christi in Beziehung bringen: Durch die Martyria entspricht die Kirche dem prophetischen Amt Jesu, durch die Leiturgia entspricht sie seinem priesterlichen Amt, und die Diakonia schließlich lässt sich seinem königlichen Amt zuordnen, wobei man freilich die Verborgenheit des Königtums Jesu in seinem Erdenleben in den Vordergrund stellen müsste. Auf alle Fälle kommt es darauf an, dass wir alle diese Aktivitäten der Kirche in engster Verbindung zum Werk Christi sehen. Jesus ist mehr als der Begründer einer Institution. Jesus stellt nicht nur gewisse Aufgaben, deren Erfüllung der Zweck der Kirche ist, sondern gibt der Kirche Anteil an dem, was er selbst ist. Das bedeutet für die Kirche: Sie kann durch die Erfüllung dieser Aufgaben weder ihre Existenzberechtigung nachweisen noch durch Nichterfüllung sie verlieren. Die Existenzberechtigung der Kirche liegt ganz und gar bei ihrem Herrn, der der wirkliche Prophet, Priester und König ist. Aber indem die Kirche diesem Herrn gehorcht und in der Lebensgemeinschaft mit ihm bleibt, hat sie Anteil an dem, was Christus tut.

3 Die Kirche und die letzten Dinge

In der Kirche bricht schon jetzt mitten in der alten Welt der Sünde die ewige Herrlichkeit an.

Auch die Kirche gehört genauso wie die Ausgießung des Heiligen Geistes bereits in die Endzeit hinein. Eben weil sie Geschöpf des Heiligen Geistes ist, ist sie mehr als eine menschliche Organisationsform, mehr als eine Religionsgemeinschaft. Sie ist der Beginn der neuen Menschheit, einer Menschheit, wie Gott sie haben will, gereinigt von Sünde und in ewiger Gemeinschaft mit ihm. Das Neue, das in der Kirche beginnt, sprengt alle bisherige Menschengeschichte. Es ist mitten in dieser Zeit Anbruch der Ewigkeit. Freilich ist dies nur eine Seite der Kirche. Zwar bricht in der Kirche die Herrschaft Gottes an, aber sie ist nicht selbst das Reich Gottes. Wenn oben im Leitsatz davon die Rede war, dass hier, »mitten in der alten Welt der Sünde«, das Neue beginnt, dann ist damit nicht nur eine Ortsbestimmung gegeben. Die Kirche lebt nicht nur inmitten der alten Welt, sie ist zugleich auch ein Teil von ihr. Die Kirche ist ein corpus permixtum, gemischt aus Sündern und wirklichen Gläubigen. Bis zum Weltgericht wird das so bleiben. Erst dann erfolgt die endgültige Scheidung (Mt 13,24 ff; 47 ff; 22,11 ff). Weil die Kirche auf der Schwelle zwischen Altem und Neuem, Zeit und Ewigkeit steht, muss sie immer unter doppeltem Aspekt betrachtet werden. Sie ist auf der einen Seite Gemeinschaft der Sünder. Als solche braucht sie immer wieder die Predigt des Gesetzes Gottes, die sie kritisiert und zurechtweist. Sie braucht den Ruf zur Buße und den Freispruch des Evangeliums. Sie ist Bestandteil der alten Welt und wartet sehnsüchtig auf die endgültige Verwirklichung des Reiches Gottes (Röm 8,23 ff). Auf der anderen Seite ist die Kirche die Gemeinschaft derer, die im Glauben die Vergebung ihrer Schuld empfangen haben. Wo aber Vergebung ist, da wird schon heute etwas von der zukünftigen Herrlichkeit vorweggenommen, da wirkt der Heilige Geist, da ist die Kirche nicht nur wartende und missionierende sondern bereits feiernde Kirche.

Mit diesem doppelten Aspekt bei der Betrachtung der Kirche hängt auch die Gegenüberstellung von sichtbarer und unsichtbarer Kirche zusammen. Das, was oben über die Verborgenheit des Heiligen Geistes gesagt worden ist, findet hier bei der Kirche seine praktische Anwendung. Die wahre Kirche ist so wenig nachweisbar wie die Gegenwart des Heiligen Geistes. Die Zahl der wirklich Gläubigen, der vom Heiligen Geist erfüllten und getriebenen Menschen, ist unbekannt. Und erst recht ist es unmöglich, das qualitativ Neue, das, was aus der Ewigkeit in der Kirche gegenwärtig wird, dem menschlichen Verstand einsichtig zu machen und nachzuweisen. Die wahre Kirche ist unsichtbar. Sie kann nicht bewiesen werden, sondern ist Gegenstand des Glaubens. Andererseits ist die Kirche eine äußere, sichtbare Gemeinschaft. Weil der Heilige Geist in den sichtbaren und hörbaren Zeichen von Wort und Sakrament wirkt, ist auch die Kirche notwendigerweise immer zugleich sichtbare Kirche, eben die Gemeinschaft derjenigen, die Hörer des Wortes und Empfänger der

Sakramente sind. Wort und Sakrament sind die Erkennungszeichen (notae) der Kirche. Dabei muss deutlich bleiben, dass diese sichtbare Kirche nicht etwa als eine Abart der wahren Kirche, als ein notwendiges Übel betrachtet werden darf. Die Sichtbarkeit der Kirche ist kein Mangel, sondern die Voraussetzung dafür, dass das Evangelium die Menschen erreichen kann. Sie ist genauso heilsnotwendig wie die Menschlichkeit Jesu, wie die sogenannte Fleischwerdung des Wortes. Weil Gott in diese alte Welt gekommen ist, um sie zu retten, deshalb hat die Kirche sichtbare Gestalt. Dies muss gegenüber allen Versuchen, das Wesen der Kirche allein im Geistigen zu sehen, betont werden. Es geht beim christlichen Glauben nicht um eine Weltanschauung, deren Platz das verborgene Reich der Herzen und Hirne ist, sondern der christliche Glaube will den ganzen Menschen ergreifen und deshalb auch in der den ganzen Menschen umfassenden Gemeinschaft der Kirche Gestalt gewinnen. So ist die wahre Kirche immer zugleich sichtbar und unsichtbar. Sie ist verborgen unter der äußeren Gestalt einer Religionsgemeinschaft mit ihrer oft sehr wechselvollen und allzu menschlichen Geschichte. Und sie wird dennoch sichtbar, wo das Wort Gottes verkündet und die Sakramente ausgeteilt werden.

Schließlich soll in diesem Zusammenhang noch ein Blick auf die vier, im Nicaenoconstantinopolitanum genannten Eigenschaften der Kirche – dass sie die eine, heilige, katholische und apostolische sei geworfen werden. Auch diese vier Eigenschaften scheinen ja, wie so vieles, was rühmend über die Kirche gesagt wird, im Widerspruch zur Wirklichkeit zu stehen. Die Einheit der Kirche steht im Widerspruch zur konfessionellen Spaltung. Die Heiligkeit widerspricht dem offensichtlichen Sündersein der Christen. Aber auch katholisch, d. h. welt- und menschheitsumspannend, ist faktisch weder irgendeine Konfessionskirche noch die Christenheit als ganze. Und schließlich lassen sich sogar Zweifel an der Apostolizität, an der Übereinstimmung der Kirche mit der apostolischen Überlieferung begründen. Die gesamte Kirchengeschichte lässt sich darstellen als ein fortgesetztes Abweichen von der apostolischen Überlieferung, wie sie uns im Neuen Testament gegeben ist. Alle diese vier Eigenschaften sind nicht als Beschreibungen der gegenwärtigen, sichtbaren Kirche zu verstehen. Sie gelten aber im Blick auf das, was verborgen und unsichtbar in der Kirche anbricht. Sie stellen nicht das Bestehende fest, sondern orientieren den Glauben auf das Ziel, dem die Kirche entgegengeführt wird. So ist die Kirche die »eine« im Blick auf den kommenden Herrn Christus. Er wird die vollkommene Einheit, die es in der Geschichte der Kirche auch in neutestamentlicher Zeit nie gegeben hat, verwirklichen. Und sie ist die »heilige«, nicht auf Grund der Qualitäten ihrer Glieder, sondern durch den Herrn Christus, der gerecht spricht und Sünden vergibt, und den Heiligen Geist, der in ihr wirkt. Vom Ziel, von der Zukunft her, ist dann auch die Katholizität zu verstehen. Die Kirche ist welt- und menschheitsumspannend, weil Jesus Christus der Herr der Welt, der Kosmokrator, ist, der seine Boten im Missionsbefehl zu allen Völkern gesandt hat. Und schließlich ist auch das apostolische Zeugnis, obwohl es die Grundlage der Kirche darstellt, immer zugleich das Ziel, dem sich die Kirche anzunähern hat. Deshalb ist die Kirchengeschichte nicht nur die Geschichte des Abfalls, sondern auch die Geschichte immer neuer Reformationen, immer neuer Rückkehr zum apostolischen Ursprung, immer neuer Rückkehr und Annäherung zu Christus, der die Wahrheit verkörpert, um die es in der Kirche geht. Auch dies ist ein Vorgang, der in dieser Welt nicht zum Abschluss kommt. Die volle apostolische Wahrheit ist der Vollendung vorbehalten. Bei allen vier Eigenschaften handelt es sich also um Glaubensaussagen im vollen Sinne des Wortes. Sie beschreiben nicht die empirische Wirklichkeit der Kirche. Trotzdem sind wir in der gewissen Hoffnung auf die Vollendung schon jetzt berechtigt, die Kirche als die »eine, heilige, katholische und apostolische« zu bekennen.

4 Die Gestalt der Kirche

Die Gestalt der Kirche in der Welt wird bestimmt auf der einen Seite durch ihren in der Heiligen Schrift bezeugten Auftrag, auf der anderen Seite durch die Bedingungen, die die jeweilige Zeit für die Erfüllung dieses Auftrages bietet.

a) Institution und Geist

Die Kirche muss notwendigerweise äußere Gestalt annehmen. Dies wurde bereits deutlich im Zusammenhang mit der Berufung der Kirche zur Martyria, Diakonia und Leiturgia, und dies war auch der Hintergrund für die Unterscheidung von sichtbarer und unsichtbarer Kirche. Aber »äußere Gestalt der Kirche« bedeutet nicht nur, dass bestimmte Funktionen erfüllt werden und dass man einzelne Men-

schen in der Öffentlichkeit als Christen bezeichnet, äußere Gestalt
der Kirche bedeutet vor allem auch Institution. Die Kirche ist eine Institution, eine Religionsgemeinschaft mit Rechten und Pflichten für
die Mitglieder, mit Ämtern und Zuständigkeiten, mit Verfassungen
und Gesetzen. Die Klage über diese Institutionalisierung der Kirche
ist weit verbreitet. Man rühmt zu gern die Freiheit des Geistes, der
»weht, wann und wo er will« (CA V), der sich eben gerade nicht in
Institutionen einfangen lässt, sondern seine Gaben frei verteilt. Manche Abspaltung von der Kirche ist entstanden als Protest gegen die
kirchliche Institution, weil sie der Predigt des Evangeliums oder vielleicht auch irgendwelchen neuen Erkenntnissen hemmend im Wege
stand. Aber auch diese neuen Kirchen und Gemeinschaften sind dem
Schicksal der alten Kirche nicht entgangen: Sie haben alle sehr bald
wiederum ihre Institution ausgebildet, ihre Gesetze und Ordnungen
erarbeitet, die sich zwar in der Regel von dem, was früher galt, unterschieden, die aber auch Institution darstellten. Im Streit zwischen der
Freiheit des Geistes und der kirchlichen Institution kann es deshalb
keine letzte Entscheidung für die eine oder andere Seite geben. Beide müssen sich, wenn auch oft auf dem Wege über spannungsreiche
Auseinandersetzungen, gegenseitig ergänzen. Die Begabungen, die
sich auf Grund der Freiheit des Heiligen Geistes immer wieder in
der Gemeinde ohne Rücksicht auf die kirchliche Ordnung finden,
sollen die Institution mit neuem Leben erfüllen. Und umgekehrt soll
die Institution die Kontinuität, den Zusammenhang der Christen
verschiedener Herkunft, verschiedener Generationen, verschiedener
Zeiten und Kulturen, gegenüber den je und je auftretenden Gnadengaben wahren. Und dies ist auch die Linie, die sich. bereits im Neuen
Testament aufzeigen lässt. Die neutestamentlichen Gemeinden sind
offensichtlich geprägt gewesen von einer Fülle besonderer Begabungen. Trotzdem lassen sich auch dort schon die Anfänge kirchlicher
Ordnung beobachten. Man lese nur die Anweisungen, die der Apostel Paulus seinen Gemeinden in seinen Briefen gibt.

Freilich sind in neuerer Zeit die Angriffe gegen die kirchliche
Institution noch von einer anderen Seite her geführt worden. Im Zusammenhang mit der Erkenntnis, dass in der ehemals christlichen
Welt der Einfluss des Glaubens auf die Menschen immer mehr zurückgeht, hat man den Auftrag, den die Kirche gegenüber den Nicht-
christen hat, hervorgehoben. Dabei haben die Mission und neuer-
dings auch die Diakonie immer stärker an Bedeutung gewonnen bis
dahin, dass man Formulierungen geprägt hat wie: »Die Kirche ist

Mission«, oder: »Die Kirche ist Diakonie«. Die kirchliche Institution kommt dabei sehr schnell in den Ruf, dass sie das beharrende, weltabgekehrte Prinzip sei, dass sie die Kirche dazu verführe, sich als Selbstzweck zu betrachten und den ihr vom Herrn gegebenen Auftrag zu vernachlässigen. Aber so sehr dieser Vorwurf auch gegenüber bestimmten Formen und vor allem gegenüber einzelnen Vertretern kirchlicher Institution seine Berechtigung haben mag, die Sache selbst wird dabei im Grunde nicht getroffen. Ganz abgesehen von allen theologischen Gesichtspunkten, ist es ein Lebensgesetz aller menschlichen Gemeinschaften, dass neben der nach außen wirkenden Aktivität das beharrende und konzentrierende Element da sein muss. Auf die Kirche angewendet, bedeutet das: Es muss neben der Mission, der Sendung in die Welt, als deren Voraussetzung, aber auch als deren Ziel, die versammelte und durch die Mission neu gesammelte Gemeinde geben. Sammlung und Sendung sind zwei Dinge, die unbedingt zusammengehören. Und ähnliches gilt von der Diakonie: Voraussetzung für diakonische Aktivität ist eine vom Heiligen Geist bewegte und getriebene Gemeinde. Nur dort kann es »Kirche für die anderen« geben, wo es Kirche gibt, nämlich unter Wort und Sakrament im Glauben versammelte Menschen. Genau dies aber ist der Punkt, an dem sich kirchliche Institution bewährt, ja von neuem herausbildet und weiterentwickelt. Gerade damit Mission und Diakonie geschehen können, ist Ordnung und Organisation der Gemeinde notwendig. In diese Richtung weisen übrigens auch die im Neuen Testament gebrauchten Bilder von der Kirche. Ganz gleich, ob vom Volk Gottes, vom Leib Christi, von der Herde oder vom Tempel geredet wird, immer ist die Kirche nicht nur eine Aktion, sondern zugleich etwas Bestehendes, eine Gemeinschaft, die nach institutioneller Gestaltung verlangt.

b) Göttliches und menschliches Recht

Damit ist freilich noch nichts darüber gesagt, wie die Institution Kirche konkret aussehen soll. Wie ist die Kirche zu organisieren? Was darf man verändern? Was sind die Dinge, die unter keinen Umständen anders werden dürfen, wenn die Kirche Kirche des Herrn Jesus bleiben will? Das alles sind wichtige Fragen. An ihnen haben sich im Grunde die meisten Debatten entzündet. Und auch dort, wo die kirchliche Institution völlig abgelehnt wurde, war in der Regel nur eine bestimmte Form gemeint, die man mit der Sache selbst verwechselte. Wie soll man das Wesentliche vom Unwesentlichen, das Unveränderbare vom Veränderlichen in der kirchlichen Ordnung unterscheiden? Man hat diese Problematik häufig mit Hilfe der Begriffe »göttliches oder menschliches Recht« (iure divino oder iure humano) erörtert. Dabei spielt der Bezug auf die Bibel, vor allem auf das Neue Testament eine wichtige Rolle. In der Reformation war dies bei der Auseinandersetzung mit der Kirche des Mittelalters die entscheidende Frage, etwa bei der Kritik an der Siebenzahl der Sakramente, aber auch im Blick auf Mönchtum und Zölibat oder auch bei der Gestaltung des Bischofsamtes. Überall hat die Unterscheidung, was ist menschliche Ordnung – kann also verändert werden – und was ist Gottes Ordnung, die unbedingt zu beachten ist, eine entscheidende Rolle gespielt.

Ansätze für die Unterscheidung von göttlichem und menschlichem Recht finden sich bereits im Neuen Testament, etwa wenn der Apostel Paulus ausdrücklich betont, dass er bestimmte Regeln als seine persönliche Meinung den Gemeinden empfiehlt, während er sich an anderen Stellen ausdrücklich auf den Herrn Christus beruft (z. B. 1Kor 7,7ff; 11,23). Damit ist aber auch bereits deutlich: Als göttlichen Rechts kann man nicht einfach alles das bezeichnen, was bereits im Neuen Testament im Blick auf kirchliche Ordnung erwähnt wird. Gerade die lutherische Tradition zeichnet sich dadurch aus, dass man nicht versucht hat, vom Neuen Testament her eine neue Kirchenordnung zu konstruieren. Vielmehr wurde das Bestehende nur dort verändert, wo es mit dem Wort Gottes in Widerspruch stand. Trotzdem bleibt die Frage: Was in der Kirche ist göttlichen Rechts? Es liegt nahe, die Antwort bei den Aussagen über das Wesen der Kirche zu suchen. Martyria, Diakonia und Leiturgia geben die Grundlinien für das, was in der Kirche zu allen Zeiten zu gelten hat. Oder anders ausgedrückt: Göttlichen Rechts und damit allen menschlichen Reformbestrebungen entzogen ist allein der von Jesus Christus der Kirche gegebene Auftrag, wie er im Befehl der Verkündigung des Evangeliums und der Einsetzung der Sakramente zum Ausdruck kommt. Wortverkündigung und Sakramentsverwaltung sind deshalb der unveränderbare Kern einer Grundordnung der Kirche. An ihr muss sich jede konkrete Ausgestaltung kirchlicher Institution orientieren. Das bedeutet dann aber auch, dass die Formen, in denen sich die Erfüllung dieses Auftrages vollzieht, menschlichen Rechts sind, d. h., dass sie von uns je nach den Erfordernissen der Zeit verändert werden können. Hier ist ein wichtiger Ansatzpunkt für die kritische Funktion der Theologie gegenüber der kirchlichen Institution. Die Theologie hat nachzuprüfen, ob die Institution mit der Grundordnung, wie sie durch Wort und Sakrament gegeben ist, noch übereinstimmt, und vor allem, ob sie der Erfüllung des Auftrags der Kirche unter den gegenwärtigen Verhältnissen dient oder dieser etwa gar schadet. Diese kritische Überprüfung der kirchlichen Institution ist zu allen Zeiten notwendig gewesen. Denn es besteht immer wieder die Neigung, das Althergebrachte mit der unveränderbaren göttlichen Ordnung zu verwechseln. Und diese Aufgabe ist in unserer Zeit besonders wichtig, weil die Veränderungen der Volkskirche in unseren Tagen tiefgreifende Entscheidungen auch im Blick auf die zukünftige Gestalt unserer Kirche von uns fordern.

5 Das kirchliche Amt

Jesus Christus hat das Amt eingesetzt, damit das Evangelium verkündigt und die Sakramente verwaltet werden können. In der Erfüllung dieser Aufgabe hat es seine Vollmacht und seine Grenze.

Das, was im vorigen Abschnitt über die iure divino geltende Grundordnung der Kirche gesagt wurde, bedarf einer wichtigen Ergänzung: Wortverkündigung und Sakramentsverwaltung können nur geschehen, wenn es dafür beauftragte und bevollmächtigte Menschen gibt. Nicht umsonst folgt in der CA auf den Artikel IV »Von der Rechtfertigung« Artikel V »Vom Predigtamt«: »Solchen Glauben zu erlangen, hat Gott das Predigtamt eingesetzt«, das Amt der Evangeliumsverkündigung und der Austeilung der Sakramente. Das Amt spielt sowohl in der Kirchengeschichte als auch im Neuen Testament, heute besonders aber in der ökumenischen Diskussion eine entscheidende Rolle. Während im evangelischen Bereich vor allem der Dienstcharakter des Amtes betont wird, sehen die katholische und die orthodoxe Kirche darin so etwas wie die Grundstruktur der Kirche. Nach deren Auffassung gehört zum Wesen der Kirche eine hierarchische Verfassung in Gestalt des dreifachen Amtes von Bischof, Priester und Diakon. Was ist vom Wort Gottes her zu diesem Thema zu sagen? Zunächst ist festzuhalten: Das Amt hat gegenüber Wort und Sakrament dienenden Charakter, aber es ist zu diesem Dienst nicht etwa von der Gemeinde, sondern vom Herrn der Kirche selbst eingesetzt. Von Anfang an gab es in der Kirche nicht nur die um Wort und Sakrament versammelte Gemeinde, sondern auch einzelne mit besonderer Vollmacht ausgestattete und mit der Verkündigung des Evangeliums beauftragte Männer, die in Erfüllung dieses Auftrages im Namen Jesu der Welt und auch der Gemeinde gegenüberzutreten hatten. Mit demselben Recht, mit dem wir von der Stiftung der Kirche durch Jesus Christus gesprochen haben, kann man auch von der Stiftung des Amtes durch ihn reden. Denn die Stiftungshandlungen der Kirche, die Berufung und Aussendung der Zwölf, die Übertragung der Binde-und Lösegewalt, der Missionsbefehl und die Einsetzung des Abendmahls, sind zugleich Beauftragungen bestimmter Menschen mit diesem Dienst. Dies gilt in den Evangelien vor allem im Blick auf die Zwölf, die offensichtlich schon zu Lebzeiten Jesu innerhalb seiner Anhängerschaft eine Sonderstellung eingenommen haben. Fortgesetzt wird diese Linie durch das, was in der Apostelgeschichte über die Bedeutung der Apostel in der Jerusalemer Urgemeinde steht, und sie wird schließlich besonders eindrucksvoll vertreten durch das, was Paulus über sich selbst und die von ihm beanspruchte Autorität gegenüber seinen Gemeinden schreibt (1Kor 4; 2Kor 3 u. 4). Der Apostel steht an der Stelle des erhöhten Herrn. Er ist »Botschafter an Christi Statt« (2Kor 5,20). Er repräsentiert Christus. Von ihm gilt das Wort Jesu: » Wer euch hört, der hört mich« (Lk 10,16). Das Wort der Vergebung, das er spricht, hat Christus gesprochen. Und die Ablehnung, die ihm zuteil wird, trifft Christus.

Aber so hoch auch die Stellung des Apostelamtes innerhalb des Neuen Testaments sein mag, für die Bedeutung des Amtes in der späteren Kirche ist damit noch wenig gesagt. Zwar hat sich die Kirche schon sehr früh dafür entschieden, dass die Apostel Nachfolger haben müssen, aber der Rang dieser Nachfolge war von Anfang an viel niedriger. Für die ersten Gemeinden, deren Glieder in ihrer überwältigenden Mehrheit Jesus nie gesehen hatten, waren die Apostel die unanfechtbare und unersetzbare Autorität, die Garanten für die wahrheitsgetreue Überlieferung der Christusbotschaft. Nicht umsonst gehört zu den vier Grundeigenschaften der Kirche nach dem Nicaenoconstantinopolitanum ihre Apostolizität. Ihr einmaliger Vorrang wurde auch später, als sich der sogenannte monarchische Episkopat, das mit großer Vollmacht ausgestattete Bischofsamt, herausbildete, nicht in Frage gestellt. Trotz dieses Unterschiedes aber hat die alte Kirche ihr grundlegendes Amtsverständnis vom Apostelamt abgeleitet. Die Bischöfe waren zwar keine Apostel, aber sie galten als deren Nachfolger, sie waren wie sie Christusrepräsentanten, hatten wie sie über Lehre und Leben der Gemeinden zu wachen, nur mit dem Unterschied, dass die Nachfolger dabei an die Weisungen ihrer

Vorgänger, der Apostel, gebunden waren, wie man sie inzwischen im neutestamentlichen Kanon verbindlich zusammengestellt hatte.

Freilich ist diese Begründung des kirchlichen Amtes vom Apostelamt her in der Kirche nicht unwidersprochen geblieben. Während die großen Kirchen, die römisch-katholische, die orthodoxe, aber auch die anglikanische und zum Teil die lutherische sich an einem Amtsverständnis orientierten, das den Amtsträger als Gegenüber der Gemeinde, eben als den, der Christus für die Gemeinde repräsentiert, betrachtete, gab es vor allem seit der Reformationszeit immer wieder den Versuch, das kirchliche Amt vom sogenannten allgemeinen Priestertum aller Gläubigen abzuleiten, indem man von der Vorstellung ausging, dass die Gemeinde aus praktischen Gründen besonders geeignete Glieder aus ihrer Mitte auswählen und mit dem Amt beauftragen sollte. Im Neuen Testament kann man sich dabei neben 1 Petr 2, der berühmten Belegstelle für das allgemeine Priestertum, auch auf 1 Kor 12 berufen, wo Paulus im Zusammenhang der Vielfalt der Geistesgaben in der Gemeinde auch von den Ämtern redet und dabei auch das Apostelamt durchaus nicht der Gemeinde als etwas Besonderes gegenüberstellt, sondern es in die Aufzählung der Begabungen mit einreiht. Der Streit um diese verschiedenen Begründungen des kirchlichen Amtes wird immer wieder heftig geführt. Er erhält seine Schärfe freilich nicht so sehr von den theologischen und exegetischen Gegensätzen, die ihm zugrunde liegen, sondern daher, dass hier wie bei allen Fragen der Kirchenordnung soziologische und kirchenpolitische Gesichtspunkte mit hinein spielen. Denn einerseits geschieht es immer wieder, dass die auf die Christusrepräsentation begründete geistliche Vollmacht der kirchlichen Amtsträger in einen sozialen und zum Teil sogar politischen Vorrang umgemünzt wird, den dann die Vertreter der Kirche mit ihrer geistlichen Vollmacht verwechseln und möglicherweise statt ihrer verteidigen. Auf der anderen Seite geschieht es, dass demokratische Bestrebungen, die sich gegen die Privilegien der Geistlichkeit richten, meinen, mit den sozialen Vorrechten auch die theologische Begründung des Amtes aus den Angeln heben zu müssen. Beispiele dafür gibt es genug. Denken wir nur an den Kampf der römisch-katholischen Kirche um den Kirchenstaat oder an die Stellung, die der evangelische »Pfarrherr« alten Stils in der kirchlichen und politischen Gemeinde einnahm. Allerdings werden wir uns auch innerhalb des theologischen Raumes vor einer Überbewertung des Amtes hüten müssen. Es muss klar bleiben, dass Amt und Gemeinde immer zusammengehören. Wenn im Laufe der Kirchengeschichte die Meinung aufkommen konnte, als seien im Grunde die Amtsträger, die Bischöfe und Priester, die Kirche, dann ist das gewiss nicht im Sinne des Neuen Testaments. Martin Luthers Wort: »Es weiß gottlob ein Kind von sieben Jahren, was die Kirche sei, nämlich die heiligen Gläubigen und die Schäflein, die ihres Hirten Stimme hören« (AS III) macht diesen Grundsatz unmissverständlich klar. Freilich auch das Umgekehrte lässt sich neutestamentlich nicht belegen: die Gemeinde ohne Amt. Vielmehr wird gerade in den Stiftungshandlungen deutlich, dass hier immer beides zugleich da ist: Es wird Gemeinde konstituiert, und es werden zugleich Menschen zum Dienst beauftragt. Von diesem Auftrag her muss nun aber auch die Selbständigkeit des Amtes gegenüber der Gemeinde behauptet werden. Den Auftrag zur Wortverkündigung und Sakramentsverwaltung empfängt der Amtsträger zwar möglicherweise durch Mitwirkung einer Gemeinde, in letzter Konsequenz aber von Jesus Christus. Er hat nicht das zu verkündigen, was die Gemeinde hören will, sondern das Wort Gottes. Er ist nicht Sprecher der Gemeinde, sondern der Sprecher Gottes, Bevollmächtigter Jesu Christi vor der Gemeinde. Aber wohlgemerkt, er ist es nur dann, wenn er das Wort Gottes verkündigt, wenn er tauft, wenn er das heilige Abendmahl austeilt oder im Namen Jesu die Vergebung der Sünden zuspricht. Es ist notwendig, hier genau zu unterscheiden. Die Begründung der Vollmacht des Amtes vom Auftrag her bedeutet, dass außerhalb der Ausübung der mit dem Auftrag verbundenen Funktionen der Amtsträger Gemeindeglied ist, vielleicht ein Gemeindeglied mit besonderen Verwaltungsaufgaben (etwa der Führung der Pfarramtsgeschäfte), aber jedenfalls nicht der Stellvertreter, der Repräsentant Jesu Christi.

Während die Aufnahme in die Gemeinde, die Eingliederung des Menschen in den Christusleib, ein neues Sein begründet, eben das, was im 1. Petrusbrief mit dem »königlichen Priestertum« der Gläubigen beschrieben wird, bleibt der Christ, der das Amt übertragen bekommt, Glied am Leib Christi, er wird nichts Besseres, und er kann nichts Besseres werden. Was ihn von anderen Gliedern unterscheidet, ist lediglich der Auftrag, der ihn je und je der Gemeinde zum Gegenüber, zum Sprecher des Christus macht. Von dieser Sicht her bedeuten die verschiedenen Belegstellen für die Begründung des Amtes keinen Gegensatz. Es kann einer tatsächlich Stellvertreter Christi und trotzdem Glied am Leibe und Inhaber des allgemeinen Priestertums sein wie alle anderen, nicht mehr und nicht weniger. In Anbetracht der Größe dieses Auftrages wird aber auch deutlich, warum die Kirche auf Lebenszeit ins Amt beruft: Wer hier Ja gesagt hat, der kann nicht aus irgendwelchen äußeren Gründen wieder Nein sagen, ohne schuldig zu werden, ohne dazustehen als einer, der dem Herrn Christus und seinem Auftrag für ihn davongelaufen ist.

Einem Einwand freilich müssen wir uns bei der Begründung des Amtes vom Auftrag her noch stellen: Ist nicht der Auftrag, das Evangelium zu verkündigen, der ganzen Gemeinde gegeben? Wie kann man gerade auf diesen Punkt eine besondere Vollmacht einzelner Glieder begründen? Tatsächlich wird man sagen müssen: Wenn wir die Kirche als Gegenüber zur Welt betrachten, stehen auch die Amtsträger in einer Reihe mit allen Gliedern des Volkes Gottes. Ihre Bedeutung in der Öffentlichkeit hängt von den jeweiligen politischen und gesellschaftlichen Bedingungen von Ort und Zeit ab. Sie tritt gegenüber der Wirkung einzelner Gemeindeglieder zurück, wenn es darum geht, das Zeugnis von Jesus Christus an den Mann zu bringen. Allenfalls haben die Amtsträger eine übergeordnete Bedeutung als theologische Spezialisten, als diejenigen, die das Gesamtzeugnis der Kirche an der Heiligen Schrift zu messen und auszurichten haben. Anders liegen die Dinge jedoch, wenn wir auf das innere Leben der Gemeinde blicken. Hier hat das Amt als Repräsentation des Christus einen Auftrag, der seinen Träger von allen anderen Gemeindegliedern unterscheidet. Hier, wo es nicht mehr um das Gegenüber von Kirche und Welt, sondern um das von Christus und Gemeinde geht, hat das kirchliche Amt seinen eigentlichen Sitz und seine Berechtigung. Weil die Gemeinde in dieser Welt eine Gemeinde der Sünder ist, eine angefochtene Schar, der immer wieder neu die Gegenwart ihres Herrn und seines Heilswerkes vor Augen gestellt werden muss, braucht sie Hirten, Prediger und Lehrer. Umgekehrt gilt, dass die Ablehnung des Amtes immer ein Zeichen von Schwärmerei ist: als ob die Kirche schon heute aus lauter vollkommenen Gläubigen bestünde, wo keiner mehr gelehrt und angeleitet werden muss (Jer 31,34).

Natürlich ist damit noch nichts gesagt über die konkreten Formen des kirchlichen Amtes. Hier finden die angesprochenen Auseinandersetzungen statt. Es stellt sich die Frage besonders dringlich, wo geht es um Dinge menschlichen Rechts, d.h. um Dinge, die die Wort und Sakrament umfassende Grundordnung der Kirche nicht unmittelbar berühren und deshalb je nach den Gegebenheiten der Zeit geregelt werden müssen und wo muss die von Christus gestiftete Grundordnung der Kirche bewahrt werden? Menschlichen Rechts ist nach evangelischer Auffassung die gegenwärtige Gestalt unseres Gemeindepfarramtes aber auch das Verhältnis von Pfarramt und Bischofsamt. Zu nennen sind hier auch die Ämter der Katecheten, Diakone und Schwestern, denen gewisse Teilbefugnisse des kirchlichen Amts übertragen worden sind. Ein Paradebeispiel für die Schwierigkeit bei der Unterscheidung von göttlichem und menschlichem Recht ist die Frage der Frauenordination. Während sich in den meisten evangelischen Kirchen die Gleichberechtigung der Frau im Blick auf das Amt durchgesetzt hat, ist für die römische Kirche und erst Recht für die orthodoxen Kirchen ein Priesteramt für Frauen ausgeschlossen. Die Liste der strittigen Punkte, die in diesem Zusammenhang aufzuführen sind, ist lang: So hat es in den letzten Jahren besonders im Blick auf die Bedeutung des Bischofsamtes ein intensives interkonfessionelles Gespräch gegeben. Auch auf evangelischer Seite setzt sich die Erkenntnis mehr und mehr durch, dass das Bischofsamt gerade für die Einheit der Kirche und ihre Selbständigkeit gegenüber dem Staat von großer Bedeutung ist. Dazu kommt, dass nach Auffassung der römisch-katholischen und der orthodoxen Kirche von der ununterbrochenen Kette der bischöflichen Handauflegung die Vollmacht des Amtes und die Gültigkeit der gespendeten Sakramente abhängen. Auch aus diesem Grund haben sich die ökumenischen Gespräche auf die Auseinandersetzungen um das kirchliche Amt geradezu zugespitzt, wobei zu guter Letzt auch das Papstamt nicht unerwähnt bleiben darf. In all diesen Fragen unterscheiden sich nicht nur theologische Schulen sondern vor allem Konfessionen. Für uns ist wichtig, dass bei diesen Diskussionen Jesus Christus, das Wort Gottes, sein Evangelium und seine Sakramente im Mittelpunkt bleiben.

II Das heilige Abendmahl

Die Formel »Wort und Sakrament« hat bereits in verschiedenen Zusammenhängen eine Rolle gespielt, ist sie doch gerade von der CA her so etwas wie die Zusammenfassung dessen, was in der Kirche zu geschehen hat. Dabei darf nicht übersehen werden: der Sakramentsbegriff kommt in der Bibel nicht vor, jedenfalls nicht im Sinne einer liturgischen Handlung. Die Handlungen selbst, die in der Tradition unter diesem Begriff zusammengefasst werden – wie Taufe, Firmung, Abendmahl, Beichte, Krankensalbung, Ehe und Priesterweihe – werden auf sehr unterschiedliche Weise erörtert. Martin Luther hat in einer seiner wichtigsten reformatorischen Schriften, in *De captivitate babylonica ecclesiae* die Begründungen für diese sieben

Sakramente einer theologischen Kritik unterzogen und am Ende nur zwei von ihnen – Taufe und Abendmahl – als Sakramente anerkannt. Maßgebliche Kriterien waren dabei die Begründung im Neuen Testament und die Verbindung mit einem materiellen Zeichen. Dieser Zusammenhang ist wichtig für den Begriff des Sakraments. Es geht darum, dass die göttliche Wirklichkeit in eine materielle Gestalt eingeht und dass mit dieser Verbindung eine Heilszusage Gottes gegeben wird, für deren Gültigkeit das Wort des Herrn Jesus Christus einsteht. Von diesem Grundsatz her lässt sich dann auch ein allgemeiner Sakramentsbegriff formulieren: Sakramente sind Gottes Gegenwart vermittelnde Symbolhandlungen. Ihre Voraussetzung ist die Menschwerdung Gottes in Jesus Christus. Die Inkarnation ist so etwas wie das »Ursakrament«. Der Ort, an dem sie erfahren werden, ist die Kirche. Ihre Wirksamkeit beruht auf der Kraft des Heiligen Geistes.

1 Die Gegenwart Christi im heiligen Abendmahl

An keiner Stelle wird die Gegenwart Gottes in der Kirche so deutlich wie beim heiligen Abendmahl. In Brot und Wein, den sogenannten Elementen des Abendmahls, gibt Christus sich selbst, seinen Leib und sein Blut. Hier wird die Gemeinschaft mit Gott und damit die Vergebung der Sünden in einer sichtbaren Handlung vermittelt. Mit Recht nennt man das heilige Abendmahl deshalb eines der Sakramente, der Heiligtümer der Kirche. Von Anfang an hat es im Mittelpunkt des Gemeindelebens gestanden. Die Einsetzungsworte des heiligen Abendmahls, wie sie in den synoptischen Evangelien und bei Paulus überliefert sind (1 Kor 11,23 ff), gehören zu den ältesten im Gottesdienst rezitierten Texten. Und auch die Apostelgeschichte meint mit dem Hinweis auf das Brotbrechen (Apg 2,42) wohl nichts anderes als die Feier des Abendmahls. Ja seine Anfänge und Vorläufer sind offensichtlich schon in den Mahlzeiten Jesu mit den Zöllnern und Sündern zu suchen (Mk 2,16). Aber trotz dieser alten Überlieferung, auf Grund deren das heilige Abendmahl gefeiert wird, ist bis heute umstritten, wie man sich die Gegenwart Christi im Abendmahl vorzustellen habe bzw. welche Begriffe bei der Beschreibung dieser Gegenwart angemessen sind. Am bekanntesten ist wohl die an den Streit zwischen Luther und Zwingli in der Reformationszeit anknüpfende Auseinandersetzung zwischen lutherischer und reformierter Theologie, die zum Teil bis in unsere Tage weitergeführt wird. Aber auch in der katholischen Kirche des Mittelalters hat es Streit um das Abendmahl gegeben. Und immer ging es im Grunde um das gleiche Problem: ob man nämlich die Gegenwart Christi im heiligen Abendmahl einordnen müsse in das, was sonst in der Kirche geschieht: d. h., ob es hier um dieselbe Art von Gegenwärtigkeit geht, die sich auch sonst ereignet, wo das Wort Gottes im Glauben angenommen wird, oder ob man die Elemente zum Ausgangspunkt des Nachdenkens zu machen habe und dementsprechend die Einmaligkeit und Unvergleichbarkeit der Gegenwart Christi im Abendmahl hervorheben müsse. Im ersten Fall wird man sich immer einer symbolischen Deutung des Abendmahls nähern. Denn wenn die eigentliche Gegenwart Christi eine Gegenwärtigkeit im Wort ist, dann kann das Austeilen der Elemente kaum mehr sein als ein begleitendes, das Wort unterstreichendes Zeichen; und es ist kaum begreiflich zu machen, warum sich diese Gegenwart auch noch in einer geheimnisvollen Anwesenheit von Leib und Blut Christi in Brot und Wein ausdrücken soll. Im zweiten Fall dagegen – wenn man von der Besonderheit der Abendmahlshandlung ausgeht – wird das Ergebnis ein mehr realistisches Verständnis des Abendmahls sein. Denn die Besonderheit des Abendmahls ist die Verbindung der Gegenwart Christi mit den Elementen. Dazu kommt, dass die Einsetzungsworte jeweils Brot und Leib und Wein und Blut in Beziehung setzen. Was liegt näher, als dass man zu Aussagen über die Realpräsenz, über die leibhafte Gegenwart von Leib und Blut Christi in den Elementen des Abendmahls kommt? Freilich bleibt dann noch die Aufgabe, diese Aussagen in den Zusammenhang der christlichen Theologie einzuordnen. Man wird deshalb auch hier vom Wort Gottes reden, durch dessen Kraft allein Leib und Blut Christi gegenwärtig werden, und man wird vom Glauben reden, der auch hier die Gabe annehmen muss. Diese Aussagen haben aber dann gegenüber der Lehre von der Gegenwart Christi in den Elementen nur eine dienende, erklärende Funktion. Sie haben nur das, worum es eigentlich geht, ins rechte Licht zu rücken: dass Christus uns unter Brot und Wein sich selbst, seinen für uns geopferten Leib und sein für uns vergossenes Blut zu essen und zu trinken gibt.

Natürlich hat man immer wieder versucht, die strittigen Fragen vom Neuen Testament her zu entscheiden, freilich ohne durchschlagenden Erfolg. Denn erstens macht sich kein neutestamentlicher Schriftsteller die Mühe, das Abendmahl in einen theologischen Gesamtzusammenhang einzuordnen, es etwa von einer Theologie des Wortes her zu beschreiben, und zum anderen gibt es auch keine Erörterungen über die Bedeutung der Elemente beim Abendmahl, so dass wir in jedem Fall darauf angewiesen sind, aus dem Zusammenhang Antworten auf Fragen zu finden, die so im Neuen Testament nicht gestellt worden sind. Trotzdem lassen sich wesentliche Aussagen aus dem neutestamentlichen Zeugnis beibringen.

Deutlich ist zunächst einmal die durch den Bericht von der Einsetzung des Abendmahls und die Einsetzungsworte selbst hergestellte Beziehung zwischen den Elementen Brot und Wein einerseits und dem im Tod Jesu voneinander getrennten Leib und Blut andererseits. Unübersehbar ist außerdem, dass durch den Hinweis auf den Neuen Bund (das Neue Testament) beim Kelchwort nicht nur der Kreuzestod Jesu als das für die Stiftung des Neuen Bundes notwendige Opfer gedeutet wird, sondern dass damit zugleich den Teilnehmern der Mahlzeit, also den Empfängern von Brot und Wein, Anteil am Kreuzesopfer gegeben werden soll.

Nun hat man freilich eingewendet, dass dies unter keinen Umständen so zu verstehen sei, als habe Jesus in irgendeiner Weise sein Blut und seinen Leib substantiell austeilen wollen, da allein der Gedanke, dass jemand Blut trinkt, für Juden ganz und gar unerträglich war. Aber bei genauerem Hinsehen gilt dieser Einwand nicht nur im Blick auf das Blut Christi, sondern im Blick auf das Opfer Christi überhaupt, das ja schließlich ein Menschenopfer ist. Wer sich einmal auf die in den Einsetzungsworten ausgesprochene Beziehung zwischen Brot und Leib und Wein und Blut einlässt, der muss auch einräumen, dass hier trotz aller Anknüpfung an alttestamentliche Vorstellungen in einer Weise gedacht wird, die eben diese Vorstellungen sprengt und natürlich für die Juden und nicht nur für sie äußerst anstößig wirken musste. Das Neue Testament hat selbst ein Beispiel für diesen Anstoß in der sogenannten Brotrede in Johannes Kap. 6 überliefert (52 ff), wo zum Entsetzen der Juden ganz direkt vom Essen des Fleisches und Trinken des Blutes geredet wird. Und auch der Apostel Paulus gibt in 1Kor 11 zu erkennen, dass er das Essen und Trinken im heiligen Abendmahl mit einer geradezu bedrohlichen Gegenwärtigkeit Jesu Christi verbunden sieht, wenn er auch keine Aussagen über das Verhältnis der Elemente zu Leib und Blut Christi macht. Gerade die Stellen im Neuen Testament, die direkt vom heiligen Abendmahl reden, weisen uns in Richtung auf eine besondere unvergleichbare Gegenwart Christi in Brot und Wein des Abendmahls. Wir wollen das aus diesen exegetischen Beobachtungen abzuleitende Abendmahlsverständnis in einigen Thesen zusammenfassen:

a)   Im heiligen Abendmahl gibt sich Christus uns zum Essen und
zum Trinken.

Ausgangspunkt für das Verständnis des Abendmahls muss immer
der Tatbestand der Mahlzeit sein. Dort, wo der Vorgang des Essens
und Trinkens ernst genommen wird, da werden auch die Aussagen
über die Speise und den Trank ernst genommen. Umgekehrt stellt die
Betonung des Mahlcharakters auch die Begrenzung aller Aussagen
über die Elemente dar. Über die Gegenwart Christi in den Elementen
außerhalb des Mahls hat die Kirche nichts zu sagen. An dieser Stelle
grenzt sich die evangelische Dogmatik bis heute von der römisch-
katholischen Auffassung ab, die eine Gegenwart Christi in den Elementen auch nach Beendigung der Mahlfeier lehrt.

b)   Im heiligen Abendmahl geht es um Gottes Gabe an uns, nicht um
ein Werk der Gläubigen.

Das heilige Abendmahl und das Kreuzesgeschehen erläutern sich
gegenseitig. Indem Jesus sich uns schenkt, gibt er uns Anteil am
Kreuzesopfer. Der Wert des heiligen Abendmahls gegenüber dem
Zuspruch der Vergebung durch das Wort liegt darin, dass es den Geschenkcharakter des Heils besonders anschaulich, genauer leiblich
und deshalb auch besonders tröstlich zum Ausdruck bringt. Gerade
deshalb muss auch die von meinem Glauben unabhängige, wahrhaftige Gegenwart Christi in den Elementen verteidigt werden. Denn
nur dann kann ich der im Abendmahl geschenkten Gnade gewiss
sein, wenn die Gegenwart Christi nicht das Werk meines schwachen
und oft unsicheren Glaubens ist. Aus eben diesem Grund hat die lutherische Kirche auch immer daran festgehalten, dass auch der Ungläubige Leib und Blut Christi empfängt, freilich zu seinem Gericht.

c)   Das Verhältnis von Leib und Blut Christi zu Brot und Wein lässt
sich als Entsprechung zum Verhältnis von Gottheit und Menschheit in Jesus Christus verdeutlichen.

Mit dieser dritten These wird der neutestamentlich gesicherte Boden
verlassen. Es gibt im Neuen Testament keine eindeutige Bestimmung
über das Verhältnis von Christus und den Elementen im heiligen
Abendmahl. Nur so viel ist deutlich, dass wir es in Brot und Wein mit
dem für uns geopferten, aber nun lebendigen Herrn zu tun bekommen. Wir müssen uns darüber im Klaren sein, dass alle menschlichen
Beschreibungen dieses Verhältnisses letztlich unzulänglich sind. Das
gilt vom scholastischen Begriff der Transsubstantiation genauso wie

von dem in der lutherischen Kirche üblichen Begriff der Gegenwart oder Realpräsenz.

Es ist deshalb kein Wunder, dass gerade die Formen der Abendmahlslehre, die diesen Zusammenhang von Christus und den Elementen zum Ausdruck bringen, immer wieder von der menschlichen Vernunft als unannehmbar abgelehnt worden sind. Am ehesten erscheint mir die von der lutherischen Theologie herausgestellte Entsprechung zur Christologie geeignet zu sein, um diesen Zusammenhang zu erläutern. Denn hier wird deutlich, dass wir es entsprechend der vollen Menschheit Christi mit wirklichem Brot und wirklichem Wein zu tun haben. Diese Entsprechung bedeutet aber außerdem: Wie der wahrhaftige Gott in Jesus Christus ist, so ist auch der wahrhaftige Christus, d. h. sein Leib und sein Blut, im heiligen Abendmahl. Und schließlich: Wie das Zusammensein von Gottheit und Menschheit in Christus undurchdringliches Geheimnis ist und gegen den Augenschein geglaubt werden muss, so ist auch die Gegenwart Christi in den Elementen Geheimnis des Glaubens – ein vom Heiligen Geist bewirktes Wunder.

2 Abendmahl und Gottesdienst

In der Feier des heiligen Abendmahls werden das Opfer Christi und das Lobopfer der Gläubigen zugleich Gegenwart. Es begegnen sich Gottes Dienst für uns und unser Dienst für Gott.

Die Feier des heiligen Abendmahls ist Gottesdienst. Das Abendmahl gehört zu den Veranstaltungen, die die Gemeinden und ihre Pfarrer durchzuführen haben, bei denen ihre Aktivität gefordert ist. Ja genau genommen ist es die Veranstaltung der christlichen Gemeinde schlechthin, die Form, in der sich die Gemeinde seit den ältesten Zeiten mindestens sonntäglich, oft sogar täglich versammelt hat. Die Tatsache, dass es in den evangelischen Kirchen vielfach üblich geworden ist, das Abendmahl nur selten zu feiern, bildet gegenüber dieser alten, in der Ökumene heute noch geltenden Regel die Ausnahme, um nicht zu sagen den Missbrauch. Dies klingt zunächst wie eine rein technische Feststellung. Wie sollte es auch zur Feier des Abendmahls kommen, wenn nicht Pfarrer und Gemeinden sie veranstalteten? Trotzdem verbirgt sich hinter dieser scheinbaren Äußerlichkeit ein schwerwiegender theologischer Sachverhalt: Bei der

Feier des heiligen Abendmahls ist wie bei jedem Gottesdienst der Mensch aktiv mitbeteiligt. Es geht um einen Gehorsamsakt des Menschen. In die Feier des Abendmahls geht der gute Wille der Gläubigen, ihre Bereitschaft zum Lob Gottes und zur Anbetung mit ein. In der Feier des heiligen Abendmahls hat das Lobopfer der Gemeinde seinen legitimen Platz. Ja noch mehr, es ist geradezu der Gipfel, der Höhepunkt aller Anbetung Gottes in der Gemeinde. Hier fließen die Gebete der im Alltag verstreuten Gemeindeglieder zusammen. Hier münden sie ein in den Lobpreis der großen Taten Gottes, wie er in den Gebeten der Abendmahlsliturgie seit den Zeiten der alten Kirche vollzogen wird.

Nun ist aber zugleich das heilige Abendmahl Gottesdienst in einem ganz anderen Sinne. Es ist Gabe Gottes, Dienst Gottes an uns. Dies war ja der wesentliche Sinn der Gegenwart Christi in den Elementen, dass sich hier Christus uns schenkt. Und dies gilt in einem noch umfassenderen Sinn von der Feier des Abendmahls als ganzer. Es geht nicht nur darum, dass Christus uns in Brot und Wein auf geheimnisvolle Weise seinen Leib und sein Blut schenkt, sondern im Abendmahl, in der Wiederholung der Einsetzungsworte, wird das Opfer Christi auf Golgatha für uns Heutige gegenwärtig. In der Feier des Abendmahls findet Repräsentation statt, Vergegenwärtigung der entscheidenden Tat Gottes für uns. Erst in diesem Zusammenhang erscheint die Gegenwart von Leib und Blut Christi im richtigen Licht. Sie ist nicht einfach Gegenwart einer Substanz, sondern bedeutet Hineinnahme in eine Geschichte, in die Heilsgeschichte Gottes, die um unseretwillen geschehen ist. Menschliche Aktivität ist dabei restlos ausgeschlossen. Wir Menschen sind nur die Empfangenden. Das Abendmahl ist, so betrachtet, Dienst Gottes an uns, den wir uns nur im Glauben gefallen lassen können. Die Feier des heiligen Abendmahls lässt sich also in einem doppelten Sinne als Gottesdienst bezeichnen. Sie ist Dienst der Menschen vor Gott und zugleich Dienst Gottes an den Menschen.

Zu allen Zeiten war es für die Theologie und die Kirche nicht einfach, diese beiden Gesichtspunkte nebeneinander und unverkürzt durchzuhalten. So ist die römisch-katholische Kirche weithin der Gefahr erlegen, die Aktivität des Menschen so in den Vordergrund zu stellen, dass der Eindruck entstand, als ereigne sich im Gottesdienst eine Art Zusammenwirken von Christusopfer und Lobopfer der Gläubigen, so dass es am Ende zu einer Ergänzung des Opfers auf Golgatha durch die guten Werke der Kirche kommt. Gegen diese Vermischung haben Luther und die Reformatoren energischen Protest erhoben. Sie sahen darin mit Recht eine Schmälerung des Verdienstes Christi. Hier wurde das Fundament des christlichen Glaubens angetastet, dass das Opfer auf Golgatha ein für alle Mal geschehen ist (Hebr 9,25 ff) und für die Vergebung der Sünden aller Menschen und aller Zeiten genügt, so dass keine menschliche Tat ergänzend an seine Seite gestellt werden darf. Aber so notwendig und berechtigt dieser reformatorische Protest gegen die sogenannte Messopferlehre auch sein mag, er darf andererseits nicht dazu führen, dass die Theologie – um nur ja nicht von einer Aktivität des Menschen im Zusammenhang mit der Feier des Abendmahls reden zu müssen – den Gesichtspunkt des Lobopfers außer Acht lässt. Denn es gibt im Gottesdienst nicht nur die heilsnotwendige Passivität, die die Tat Gottes für uns dankbar annimmt, es gibt auch die unheilvolle Passivität des bequemen Verbrauchers, der verlernt hat, dass der Gottesdienst singend und betend von der Gemeinde vollzogen sein will, und der nur noch danach fragt, was ihm denn heute an Interessantem und Schönem in Predigt und Kirchenmusik geboten wird. Dort, wo der Gedanke unterschlagen wird, dass der Gottesdienst immer auch Werk der Gläubigen, Dienst der Menschen vor Gott ist, werden dieser unheilvollen Passivität Tür und Tor geöffnet. Die Gottesdienstgesinnung vieler evangelischer Christen liefert dazu leider sehr eindeutige Beispiele. Und es muss bei allen neuen Gestaltungsversuchen im Blick auf den Gottesdienst streng darauf geachtet werden, dass sowohl das Angebot Gottes in Wort und Sakrament als auch die Antwort, das Lobopfer der gläubigen Gemeinde, zur Geltung kommt. Andernfalls ist das Ergebnis eine werbende, eine missionierende Veranstaltung – die selbstverständlich auch in der Kirche ihren guten Sinn hat –, aber nicht der Gottesdienst der im Namen Jesu versammelten Gemeinde.

3 Abendmahl und Kirche

Teilnahme am Abendmahl bedeutet zugleich Einswerden mit Christus und Einswerden mit allen Gläubigen und damit Anbruch der ewigen Vollendung.

Die Stellung des heiligen Abendmahls im Mittelpunkt des christlichen Gottesdienstes ist nicht nur ein mehr oder weniger zufälliges Ergebnis christlicher Tradition, sondern hängt mit der Bedeutung, mit dem Inhalt des Abendmahls zusammen. Denn das heilige Abendmahl ist Gemeinschaftsmahl. Wie jede Mahlzeit bedeutet es die Gemeinschaft derjenigen, die daran teilnehmen. Es geht nicht nur darum, dass der einzelne sich mit Christus vereinigt, wir vereinigen uns zugleich miteinander. In der Feier des heiligen Abendmahls konstituiert sich immer von neuem christliche Gemeinde. Es besteht ein Zusammenhang zwischen der Gemeinde als dem Leib Christi und der Austeilung des Leibes und Blutes Christi im heiligen Abendmahl (1Kor 10,16 ff).

Man spricht deshalb auch häufig davon, dass durch die Teilnahme am Abendmahl sich die »Einleibung«, die Eingliederung in den Leib Christi vollzieht. Mit dieser aktuellen Verwirklichung der Gemeinschaft des Leibes Christi im heiligen Abendmahl ist die eschatologische Dimension des Abendmahls verknüpft. Die Feier des Abendmahls ist die Vorausnahme der vollkommenen Gemeinschaft des Volkes Gottes und des Herrn Christus in der Ewigkeit. Darauf deuten bereits die Gleichnisse in den synoptischen Evangelien hin, in denen die himmlische Herrlichkeit im Bilde einer festlichen Mahlzeit beschrieben wird (Mt 22,1 ff; 8,11), darauf wird aber auch bei der Einsetzung des Abendmahls selbst hingewiesen, wenn Christus nach dem Kelchwort sagt:»Ich werde von nun an nicht mehr von diesem Gewächs des Weinstocks trinken bis an den Tag, da ich's neu trinken werde mit euch in meines Vaters Reich« (Mt 26,29).

Weil das heilige Abendmahl die sichtbarste und eindrücklichste Gestalt kirchlicher Gemeinschaft ist, deshalb ist es auch die Form, in der schon heute die zukünftige Gemeinschaft Gottes mit seinem Volk erlebbar wird, in der wir durch die Kraft des Heiligen Geistes mit dem dreieinigen Gott und untereinander eins sein dürfen. Nun bedeutet allerdings die Verbindung von Abendmahl und Kirche nicht nur Anbruch der Ewigkeit, sondern zugleich die Verflechtung des Abendmahls mit den Nöten und Unzulänglichkeiten der sichtbaren Kirche. Weil in der Feier des heiligen Abendmahls kirchliche Gemeinschaft konstituiert wird, weil also Abendmahlsgemeinschaft zugleich Kirchengemeinschaft ist, hat sich die Spaltung der Kirche immer auch auf die Feier des Abendmahls ausgewirkt. Dort, wo in der Kirche in wesentlichen Fragen keine Einigkeit mehr bestand, da war auch die gemeinsame Abendmahlsfeier nicht mehr möglich. Dies ist wenigstens die alte kirchliche Regel. Sie hat immer wieder dazu geführt, dass sowohl einzelnen Gliedern als auch ganzen Gruppen innerhalb der Kirche die Abendmahlsgemeinschaft aufgekündigt worden ist, wobei kirchenpolitische und juristische Aktionen oft eine verhängnisvolle Wirkung hatten. Bis heute ist dies das schmerzlichste und grundsätzlichste Zeichen der Spaltung der einen Kirche, dass zwischen den einzelnen Konfessionen keine Abendmahlsgemeinschaft besteht. Zwar gibt es in unserer Zeit immer wieder Versuche, diese Schranke zu überspringen. Mitunter haben einzelne Gruppen, ohne die Grundentscheidungen ihrer Kirchen zu beachten, Abendmahl miteinander gefeiert, sogenannte Interkommunion geübt. Sie beriefen sich dabei auf die in der ökumenischen Bewegung gemachte Erfahrung der Einigkeit in Christus. Aber solche Einzelaktionen haben immer den Nachteil, dass sie zwar nach der Seite der anderen Konfession Gemeinschaft herstellen, zugleich aber die Gemeinschaft der eigenen Teilkirche gefährden. Verheißungsvoller ist demgegenüber das Modell der »eucharistischen Gastbereitschaft«, wo ganze Kirchen erklären, Glieder anderer Kirchen als Gäste an ihrer Abendmahlsfeier teilnehmen zu lassen. Jedenfalls darf uns unsere Freude über das Wachsen der Einigkeit zwischen den Kirchen nicht dazu verführen, die nach wie vor vorhandenen Gegensätze nicht mehr ernst zu nehmen. Es spricht vieles dafür, dass die Einigung aller Christen um den Tisch des Herrn erst in der Ewigkeit Wirklichkeit werden wird.

Kapitel 3 – Das Werk Gottes an den Gläubigen

I RECHTFERTIGUNG UND GLAUBE

1 Rechtfertigung allein aus Glauben

Gott schenkt den sündigen Menschen Gemeinschaft mit ihm aus Gnade, um Christus willen, durch den Glauben.

Nachdem wir uns im letzten Kapitel mit der durch den Heiligen Geist geschaffenen Gemeinschaft beschäftigt haben, ist nun zu reden vom Werk Gottes in den einzelnen. Wir können uns bei dieser Anordnung auf den dritten Artikel des Apostolischen Glaubensbekenntnisses berufen, der ja auch erst die Gemeinschaft der Heiligen bekennt, um danach von der Vergebung der Sünden zu sprechen und damit von dem, was am einzelnen Gläubigen durch Gott geschieht. Auch hier müssen wir wieder von allen drei Personen der Trinität reden. Denn wohl ist das Ziel aller Wirksamkeit Gottes im Einzelnen die ewige Gemeinschaft mit dem Vater im Himmel. Diese Gemeinschaft wird aber nur verwirklicht um Christi willen, weil er der Mittler ist, der das Trennende zwischen Gott und Menschen weggeräumt hat. Und sie ist schließlich nur möglich durch den Heiligen Geist, der uns Menschen den Glauben ins Herz gibt, damit wir Anteil nehmen können am Werk Jesu und an den Plänen des himmlischen Vaters.

Was aber bedeutet nun Aufnahme des einzelnen Gläubigen in die Gemeinschaft mit Gott? Die reformatorische Theologie hat diesen Vorgang in Anlehnung an den Apostel Paulus, vor allem an seine Erörterungen im Römerbrief, in der Lehre von der Rechtfertigung beschrieben. Sie gilt für alle sich auf Luther und die anderen Reformatoren berufenden Kirchen bis heute als das Herzstück des Glaubens und der Mittelpunkt alles theologischen Nachdenkens. Mit ihr verknüpft sich auch der alte Gegensatz der evangelischen Christen zur römisch-katholischen Kirche, der vor allem in einer unterschiedlichen Bewertung der frommen Werke der Gläubigen seinen Ausdruck gefunden hat. Dieser Gegensatz hat seine Aktualität behalten, obwohl Lehrgespräche zwischen den Kirchen inzwischen Texte erarbeitet haben, die feststellen, dass das unterschiedliche Verständnis der Rechtfertigung nicht mehr als kirchentrennend gilt. Die Rechtfertigungslehre beschreibt die Aufnahme in die Gemeinschaft mit Gott als einen juristischen Akt, als einen richterlichen Urteilsspruch Gottes, in dem aber nicht unsere Taten den Ausschlag geben, sondern unser Glaube an Jesus Christus. Bekannteste Belegstelle dafür ist Röm 3,28: »So halten wir nun dafür, dass der Mensch gerecht werde ohne des Gesetzes Werke, allein durch den Glauben«. Der Mensch erhält die Gerechtigkeit vor Gott allein auf Grund seines Glaubens, unabhängig davon, wie er das Gesetz erfüllt hat und welche guten Werke er vor Gott vorweisen kann. Anders ausgedrückt: Unser Verhältnis zu Gott wird nicht durch menschliche Aktivität, sondern allein durch Gott, durch seine Gnade, in Ordnung gebracht. Dieser Ausschluss der menschlichen Aktivität ist wohl der bekannteste Gedanke der Rechtfertigungslehre. Die Gerechtigkeit, die vor Gott gilt, ist nicht das Ergebnis der von uns geleisteten guten Werke, sondern Gottes Geschenk, an das wir glauben sollen. Für Martin Luther bedeutete diese Erkenntnis die große Befreiung aus der Angst vor Gott, in dem er nur den verurteilenden Richter sehen konnte, solange er seine Werke für das entscheidende Kriterium der Gottesgemeinschaft hielt. Weil Martin Luther an der Qualität seiner eigenen Taten längst verzweifelt war, brachte ihm die Erkenntnis, dass die Werke vor Gott nicht gelten, den entscheidenden Trost. Die berühmte, angsterfüllte Frage: »Wie kriege ich einen gnädigen Gott?«, erhält die befreiende Antwort, indem der Blick vom Starren auf die eigene Leistung erlöst wird und hingewendet auf Gott, der längst vor meiner Frage sich in Jesus Christus als der barmherzige und gnädige offenbart hat. Freilich bedeutet dieser Ausschluss der menschlichen Aktivität aus dem Vorgang der Rechtfertigung nicht nur freundlichen Zuspruch für den, der sich mit seinen eigenen Bemühungen kläglich gescheitert weiß. Er bedeutet zugleich die totale Verurteilung des Menschen und aller seiner Bemühungen vor Gott. Man hat darauf hingewiesen, dass Rechtfertigung in der mittelalterlichen Rechtssprache die Vollstreckung des Urteils, in der Regel also die Hinrichtung des Schuldigen bedeutet. Indem unsere Werke aus dem Vorgang der Rechtfertigung ausgeschlossen werden, wird über sie und damit über uns selbst das vernichtende Urteil Gottes verhängt. Das »ohne des Gesetzes Werke« gilt nicht deshalb, weil uns Gott die Mühe ersparen will, Gehorsamsleistungen zu vollbringen, sondern weil alle diese Bemühungen vor Gott von vornherein als ungenügend erwiesen sind. Damit ist nicht ein moralisches Urteil über den Menschen gefällt, sondern der Zusammenhang aller unserer Taten mit dem Aufruhr des Menschen gegen Gott aufgedeckt. Gerade auch in unseren guten Taten sind wir immer wieder dabei, Gott die Stellung des Schöpfers und Erlösers streitig zu machen. Der Aufruhr gegen ihn beginnt schon dort, wo wir meinen, Gott sei uns wegen unserer frommen Leistungen Respekt schuldig. Dies ist der Grund, warum die Aktivität des Menschen aus dem Rechtfertigungsvorgang ausgeschlossen ist: Gerade in dieser Aktivität findet das »Wie-Gott-sein-Wollen«, die Ursünde des Menschen, Ausdruck, eben das, was die Gemeinschaft mit Gott seit dem Beginn der menschlichen Geschichte immer wieder zerstört hat. Rechtfertigung allein aus Glauben bedeutet dann also, dass wir uns auf Gedeih und Verderb dem Urteil Gottes ausliefern.

Aber ist uns damit wirklich schon geholfen? Wer gibt uns die Gewissheit, dass Gottes Urteil trotz der Ablehnung unserer Werke gnädig ist? Gottes Urteil ist gnädig, weil es um Christi willen ergeht. Die Rechtfertigungslehre ist die Anwendung des Kreuzesgeschehens auf den einzelnen. Das Verdammungsurteil über unsere Werke, über unser »Wie-Gott-sein-Wollen«, ist im Kreuzestod an Jesus Christus vollstreckt. Rechtfertigung aus Glauben bedeutet deshalb, dass wir das an Jesus vollzogene Urteil auch für uns anerkennen. So wie er verurteilt wurde, so verdienen wir verurteilt zu werden. Und weil er vor Gott am Ende als der Gerechte dasteht, weil Gott ihm in der Auferstehung recht gegeben hat, deshalb sollen auch wir gerechtfertigt und in die Gemeinschaft mit Gott aufgenommen werden (Röm 4,25). Beides also erkennt der Glaube an: das Verdammungsurteil und den gnädigen Freispruch Gottes um Christi willen. Für Paulus und auch für die Reformatoren ist Christus die Grundlage des Rechtfertigungsglaubens. Einer der entscheidenden Vorwürfe, den die Reformatoren allen denen machen, die den Werken eine Rolle im Rechtfertigungsvorgang einräumen möchten, ist der, dass damit das Verdienst Christi, das »ein für alle Mal« seines Todes und seiner Auferstehung eingeschränkt wird.

Um Christi willen darf dann aber auch der Glaube keinesfalls die Rolle eines Werkes bekommen. Dies geschieht z. B. dort, wo man meint, Rechtfertigung sei der Lohn für die Erfüllung eines bestimmten Glaubenspensums, für die intellektuelle Anerkennung bestimmter Glaubenswahrheiten. Auch das wäre eine Form von Selbsterlösung des Menschen. Eine andere Form ist die, dass man den Glauben als allgemeine menschliche Grundhaltung versteht, als eine Einstellung zum Leben, die durch nüchterne Selbstkritik und die Hoffnung auf ein gutes Ende bestimmt ist. Auch dabei geht die Bindung an das Werk Christi für uns verloren. Christus ist hier bestenfalls noch ein Vorbild des Glaubens, an dessen Seite andere Vorbilder treten können, aber nicht mehr der Heiland der Welt.

Neben diesen Problemen, die mit dem Verständnis und der Reinerhaltung der Rechtfertigungslehre zu tun haben, steht nun aber die grundsätzliche Frage, ob die Beschäftigung damit überhaupt noch Sinn hat. Schließlich ist in unserer Zeit auch die Rechtfertigungslehre, jener Kern evangelischer Theologie, ins Feuer der Kritik geraten. Ausgangspunkt dafür war die Erfahrung, dass dem heutigen Menschen der Gedanke der Rechtfertigung, Luthers berühmte Frage nach dem gnädigen Gott, die seinerzeit offensichtlich vielen Menschen aus dem Herzen gesprochen war, kaum noch etwas sagt. Man interessiert sich nicht für Gott, schon gar nicht dafür, ob Gott gnädig oder ungnädig sei. Der heutige Mensch stöhnt auch nicht unter der Last seiner Schuld. Er weiß, dass er kein Engel ist. Aber das ist für ihn kein Grund, sich vor einem zornigen Gott zu fürchten. Es erhebt sich die Frage, ob es überhaupt noch sinnvoll ist, über das Verhältnis des Menschen zu Gott mit Begriffen aus dem Bereich des Rechts zu reden. Sollte man nicht deshalb bis auf weiteres die Rechtfertigungslehre beiseite tun als eine Lehre, die zu viel voraussetzt, um in einer religionslosen Welt noch verstanden zu werden, und statt dessen von der Existenz Gottes reden und vom Tun des Guten? Diese Kritik mag manchem einleuchten. Wirklich hilfreich ist sie indessen nicht, jedenfalls hilft sie uns nicht, die Botschaft der Bibel zu verstehen. Die Rede von Schuld und Sünde, Recht und Gerechtigkeit hat doch den Sinn, uns den ganzen Ernst unserer Situation vor Gott deutlich zu machen. Der Gott der Bibel ist eben nicht nur ein unpersönliches Prinzip des Seins, er ist auch nicht nur die Wirklichkeit, die uns alle umgreift, sondern persönliches Gegenüber. Er richtet uns. Unsere Existenz hängt an seinem Willen. Wir sind seinem Urteilsspruch auf Gedeih und Verderb ausgeliefert. Die Missachtung der Ordnungen, die Gott für seine Schöpfung gegeben hat, bedeutet für uns Sinnlosigkeit und Tod. Die Gebote sind als Gottes Gebote und nicht nur als beherzigenswerte moralische Grundsätze zu verstehen. In Wirklichkeit ist beides untrennbar miteinander verbunden: die biblische Gottesvorstellung und der Gedanke der Rechtfertigung, von Schuld des Menschen und Vergebung durch Gott. Weil der heutige Mensch sich dem Urteil Gottes nicht mehr in Furcht und Hoffnung beugen will, deshalb wird er zum Atheisten. Und umgekehrt: Erst im Rechtfertigungsgeschehen erkenne ich Gott, nämlich als den verurteilenden, freisprechenden, als den heiligen und zugleich gerechten Gott. Voraussetzung dafür, dass dieses Geschehen auch in unserer Zeit erlebt werden kann, ist allerdings, dass wir unter der Ablehnung der guten Werke als Heilsweg nicht nur den Hinweis auf unsere moralische Unzulänglichkeit verstehen. Begreifen wir uns aber im eigentlichen theologischen Sinne als Sünder, d. h. als Menschen, die versuchen, wie Gott zu sein, die versuchen, durch ihre Leistungen vor Gott und der Welt zu beweisen, dass sie ein sinnvolles Leben führen, das Anerkennung verdient, dann erhält die Predigt, dass wir vor Gott ohne das alles, ohne des »Gesetzes Werke«, anerkannt werden, große Aktualität. Denn sie bedeutet nicht weniger als die Befreiung von dem allgemeinen Zwang zur Selbstbestätigung und vom Leistungsdruck, unter dem so viele zerbrechen, und die Antwort auf die immer häufiger gestellte Frage nach dem Sinn des Lebens. Rechtfertigung bedeutet dann: Du darfst glauben, dass dein Leben einen Sinn hat, unabhängig von deinen Werken, weil Gott dich um Jesu willen in seine Gemeinschaft aufgenommen hat.

2 Buße und Bekehrung

Das Rechtfertigungsurteil haben wir Menschen durch die Abkehr von allem Bösen und in der Hinwendung zu Gott aufzunehmen.

Die Lehre von der Rechtfertigung allein aus Glauben zeichnet sich nicht nur dadurch aus, dass sie die befreiende Kraft des Evangeliums besonders klar und eindeutig zum Ausdruck bringt, sondern sie birgt auch erhebliche Gefahren in sich. Der Ausschluss der Werke aus dem Vorgang der Rechtfertigung kann sehr leicht als ein Übergehen des wirklichen Menschen, seiner persönlichen Entscheidung und der Gestaltung seines praktischen Lebens verstanden werden. Nicht umsonst gibt es bereits im Jakobusbrief die offensichtlich betont antipaulinische Formulierung: »So seht ihr nun, dass der Mensch durch Werke gerecht wird, nicht durch Glauben allein« (Jak 2,24). Die Rechtfertigungslehre steht in dem Verdacht, als sei sie eine Anleitung zur Faulheit und behaupte, dass das Fürwahrhalten bestimmter Glaubenssätze, jener Glaube, den auch die Teufel haben (Jak 2,19), unser Verhältnis zu Gott in Ordnung bringe. Man hat deshalb häufig in der Kirche lieber von Buße und Bekehrung, von persönlicher Entscheidung für Christus und Abkehr vom Bösen gesprochen als von Rechtfertigung.

Die Erinnerung an die Geburtsstunde der lutherischen Rechtfertigungslehre allerdings macht uns deutlich, dass es im Grunde einen Gegensatz zwischen Buße und Bekehrung auf der einen Seite und Rechtfertigung auf der anderen nicht gibt. Eher könnte man sagen: Es handelt sich immer um den gleichen Vorgang, nur das eine Mal mehr vom Menschen, das andere Mal mehr von Gott aus betrachtet. Luthers Rechtfertigungslehre ist entstanden aus der Erfahrung mit seinen eigenen und mit fremden Gewissensnöten. Sie will den angefochtenen und beunruhigten Gewissen, den Menschen, die in der Beichte Trost und die Grundlage für ein neues Leben suchen, die entscheidende Hilfe von Gott nahe bringen. Die Botschaft von der Gnade Gottes will nicht nur intellektuell zur Kenntnis genommen, sondern mit ganzem Herzen, mit der vollen Kraft unserer persönlichen Entscheidung ergriffen werden. Das ist der rechtfertigende Glaube: bedingungsloses Vertrauen auf Gott, radikale Abkehr vom Bösen und nicht nur Fürwahrhalten von theologischen Sätzen. Die Rechtfertigungslehre will mit ihrem Ausschluss der guten Werke das praktische Leben gerade nicht ausklammern, sondern will diesem Leben – und zwar gerade auch dem Leben des Christen – die entscheidende

Hilfe geben. Es war Martin Luthers wichtige Entdeckung, dass dieser Vorgang – ganz gleich, ob wir ihn nun Rechtfertigung, Buße oder Bekehrung nennen – keine einmalige Angelegenheit am Anfang des christlichen Lebens ist, etwa im Zusammenhang der Taufe oder der persönlichen Entscheidung für Christus, sondern dass er das ganze christliche Leben erfüllt. Diese Erkenntnis hat er bereits in der ersten seiner 95 Thesen zum Ausdruck gebracht, wo er davon spricht, dass nach dem Willen Christi das ganze Leben der Gläubigen Buße sein soll. Sie ist geboren aus dem Einblick in die Gewissensnot, der gerade auch die Christen immer wieder ausgeliefert sind, besonders dann, wenn sie ihren Glauben ernst nehmen und sich durch das Wort Gottes deutlich machen lassen, dass Sünde mehr ist als moralische Unzulänglichkeit. Wer meint, in einer einmaligen Aktion mit der Sünde in seinem Leben fertig werden zu können, der täuscht sich über sich selbst und über deren Macht. Martin Luther spricht deshalb davon, dass der Christ immer gerecht und Sünder zugleich sei, simul iustus et peccator. Und er meint damit nicht nur, dass es eben auch im Leben des gläubigen Menschen immer noch Restbestände der Sünde gibt, die man durch beharrliche Arbeit an sich selbst mit Gottes Hilfe so nach und nach zu beseitigen versuchen muss, sondern er ist der Auffassung, dass es auch im christlichen Leben immer um die Sünde in ihrer ganzen Schwere geht, um Trennung von und Feindschaft gegen Gott, die deshalb immer aufs neue Rechtfertigung, Buße und Bekehrung erfordert. Auch der Gläubige braucht an jedem Tag den ganzen Christus, die ganze Gnade Gottes, weil er sonst wiederum zum Feind Gottes würde, zu einem Menschen, dessen Leben keinen Sinn und keine Hoffnung hat.

Nun hat man freilich an dieser Auffassung Luthers vom totalen Sündersein auch des Christen und von der Notwendigkeit ständiger Buße häufig Kritik geübt. Man hat eingewendet, dass hier zu pessimistisch über den Christen geredet wird, dass man der Verwirklichung des Neuen in seinem Leben zu wenig Gewicht beimesse, und man hat sich dabei auch auf den Apostel Paulus, Luthers theologischen Gewährsmann in der Rechtfertigungslehre, berufen, der auch optimistischer über das neue Leben der Christen redet. Tatsächlich wird man sagen müssen, dass es für Luthers These, dass der Christ gerecht und Sünder zugleich sei, im Neuen Testament keine direkte Entsprechung gibt. Trotzdem steht sie nicht im Widerspruch zum Neuen Testament. Denn aus den Ermahnungen der Apostel an die Gemeinden, aber auch aus den sogenannten Gemeinderegeln

in Mt 18 geht deutlich hervor, dass es auch für die neutestamentliche Gemeinde das Problem der Sünde und der Sündenvergebung
bei Christen gibt. Das Neue bei Martin Luther besteht lediglich darin, dass er dieses Problem in den Mittelpunkt seiner theologischen
Betrachtung gestellt hat. Dabei ist er streng im biblischen Rahmen
geblieben. Er hat auch die Sünde der Christen so radikal verstanden,
wie Sünde sonst in der Bibel gedeutet wird, eben als Feindschaft
gegen Gott. Und er hat demzufolge auch über die Vergebung dieser
Sünde so geredet, wie es die Bibel sonst tut: nämlich, dass sie um
Christi willen allein aus Gnade geschehe und dass sie für den Menschen einen radikalen Neuanfang bedeutet.

Das alles ist nur konsequent. Es erweist seine Richtigkeit im
christlichen Leben, indem es den Christen vor dem Hochmut bewahrt, vor der Gefahr, seinen eigenen Sünden weniger Gewicht bei-
zumessen als denen der Nichtglaubenden. Es bewährt sich als Anleitung und als Grundlage der Beichte, indem es uns hilft, unsere
Schuld zu erkennen und ernst zu nehmen und indem es auch für den
Gestrauchelten, für den, der in seiner eigenen christlichen Existenz
gescheitert ist, die tröstliche Botschaft der Vergebung immer wieder
bereithält. Gewiss ist über das christliche Leben, über die Wirksamkeit Gottes in den Gläubigen, noch mehr zu sagen. Davon ist in den
folgenden Abschnitten zu sprechen. Wenn wir nur von immer neuer
Buße reden wollten, dann würden wir nicht nur das Neue Testament,
sondern auch Luthers Auffassungen unzulässig verkürzen. Trotzdem
gilt, dass unser Glaube an Christus, solange wir auf der Erde leben,
immer mit dem Bekenntnis unserer Sünde verbunden bleiben muss.

3 Erwählungslehre

*Der Gerechtfertigte rühmt die Gnade Gottes, die ihn erlöst und beru-
fen hat, bevor er zur Antwort des Glaubens fähig war.*

Das Erlebnis der Rechtfertigung allein aus Gnaden mündet im Lob
Gottes. Wer die befreiende Macht des Evangeliums am eigenen Leibe verspürt hat, erkennt, dass die großen Taten Gottes Bedeutung für
sein eigenes kleines Leben haben. Ihm wird deutlich, dass Gott nicht
nur der allmächtige, überweltliche Gott ist, sondern unser Gott. Er
erkennt, dass in den ewigen Plänen Gottes sein Schicksal, sein Heil,
mit bedacht und geplant worden ist. Weil er aus Gnade gerettet ist,

wird sich seine ganze Dankbarkeit auf Gott richten. Er rühmt den Heiligen Geist, weil er ihm das Evangelium nahe gebracht und den Glauben geschenkt hat. Er dankt Jesus Christus für seinen Tod und seine Auferstehung. Und er lobt den Schöpfer, der von Anfang der Welt her dies alles plante, der uns erwählt hat, uns zum Heil geführt, ohne unser Zutun, allein aus Gnade.

Dort, wo wir über das von Gott empfangene Heil nachdenken, kommt es zur sogenannten Erwählungslehre. Sie ist eine Form des Gotteslobes. Im Alten Testament erscheint sie im Bekenntnis der Erwählung des Volkes Israel aus allen Völkern, wie sie sich schon im Leben der Patriarchen, aber vor allem im Auszug aus Ägypten, im Durchzug durchs Schilfmeer und im Sinaibund verwirklicht. Im Neuen Testament geht es um die Erwählung von Menschen aus allen Völkern, die an Jesus glauben und in der Kirche zum neuen Gottesvolk versammelt werden. In beiden Fällen ist die Erwählung Tat des allmächtigen ewigen Gottes, sie ist der Ausdruck seines ewigen souveränen Willens. Das bedeutet: Wir können den Akt der Erwählung nicht zeitlich fixieren. Es ist der Ewigkeit Gottes angemessen, dass er auch von Ewigkeit her erwählt. Und wir können ihn schon gar nicht mit irgendwelchen vernünftigen Kriterien im Blick auf seine Gerechtigkeit überprüfen; denn Gott ist gerade auch in seiner Liebe der souveräne Herr, der niemandem Rechenschaft schuldig ist, der erwählt, wen er will, ohne nach Verdienst und Würdigkeit der Menschen zu fragen.

Von diesen Aussagen ist es dann nur noch ein kleiner Schritt, um auch das andere zu behaupten: Wer nicht erwählt ist, der ist verworfen. Oder anders: So wie es eine Erwählung zum Heil gibt, so gibt es auch eine zum Unheil. Und es ist nur wiederum konsequent, wenn auch diese Erwählung von Ewigkeit her und unumstößlich ist. Die schärfste Form, in der diese Gedanken Ausdruck gefunden haben, ist die Lehre von der doppelten Prädestination, von der ewigen Vorherbestimmung jedes Menschen zum Heil oder zum Unheil. Die Gefahren einer solchen Lehre liegen auf der Hand. So logisch sie sein mag, sie macht die Predigt des Evangeliums unwirksam, weil sie den Menschen mit der quälenden Frage, wofür er nun bestimmt sei, allein lässt. Anstatt das Vertrauen auf Jesus, der für alle Menschen gestorben ist, zu befestigen, verbreitet sie Ungewissheit, ob ich nicht vielleicht doch am Ende ein Verworfener bin, ob die vielfältigen Schwierigkeiten meines Lebens nicht am Ende das Zeichen dafür sind, dass Gott mich nicht für den Glauben, nicht für das Heil, sondern für die Verdammnis vorgesehen hat. Es ist deshalb dringend notwendig, dass die Lehre von der Erwählung auf den Lobpreis Gottes über das Erlebnis der Rechtfertigung aus Gnade beschränkt bleibt. Zu weit reichende logische Folgerungen können hier zur tödlichen Gefahr für den Glauben an das Evangelium werden. Zwar gibt es in der Bibel, zusammenfassend vor allem im Römerbrief (Kap. 9-11), den Gedanken der Verwerfung und Verstockung von Menschen und Völkern durch Gott, aber auch hier ist damit nicht ein letztes Wort Gottes gemeint, sondern Verwerfung und Verstockung sind Durchgangsstadien der geheimnisvollen Pläne mit Israel: »Gott hat alle beschlossen unter den Unglauben, auf dass er sich aller erbarme«, so lautet die Zusammenfassung jener Erörterungen (Röm 11,32). Am Ende steht gerade für Paulus nicht die Verwerfung, sondern Gottes Barmherzigkeit.

Allerdings ist damit nicht gesagt, dass es überhaupt keine Verwerfung gebe. Die Lehre von der Wiederbringung aller, die Auffassung, dass auf geheimnisvolle Weise Gott am Ende allen Geschöpfen das Heil bringt, hat im Neuen Testament nur sehr wenig Anhalt. Unüberhörbar sind die Worte vom doppelten Ausgang der Heilsgeschichte, von der Verurteilung der einen und der gnädigen Annahme der anderen. Aber dieses Urteil Gottes wird in der Bibel nicht von einem geheimnisvollen Ratschluss Gottes, sondern von unserer Entscheidung für Christus abhängig gemacht. Wir haben deshalb auch keinen Auftrag, Linien von jenem Urteil Gottes am Ende der Welt zurückzuziehen bis zum Anfang, um Aussagen über Gottes ewige Pläne zu machen. Es muss beim Lobpreis der Gläubigen über Gottes gnädige Erwählung bleiben, ähnlich wie auch der Apostel Paulus seine Erörterungen über dieses Thema abschließt: »0 welch eine Tiefe des Reichtums, beides, der Weisheit und der Erkenntnis Gottes! Wie gar unbegreiflich sind seine Gerichte und unerforschlich seine Wege!« (Röm 11,33).

II DAS NEUE LEBEN

1 Rechtfertigung und gute Werke

Der lebendige rechtfertigende Glaube ist immer in guten Werken tätig.

Die Lehre von der Rechtfertigung aus Gnade war zu allen Zeiten dem Vorwurf ausgesetzt, sie bestärke den Menschen in seiner Trägheit, indem sie zu wenig zum Tun der guten Werke anleite. Bereits im Römerbrief gibt es Anzeichen dafür, dass man Paulus diesen Vorwurf gemacht hat (Röm 6,1 f), auf alle Fälle aber hat er eine wichtige Rolle in der Auseinandersetzung mit Martin Luther gespielt, dem seine Gegner vorgeworfen haben, dass durch seine Lehre die Sittlichkeit in Verfall komme. Luther hat sich deshalb schon sehr früh ausführlich zum Problem der guten Werke geäußert und versucht, einen positiven Zusammenhang zwischen ihnen und dem Glauben deutlich zu machen. Wichtig ist in diesem Zusammenhang vor allem das sogenannte Fruchtmotiv. In Entsprechung zum Bild vom Baum und den Früchten (Mt 7,16 ff) werden die guten Werke als Früchte des Glaubens bezeichnet, die der Christ mit Selbstverständlichkeit, ohne besondere Aufforderungen und Gesetze hervorbringt, so wie der Baum seine Früchte. Es kommt lediglich darauf an, dass der Baum gut ist bzw. dass der Mensch durch die Rechtfertigung erneuert ist, dann folgen die guten Werke von selbst. So gesehen, gibt es also keinen Gegensatz zwischen Rechtfertigung und guten Werken, denn das eine ist die natürliche Folge des anderen. Der Gerechtfertigte, der Glaubende, bringt spontan gute Werke hervor. Immerhin stellten auch Luther und Melanchthon bald fest, dass die Befürchtungen und Vorwürfe der Gegner doch nicht ganz unberechtigt waren. Die Kirchenvisitationen von 1526 an zeigten, dass es mit den spontan hervorbrechenden guten Werken durchaus nicht so gut bestellt war und man kam zu der Einsicht, dass die Predigt der Gebote, die Predigt des Gesetzes, auch für die Christen notwendig ist.

Aber damit war die Frage, in welches Verhältnis die Rechtfertigung aus Glauben und die guten Werke zueinander zu stellen sind, noch nicht endgültig beantwortet. Nach dem Tode Luthers hat es darüber im lutherischen Lager endlose Streitigkeiten gegeben, die erst 1577 mit der sogenannten Konkordienformel beendet wurden. Auf der einen Seite war klar, dass die guten Werke aus dem Rechtfertigungsvorgang auszuschließen waren, auf der anderen Seite aber musste von ihnen gesprochen werden, musste deutlich gemacht werden, dass alle sittlichen Forderungen der Bibel in Geltung blieben und durch die Predigt einzuschärfen waren. Wo man aber besonders eindrücklich von den guten Werken zu sprechen begann, da tauchte sehr bald der Verdacht auf, dass hier die Rechtfertigungslehre gefährdet wurde. Aus diesem Grunde wurde z. B. die Formel abgelehnt, dass die guten Werke notwendig sind zur Seligkeit. Abgelehnt wurde auch der Gedanke, dass man am Vorhandensein der guten Werke erkennen könne, ob der Betreffende einen lebendigen Glauben hat oder ob er nur ein Scheinchrist ist. Die Härte und Ausdauer, mit der damals gestritten wurde, erscheint vielen heute unverständlich. Trotzdem ging es letztlich nicht um Begriffe und Formeln, sondern um eine lebenswichtige Sache: den Trost der Gewissen, wie man damals sagte, darum, ob der gescheiterte Mensch, der Christ, der in seinem Leben versagt hat, vor Gott Hoffnung haben darf oder nicht, ob die Gnade Gottes auch für den gilt, der gar nichts, keine Leistung, kein gutes Werk vorweisen kann. Dort, wo sich auch nur eine Spur von menschlicher Leistung in den Rechtfertigungsvorgang einschlich, da war alles verloren.

Dies war die eine Seite. Auf der anderen Seite aber stand unübersehbar das Zeugnis der Schrift, die Forderung der Gebote, die Ermahnung der Apostel, die Ankündigung eines Gerichts nach den Werken. Wie sollte man aus diesem Zwiespalt herauskommen? Wir wollen hier nicht die Lösungsversuche aus der Reformationszeit im Einzelnen nachbuchstabieren. Wichtig ist für uns, dass beide Seiten voll zu ihrem Recht kommen. Wir müssen uns hüten, das Geschehen der Rechtfertigung durch gute Werke irgendwie ergänzen zu wollen. Rechtfertigung geschieht ohne unsere Werke. Allein aus Glauben wird uns die volle Gemeinschaft mit Gott, die Seligkeit, geschenkt, unabhängig davon, was der Ertrag unseres Lebens an guten Werken ist.

Das ist der eine Aspekt. Zugleich aber gilt das andere: Gott fordert von uns gute Werke, die Erfüllung der Gebote, und er wird unser Leben danach beurteilen. Dasselbe Gesetz gilt für den Gläubigen und den Ungläubigen. Unter diesem Gesetz wird auch der Gläubige seine ganze Kraft einsetzen müssen und dennoch immer wieder an seinen Fähigkeiten verzweifeln. Sein Vorteil gegenüber dem Ungläubigen besteht nicht darin, dass er die Forderungen der Gebote nicht mehr ernst zu nehmen braucht, sondern, dass er mitten im Scheitern Hoffnung hat, dass für ihn nicht das Gesetz, sondern das Evangelium von der Vergebung das letzte Wort Gottes ist. Beides muss also auch für den Christen nebeneinander bestehen bleiben: die Botschaft von der Gnade Gottes und die Aufforderung zu guten Werken. Gott tut alles für uns in Christus. Und dennoch verlangt er alles von uns in guten Werken. Gerade im Festhalten dieser beiden sich widersprechenden Sätze werden die biblischen Aussagen über das neue Leben der Gläubigen bewahrt.

2 Übung im Glauben

In der Übung der guten Werke wächst der Glaube in Richtung auf das Vorbild Christus (1Petr 2,21; Eph 5,1).

Es gibt in der Heiligen Schrift nicht nur das unvermittelte Nebeneinander von Aufforderungen zum Tun guter Werke und Angeboten der Gnade Gottes als einzigen Weg zum Heil, es gibt auch die Aufforderung an die Gläubigen, gerade durch ihre Aktivität sich zu heiligen, im Glauben an Gott fest zu werden und zu wachsen. Es geht hier um Imperative, die ausschließlich für die Christen bestimmt sind, etwa wenn im Hebräerbrief davon die Rede ist, dass Christen der Heiligung nachjagen sollen (Hebr 12,14; 1Thess 4,1 ff) oder wenn im Johannesevangelium zum Bleiben an dem Weinstock Christus aufgerufen wird (Kap. 15). Es sind dies Gesichtspunkte, die vor allem für den Vollzug des christlichen Lebens von entscheidender Bedeutung sind. Kein Mensch ist mit seiner Bekehrung ein fertiger Christ. Und es genügt auch nicht zu sagen, dass für den Christen Bekehrung, Buße und Rechtfertigung Dinge sind, die sich immer von neuem vollziehen. Es genügt nicht, vom immer neuen Anfangen im christlichen Leben zu reden, – so richtig diese Gedanken sind – weil auch der christliche Glaube nicht nur ein punktuelles Geschehen ist, ein Ereignis, das sich immer neu in unserem Leben vollzieht, sondern weil er – wie alles in unserem Leben – Teil einer Entwicklung, eines Lebenslaufes wird. Mit anderen Worten: Es gibt auch im Blick auf den Glauben Wachstum und Fortschritt – und zwar ein Wachstum, das nicht nur den Menschen in der Zeit seines Lebens auf der Erde prägt, sondern das ihn bereit macht für die Ewigkeit bei Gott. Da ist mehr als Sündenvergebung, da ist Ähnlichwerden mit Gott. Das sind übrigens Gedanken, die sich auch bei Martin Luther nachweisen lassen. Wer diese Betrachtungsweise ablehnt, der bekommt die Wirklichkeit des christlichen Lebens gar nicht erst richtig ins Blickfeld, der wird welt- und lebensfremd. Er übersieht, dass sich im Christen ein ähnlicher Vorgang abspielt wie in der Menschwerdung Christi. Genauso wie in Christus Gott in ein normales menschliches Leben eingeht mit Kindheit und Jugend, mit geschichtlicher Umwelt und selbständiger Individualität, so vollzieht sich auch im Christen die Entwicklung und das Wachstum des Glaubens nicht frei von äußeren Einflüssen, gelenkt und angeregt durch Ermahnungen der Bibel und der Kirche zur Heiligung, aber auch geprägt durch den Charakter und die Begabungen des einzelnen. In diesem Zusammenhang haben die guten Werke eine wichtige Funktion. Im Gehorsam gegen die Gebote Gottes, im Tun der guten Werke wächst der Glaube, wird der Mensch zur christlichen Persönlichkeit gebildet. Im Blick auf unsere Pflichten gegenüber den Mitmenschen, gegenüber Familie und Gesellschaft wird dies wohl kaum jemand bestreiten. Alle Aufgaben, die wir übernehmen, haben nicht nur die Bedeutung, dass eine notwendige Arbeit getan wird, sie haben nicht nur Bedeutung für die anderen, sondern auch für den Täter selbst, der durch seine Arbeit gebildet und verwandelt wird.

Aber auch die Pflichten gegenüber Gott, wie sie in den ersten drei Geboten ausgesprochen sind, darf man dabei nicht übersehen. Im anderen Fall kommt es sehr bald zu einer Verweltlichung des christlichen Lebens. Es kommt zu der Fehlentwicklung, die für die bürgerliche protestantische Frömmigkeit so bezeichnend war, dass sich das christliche Leben in der vorbildlichen Erfüllung staatsbürgerlicher Pflichten erschöpfte. Zu den guten Werken, durch deren Vollbringung der Glaube wächst, gehört vor allem auch Furcht und Liebe gegenüber Gott, die Ehrung seines Namens im Gebet, im Gottesdienst und im Zeugnis vor der Welt und schließlich die Heiligung des Feiertags und das Studium des Wortes Gottes.

In diesen Zusammenhang gehören dann auch die religiösen Übungen, mit deren Hilfe man den Leib und alle Sinne in den Gottesdienst einbeziehen kann, wie Fasten, Betrachtung von Bildern, Kirchenmusik, kirchliche Baukunst, ja sogar liturgische Gewänder und Weihrauch. Gewiss sind diese Dinge alle in den Hintergrund gedrängt worden durch eine Frömmigkeit, die sich ganz und gar auf den Dienst am Nächsten gerichtet hat, auf Handlungen, die etwas Nachweisbares austragen für die Verbesserung menschlicher Lebensverhältnisse; aber man hat dabei zu wenig an den gedacht, der in dieser Weise praktisch tätig werden soll. Wenn er gute Werke für andere tun soll, muss sein eigener Glaube wachsen und gestärkt werden, und dies geschieht nicht durch sittliche Appelle, auch nicht durch die Predigt allein, sondern dadurch, dass er in Gebet und Gottesdienst immer wieder und immer mehr seine Persönlichkeit vom Glauben prägen lässt und so mit Gott eins wird.

3 Gute Werke und Eschatologie

In den guten Werken der Christen wird schon jetzt etwas sichtbar von der neuen Kreatur und der heilen Welt, die Christus heraufführen wird.

Auch die guten Werke der Christen sind unter eschatologischem Aspekt zu betrachten. Das neue Leben, das in diesen Werken zum Ausdruck kommt, gehört zum anbrechenden Gottesreich. Wer in Christus ist, der ist neue Kreatur, in dessen Leben wird bereits etwas deutlich von dem neuen Himmel und der neuen Erde, die mit Christus heraufgeführt werden (2Kor 5,17; Offb 21,1). Die Gemeinschaft mit Gott, die uns durch Jesus geschenkt wird, bedeutet ein Stück Verwirklichung des Himmelreichs in der Gegenwart. In den Taten, die aus dieser Gemeinschaft folgen, soll sich das zeigen. Sie müssen etwas erkennen lassen von dem Frieden, der Gerechtigkeit und der Liebe, die in der Welt nach dem Willen Gottes herrschen sollen. Es geht also bei den guten Werken der Christen nicht nur um das Verhältnis der einzelnen untereinander, sondern immer auch um die gesamte Gesellschaft, ja um die Menschheit.

Manches an diesen Gedanken ist besonders in letzter Zeit aktuell geworden. Die Entdeckung der sozialen Probleme durch die Kirche und die Herausstellung der gesellschaftlichen Komponente in der neutestamentlichen Ethik gingen Hand in Hand. Tatsächlich hat die Kirche ja auch manche Aufgabe in Angriff genommen, die den Rahmen der Nächstenliebe im alten Sinne sprengt. Sie engagiert sich bei den Weltproblemen – Frieden, Kampf gegen den Hunger und Bewahrung der Schöpfung. Trotzdem muss auch hier beachtet werden, dass alles, was durch Christus und den Heiligen Geist heute schon Gegenwart wird, wohl Anbruch des Gottesreiches ist, aber nie mit seiner Vollendung verwechselt werden darf. Der Gedanke, dass Christen etwa das Gottesreich auf dieser Erde zu bauen hätten, in der Nachfolge des Herrn und mit seiner Hilfe, ist nicht neutestamentlich. Die Verwirklichung des Gottesreiches bleibt ganz und gar eine Tat Gottes. Sie vollzieht sich nicht durch ein ständiges schrittweises Besserwerden dieser Welt, sondern im radikalen Umbruch, in der Schaffung einer neuen Welt. Anbruch des Gottesreiches in unseren guten Werken bedeutet deshalb auch nicht, dass sie so etwas wie die Mosaiksteine wären, aus denen sich später das Ganze der neuen Welt zusammensetzt, sondern sie sind vergleichbar mit Lichtstrahlen, die aus der Zukunft in die

Gegenwart hereinfallen. Durch sie wird schlaglichtartig erkennbar, was Gottesreich, was Friede und Gerechtigkeit bei Gott bedeuten. Gerade dort, wo sich Christen gesellschaftlich engagieren, müssen sie wissen: Der Herr Christus hat uns nicht verheißen, hier auf der Erde die neue Welt Gottes aufzubauen. Es kommt viel darauf an, dass wir gerade in dieser Sache nicht schwärmerisch, sondern bescheiden und realistisch über die uns von Gott gegebenen Möglichkeiten denken. So sind wir geeignet, frei von allen trügerischen, von Ideologie bestimmten Hoffnungen, bei der Gestaltung des Lebens in unserer immer mehr vernetzten Welt mitzuarbeiten.

Überhaupt ist es wesentlich, dass wir bei der Beschäftigung mit dem Problem der guten Werke die eschatologische Spannung zwischen der in Christus bereits angebrochenen neuen Welt und der nach wie vor herrschenden Macht der Sünde im Auge behalten. Denn eben auf diesen Gegensatz läuft am Ende die oft widersprüchliche Beurteilung der Werke im christlichen Glauben hinaus. In der Ewigkeit gibt es keine Gebote mehr. Insofern, als diese Ewigkeit in unserer Rechtfertigung in unser Leben einbricht, sind wir frei, ist das Tun des Guten eine Selbstverständlichkeit, sind Ermahnungen nicht mehr nötig. Insofern aber, als wir immer noch zur alten Welt gehören, stehen wir unter dem Gesetz Gottes wie alle Menschen, sind gleich ihnen zu äußerster Anstrengung bei der Erfüllung der Gebote verpflichtet und gleich ihnen bei diesen Anstrengungen zu immer neuem Scheitern verurteilt. Und schließlich gibt es zwischen diesen beiden Polen den Aspekt des Kampfes zwischen Altem und Neuem, unter dem allein der Glaube in einem menschlichen Leben Gestalt gewinnen kann: Hier ist dann vom Wachstum und der Übung im Glauben zu reden, von dem, was im Neuen Testament als Heiligung bezeichnet wird.

III Die heilige Taufe

1 Taufe und Rechtfertigung

Gott der Vater nimmt uns Menschen durch die Taufe in seine Gemeinschaft auf.

Die Taufe gilt neben dem Abendmahl in der evangelischen Kirche als das zweite Sakrament. Sie ist genau wie das Abendmahl an ein materielles Element gebunden, den Gebrauch von Wasser. Sie hat wie das Abendmahl entscheidende Bedeutung für das christliche Leben und für die Kirche. Und auch sie ist schließlich von Jesus Christus eingesetzt. Dabei sollte uns klar sein, dass die Bezeichnung Sakrament für die Taufe lediglich eine Art Ehrentitel ist. Für ihr Verständnis selbst trägt er wenig bei, da die Zusammenfassung verschiedener Handlungen unter dem Oberbegriff Sakrament einer sehr späten Zeit angehört und mit dem Neuen Testament nichts zu tun hat. Entscheidend ist: In der Taufe handelt Gott selbst. Er schafft eine neue Wirklichkeit, indem er den Menschen in seine Gemeinschaft, sein Volk aufnimmt.

Freilich muss auch hier gefragt werden, ob die Taufe wirklich auf Jesus Christus selbst zurückzuführen sei. Es ist vielfach üblich geworden, dies zu bestreiten, genauso wie die Einsetzung des Abendmahls und die Stiftung des Amtes und der Kirche durch Jesus Christus. Dieselben theologischen Voraussetzungen bedingen hier wie dort die Antwort: Als historisch gesichert gilt, dass Jesus selbst von Johannes dem Täufer getauft worden ist. Überhaupt wird gerade bei der Taufe deutlich, dass es eine Kontinuität zwischen dem Wirken Johannes des Täufers und dem Wirken Jesu gibt, über die wir freilich nur wenig wissen. Gesichert ist außerdem, dass von den ersten Tagen der christlichen Gemeinde an die Taufe geübt wurde. Fragt sich nur, ob Jesus selbst hinter dieser Praxis steht. Mt 28,19 und Mk 16,16, wo von der Aufforderung zur Taufe durch Jesus die Rede ist, sind Worte des Auferstandenen. Wir werden also sagen müssen: Der Taufbefehl gilt für uns als Befehl Jesu, vorausgesetzt, wir bewahren die Einheit des gekreuzigten und auferstandenen Heilands und erkennen auch die Worte im Munde des Auferstandenen als Worte des einen Herrn an.

Was aber bedeutet nun die Taufe? Zunächst weist das Wasser auf den Gedanken der Reinigung hin: Taufe bedeutet, dass die Unreinheit der Sünde, der Schmutz des bisherigen Lebens abgewaschen wird. Um das zu verdeutlichen, wurde in alter Zeit Wert darauf gelegt, dass der Täufling ganz und gar im Wasser untergetaucht wurde. Äußerlich ist die Taufe eine symbolische Waschung. Die eindrücklichste Interpretation aber hat ohne Zweifel Paulus im Römerbrief gegeben (Kap. 6). Getauft werden bedeutet, mit Christus begraben werden. Paulus knüpft an die Sitte der Untertauchtaufe an und sieht im Vollzug der Taufe ein Mithineingenommenwerden des Täuflings in das, was an Christus in seinem Tod geschehen ist. Aber nicht nur das: Taufe ist zugleich Wiedergeburt (Tit 3,5), d. h. Auferstehung zu einem neuen Leben mit Christus. Taufe bedeutet also im Grunde nichts anderes als den

Vollzug dessen, was in der Rechtfertigung am Menschen geschieht, aber in Form einer sichtbaren Handlung. Taufen bedeutet, dass das Todesurteil am alten Menschen vollzogen wird, dass er »gerechtfertigt« wird. Taufe ist deshalb von Anfang an mit Buße und Sündenvergebung fest verbunden. Sie ist als Aufnahmeakt in die christliche Gemeinde ursprünglich zugleich das Paradebeispiel der Rechtfertigung allein aus Gnade. In ihr wird deutlich, wie Gott an uns handelt, wie er uns richtet und dennoch rettet, wie er uns den Weg führt, den Jesus Christus selbst gegangen ist, durch den Tod zur Auferstehung. Martin Luther hat deshalb auch im Kleinen Katechismus erklärt, dass die Forderung der ständigen Buße für das Leben der Christen aufs engste mit der Taufe verbunden ist. Die Taufe soll gerade dadurch für unser christliches Leben bedeutsam werden, dass wir sie in der täglichen Buße vergegenwärtigen und im Glauben nachvollziehen. In der Taufe geschieht gemäß dem Willen des Herrn grundlegend das an uns, dessen Verarbeitung und gläubiger Nachvollzug das ganze christliche Leben ausmachen. Unser christliches Leben ist – mit Martin Luthers Worten – ein ständiges Hineinkriechen in die Taufe.

2 Taufe und Kirche

Durch die Taufe werden wir Glieder der Kirche und damit Bürger des Gottesreiches.

Taufe bedeutet Aufnahme in die Kirche. Diese mehr kirchenrechtliche Bedeutung der Taufe wird allgemein anerkannt, während ihr Zusammenhang mit der Rechtfertigung häufig in den Hintergrund tritt. Das Verständnis der Taufe wird auf diese Weise viel einfacher und theologisch weniger belastet. Außerdem kommt man der Tatsache, dass die Taufe in der Volkskirche zu einer mit der Namensgebung des Kindes verbundenen Sitte geworden ist, entgegen. In dem Augenblick allerdings, wo wir die Kirche nicht nur als Religionsgemeinschaft, sondern im neutestamentlichen Sinne als Leib Christi betrachten, wird uns deutlich, dass die Beziehung der Taufe zur Kirche nur scheinbar geringeres theologisches Gewicht hat als die zur Rechtfertigung; denn Taufe bedeutet dann ja Eingliederung in den Christusleib (1 Kor 12,13) und damit dasselbe wie das Gleichgestaltetwerden mit Christus, von dem in Röm 6 die Rede ist. Wer getauft ist, gehört zum Volk Gottes, zum Volk des Neuen Bundes. Er hat

Teil am Priestertum aller Gläubigen. Er wird bewegt vom Heiligen Geist, der die Kirche von Anfang an am Leben erhält und jedem einzelnen neues Leben aus dem Glauben schenkt (Tit 3,5 f). All das sind Aussagen, die sich aus der Aufnahme in die Kirche ergeben. Sie zeigen, wie groß das Gewicht ist, das der Taufe im Neuen Testament in jeder Hinsicht zukommt. Gerade weil sie in die Kirche eingliedert, vermittelt sie die Fülle des Heils. Ja sie ist nicht nur für den einzelnen Christen das sichtbare Zeichen dafür, dass er zu Jesus Christus gehört, die Taufe ist zugleich für die gesamte Kirche ein Band der Einheit (Eph 4,5). Weil sie alle mit dem einen Herrn zusammenschließt, ist sie ein Zeichen der Einheit der Christen untereinander, das auch heute noch die christlichen Konfessionen miteinander verbindet.

Das alles bedeutet jedoch nicht, dass das durch die Taufe vermittelte Heil unverlierbar wäre. Wenn bereits für die neutestamentliche Gemeinde gilt, dass auch Ungläubige äußerlich zur Kirche gehören können, dann folgt daraus für die Taufe: Nicht alle, die getauft worden sind, behalten ihre Zugehörigkeit zu Jesus Christus. Es gibt die Möglichkeit, dass sich die Menschen durch ihre Überzeugungen und ihre Taten von der Taufe distanzieren und damit das in der Taufe geschenkte Heil wieder verlieren. Der Apostel Paulus hat dies am Beispiel des Volkes Israel klargemacht: Genauso wie viele aus dem alten Gottesvolk wegen ihres Ungehorsams das Gelobte Land nicht erreichten, sondern in der Wüste umkamen, so ist es auch mit den Christen. Die Teilnahme an den Sakramenten ist keine Garantie für das Erreichen des himmlischen Zieles (1 Kor 10); und das nicht etwa deshalb, weil die Vermittlung des Heils in der Taufe letztlich doch eine unsichere Angelegenheit ist, sondern weil wir Menschen jederzeit die Freiheit haben, das Geschenk Gottes wegzuwerfen.

3 Kindertaufe

Auf dem Boden der neutestamentlichen Tauflehre hat sich die Kirche entschieden, den Kindern christlicher Eltern das Sakrament der Taufe zu spenden.

Wer sich aus dem Neuen Testament Auskunft über die Taufe von Kindern holen will, der wird vergeblich suchen. In der neutestamentlichen Zeit war offensichtlich die Taufe von Erwachsenen das Normale. Wie sollte es auch anders sein, da das Neue Testament Gemeinden im

Auge hat, die unmittelbar durch Mission entstanden waren, die sich aus Menschen zusammensetzten, die sich selbst noch vom Judentum oder Heidentum zum christlichen Glauben bekehrt hatten. Und solch eine Bekehrung kann sich eben nicht anders abspielen, als dass erwachsene Menschen die Predigt hören, zum Glauben kommen und dann sich taufen lassen. Zwar gibt es auch im Neuen Testament schon Anzeichen dafür, dass nicht immer die persönliche Entscheidung des Täuflings der Taufe vorausgegangen war, z. B. bei den sogenannten Haustaufen (Apg 11; 16; 1Kor 1,16), wo offensichtlich nach der Bekehrung des Hausherrn auch Frauen, Sklaven und Kinder mit getauft wurden; aber das sind Ausnahmen. Die Regel ist die Erwachsenentaufe nach vorheriger Bekehrung. Die Sitte der Kindertaufe ist erst viel später aufgekommen. Voraussetzung dafür war das Vorhandensein von christlichen Familien, von gläubigen Eltern, denen daran lag, dass auch ihre Kinder von Anfang an zu Christus gehörten. Voraussetzung war vor allem die theologische Erkenntnis, dass kein Mensch vor Gott ohne Schuld ist, dass jeder, unabhängig davon, was er an Tatsünden bereits begangen hat, Jesus Christus braucht, um zu Gott zu kommen. Wo aber diese Überzeugung bestand, war es nur konsequent, wenn auch die Kinder sobald wie möglich getauft wurden.

Freilich gab es auch immer wieder Einwände gegen diese Regelung. Die Täuferbewegung der Reformationszeit, manche christliche Gruppe, nicht wenige Freikirchen aber auch bedeutende Theologen wie Karl Barth und viele seiner Schüler haben die Kindertaufe abgelehnt. Das wichtigste Argument war dabei immer, dass der Glaube, die persönliche Entscheidung, die doch zur Taufe im Neuen Testament unbedingt dazugehört, bei der Kindertaufe nicht zu ihrem Recht kommen kann. Ein wichtiges Argument ist auch die unbestreitbare Entartung der Taufe in der Volkskirche zu einer bloßen Sitte, die Belastung der Kirche durch eine Überzahl zwar getaufter, aber im Grunde völlig passiver, um nicht zu sagen toter Glieder. Dazu kommt das Bedürfnis, diesen wichtigen Akt der Verbindung mit Christus auch mit seinen Sinnen bewusst zu erleben. Es ist deshalb kein Wunder, dass die Gegnerschaft gegen die Kindertaufe immer wieder an Boden gewinnt.

Unsere Stellung in dieser Frage wird sich daran entscheiden, in welchen theologischen Zusammenhang wir die Taufe grundsätzlich einordnen. Sehen wir in ihr vorwiegend ein Werk, ein Zeugnis des Glaubenden für Jesus Christus, dann ist es recht und billig, wenn sie erwachsenen, mündigen Christen vorbehalten bleibt. Sehen wir sie

aber als Zeichen für die Zueignung der Taten Gottes an den einzelnen, dann ist es im Grunde unverantwortlich, die Taufe einem Kind,
das von seinen Eltern gebracht wird, zu verweigern, und dann ist
es auch unverantwortlich, wenn christliche Eltern ihre eigenen Kinder nicht zur Taufe bringen. Diese zweite Einschätzung der Taufe ist
aber die des Neuen Testaments. Die Taufe ist sichtbare Zuwendung
der Gnade Gottes. Und diese Gnade gilt für alle Menschen, auch
für die Kinder. Ja man kann sogar sagen, dass gerade die Kindertaufe den Geschenkcharakter des Heils besonders deutlich macht
Trotzdem muss gesehen werden, dass das Fehlen einer persönlichen
Entscheidung bei der Kindertaufe ein Mangel ist. Wir stehen hier
am Ende vor der Wahl, ob wir die Gnade Gottes oder unsere Entscheidung für Gott wichtiger nehmen. Die Kirche hat sich für das
erste, für die Gnade Gottes entschieden und hat auf diese Weise Jesus
Christus die Ehre gegeben. Dort, wo die Kindertaufe abgelehnt wird,
haben wir es entweder mit einer Überbewertung unserer persönlichen Entscheidung für Gott gegenüber der Entscheidung Gottes für
uns zu tun, oder gar mit einer Unterbewertung der Taufe, so dass
man die Heilsnotwendigkeit der Taufe nicht mehr ernst nimmt. Für
das Neue Testament aber ist klar, dass die Taufe die Möglichkeit ist,
Glied der endzeitlichen Heilsgemeinde zu werden und so Teil an Jesus Christus zu bekommen. Damit ist zwar nicht gesagt, dass jeder
Nichtgetaufte, selbst wenn er an Jesus Christus glaubt, verloren ist,
aber es ist gesagt, dass die Kirche sich schuldig macht, wenn sie das
vom Herrn Jesus Christus eingesetzte Gnadenmittel irgendjeman-
dem vorenthält, nur weil er noch nicht in der Lage ist, seine Vernunft
zu gebrauchen und sich persönlich für Christus zu entscheiden.

Kapitel 4 – Die Vollendung des Reiches Gottes

I DIE ESCHATOLOGISCHE STRUKTUR DER DOGMATIK

*Alle Aussagen des christlichen Glaubens sind in Beziehung zur Voll-
endung des Menschen und der Welt durch Christus zu sehen.*

Der christliche Glaube hat es immer mit Eschatologie, mit der Lehre von den letzten Dingen zu tun. Man mag dabei daran denken,
dass im christlichen Glauben Antworten auf die letzten Fragen des

Menschen gegeben werden, etwa auf die Frage nach dem Ursprung des Menschen und der Welt, nach den Grundwidersprüchen unseres Lebens, nach Böse und Gut, Freiheit und Bindung, und natürlich auch auf die Frage nach dem Ziel, nach der Zukunft des einzelnen Menschen und der Menschheit. Tatsächlich spielen diese Dinge eine sehr wesentliche Rolle in der Dogmatik. Zwar kann man nicht sagen, dass die Dogmatik die systematische Beschäftigung mit diesen Problemen sei, aber sie beschäftigt sich mit ihnen, sie beleuchtet sie von verschiedenen Seiten und gibt letzte Antworten, Antworten, die mit dem Anspruch der Offenbarung auftreten. Trotzdem bedeutet die eschatologische Struktur der Dogmatik noch etwas anderes. Die christliche Lehre von den letzten Dingen meint nicht das aus logischen Gründen Letzte, nicht mehr Hinterfragbare, sondern das zeitlich Letzte. Der christliche Glaube ist geschichtsbezogen. Ihm geht es nicht um ewige Wahrheiten, wenn auch mitunter christliche Erkenntnisse – wie etwa der Glaube an den einen Gott – in dieser Form vorgetragen werden. Der christliche Glaube erwartet seinen eigentlichen Wahrheitserweis nicht vom vernünftigen Denken, sondern von der Geschichte, genauer, von der Endgeschichte, von den letzten Dingen. Die ganze Heilige Schrift ist von der Erwartung geprägt, dass Gott sich in der Zukunft als der erweisen wird, an den man geglaubt hat. Dies gilt besonders für das Alte Testament, wo sich der Bogen der Erwartung spannt vom Besitz des verheißenen Landes bis hin zum Kommen des Messias, des Christus, der für die ganze Menschheit das Heil bringt. Es gilt genauso für das Neue Testament. Ja man kann sogar sagen, hier erreicht die Erwartung ihren Höhepunkt. Auf der einen Seite haben wir in Christus, in der Ausgießung des Heiligen Geistes in der Kirche, den Sakramenten und in der Rechtfertigung den Anbruch der verheißenen Zukunft, der Vollendung der Welt und der Menschheit vor uns; so wenigstens redet das Neue Testament über diese Dinge. Auf der anderen Seite mussten wir aber immer deutlich machen, dass wir zwar im Anbruch der Vollendung, aber nicht in der Vollendung selbst leben. Darauf wurden wir sowohl durch die Wirklichkeit der Kirche und des christlichen Lebens als auch durch die Heilige Schrift selbst gestoßen. Christen leben in der Spannung, dass die Ewigkeit für sie angebrochen ist, dass sie aber trotzdem noch in dieser Welt der Sünde und fern von der himmlischen Heimat sind (2Kor 5,1 ff). Die Vollendung kommt erst dann, wenn der Herr Christus wiederkommt und die Verheißung einer neuen Welt und einer neuen Menschheit verwirklicht. Dann erst wird sich zeigen, ob wir Christen menschlichen Hirngespinsten, den aus der Sehnsucht nach Ewigkeit geborenen Erfindungen, gefolgt sind oder ob wir wirklich auf der Seite der Wahrheit stehen.

Freilich gibt es in der Theologie auch den Versuch, dieser Konsequenz aus der eschatologischen Struktur der Dogmatik zu entgehen. Für viele Theologen unserer Zeit ist der Hinweis auf die Spannung zwischen Anbruch und Erfüllung, die das christliche Leben, das Leben des gerechtfertigten Sünders, prägt, die letzte Antwort, die der Glaube auf die Grundfragen des Menschen zu geben hat. Das ist die Seligkeit, die uns Christen verheißen ist, dass wir mitten in der Ungewissheit und Vergänglichkeit dieses Lebens, mitten im eigenen Scheitern nicht verzagen müssen, weil Gott uns durch die Vergebung täglich frei macht von unserer Schuld und von den verzweifelten Versuchen, anderen Menschen durch eigene Leistung den Sinn unseres Lebens zu beweisen, und uns Mut macht zu sinnvoller, vernünftiger Arbeit. Es gibt sehr viel richtige und vor allem auch biblisch begründete Wahrheiten, die in diesem Zusammenhang ausgesprochen werden können. Außerdem bringt dieses Verständnis der Eschatologie den Vorteil, dass man im Rahmen unseres naturwissenschaftlichen Weltbildes bleiben kann und keine Aussagen über ein Leben nach dem Tod und über das Ende der Welt zu machen braucht. Trotzdem ist diese Form der Lehre von den letzten Dingen unzureichend. Einmal stellt sie eine wesentliche Verkürzung des biblischen Zeugnisses dar. Das Neue Testament macht an vielen Stellen Aussagen über ein Handeln Gottes, durch das diese Welt mit ihren Gesetzen aufgelöst und verwandelt wird. Zum andern zerstört eine solche Interpretation der Eschatologie den Trost des christlichen Glaubens. Wenn wir die Hoffnung, dass Gott eines Tages dieser Welt mit ihrer Zweideutigkeit, ihrer unentwirrbaren Mischung von Gut und Böse ein Ende bereiten und uns mitsamt der Welt erneuern wird, aus dem christlichen Glauben streichen, dann gibt es nur das Auf und Ab unseres irdischen Lebens; dann erscheinen die Predigt von Gottes Geboten und die Vergebung der Sünden als eine Art Lebenshilfe, als eine Anleitung dazu, sich selbst anzunehmen, um über der Erfahrung eigenen Versagens nicht zu verzweifeln. Gerade bei der Darstellung der Rechtfertigungslehre haben wir immer wieder gesehen, dass, solange wir leben, auch der Glaube die Widersprüche und die Not des ständigen Scheiterns an den Geboten Gottes nicht beseitigt. Der Glaube tröstet nur dort, wo er ermächtigt wird, in den Lichtblicken unseres Lebens, in den Zeichen für den Frieden und das Gute, nicht nur etwas Vorübergehendes zu sehen, sondern den Hinweis auf die Vollendung des Gottesreiches, in dem es nur noch Friede, Gerechtigkeit und Freude gibt. Gerade darin besteht der Trost der Heiligen Schrift, dass sie uns nicht nur Ratschläge gibt, wie wir mit der Dialektik der Welt und den Widersprüchen unseres Lebens fertig werden können, sondern dass sie uns die Aufhebung der Widersprüche, die Vollendung im Reich Gottes ankündigt. Damit wird allerdings der Rahmen des Erfahrbaren, der Rahmen unseres Weltbildes gesprengt. Wir haben es hier wiederum mit einem notwendigen Widerspruch des Glaubens gegen das heutige Weltbild zu tun, notwendig im wahrsten Sinne des Wortes: Gott wendet die Not der friedlosen, zerrissenen Menschheit, indem er den neuen Himmel und die neue Erde heraufführt.

II DIE VOLLENDUNG DES MENSCHEN

Jesus Christus schenkt uns ewige Gemeinschaft mit ihm in seinem Reich.

Bereits der Leitsatz dieses Abschnittes macht deutlich, dass die Vollendung des Menschen nicht anders beschrieben werden kann als mit dem Hinweis auf das, was der Glaubende schon heute erfährt. Damit ist einmal betont, wie ernst und wie wichtig die Gegenwart des Glaubens genommen werden muss; und zugleich ist den Versuchen gewehrt, sich die Vollendung phantasiereich auszumalen. Alle Beschreibungen der himmlischen Herrlichkeit sind nicht mehr als gleichnishafte Darstellungen der Gemeinschaft mit Gott in Christus. So wenigstens ist das gemeint, was etwa in den letzten Kapiteln der Offenbarung Johannes steht. Wer hier mehr wissen will, der vergisst, dass es sich dabei um Dinge handelt, die den Rahmen dieser Welt und damit auch die Vorstellungsmöglichkeiten unseres Lebens prinzipiell übersteigen. Die Vollendung des Menschen geschieht nicht als Fortsetzung dieses Lebens, sondern zwischen ihr und der Gegenwart steht der radikale Bruch, der Tod und das Letzte Gericht. Und dieser Bruch betrifft nicht nur die Möglichkeiten unseres Lebens und Arbeitens, sondern auch unser Denken. Gegenüber allen idealistischen Verbrämungen muss festgehalten werden, dass der christliche Glaube den Tod als absolutes, totales Ende des Menschen versteht.

Die Auffassung von der Unsterblichkeit der Seele, die menschliche Hoffnung, dass im Menschen etwas sei, ein Fünklein aus einer höheren Welt, das den Tod überdauert, ist nicht biblisch, wenn sie auch im Laufe der Geschichte häufig in christliches Denken eingeflossen ist. Wenn die Bibel trotzdem davon redet, dass es mit dem Tod nicht aus ist, dass es Leben und Verantwortlichkeit des Menschen über den Tod hinaus gibt, dann meint sie damit nicht eine Unsterblichkeit des Menschen oder seiner Seele, sondern dass Gott in einem Schöpfungsakt, der nur dem vergleichbar ist, was am Anfang der Welt geschah, uns neues Leben gibt. Es kann deshalb auch keinen Streit mit der Naturwissenschaft darüber geben, ob das Weiterleben eines Menschen nach seinem Tode möglich ist oder nicht; denn die Naturwissenschaft beschäftigt sich nur mit dem, was innerhalb dieser Welt geschieht. Hier aber geht es um eine neue Welt und um ein neues Sein, für das auch unser Begriff Leben nicht mehr als ein Gleichnis ist.

Allerdings darf nun auch nicht übersehen werden, dass es nach Meinung der Heiligen Schrift trotzdem eine Kontinuität zwischen jenem neuen und unserem gegenwärtigen Leben gibt. Denn gerade darin besteht ja der Trost des Glaubens, dass ich Hoffnung im Tod habe, dass ich bei Gott sein werde. Hier ist der Zusammenhang, wo in der Bibel dann auch der Begriff der Seele häufig erscheint. Es geht dabei um den Menschen vor Gott, und zwar um den ganzen Menschen und nicht nur um ein Teil von ihm. Die Seele – das ist der Mensch im Licht der Ewigkeit. Die Quelle seines Lebens aber ist allein Gott. Gott ist es, der dafür sorgt, dass wir nicht im Tod bleiben. Gott ist es, der uns nicht vergisst, der für unsere Kontinuität sorgt über den Tod hinweg, der uns aufs Neue bei unserem Namen ruft und so ins Dasein bringt.

Die andere Barriere, die zwischen unserem gegenwärtigen Leben und der zukünftigen Vollendung liegt, ist das Letzte Gericht, die große Offenbarung der Gerechtigkeit Gottes. Auch hier müssen wir uns davor hüten, uns ein Bild machen zu wollen. Die Durchführung eines derartigen Gerichtes ist im Rahmen dieser Welt nicht vorstellbar. Unvorstellbar ist für uns auch, auf welche Weise die millionenfache Ungerechtigkeit der Menschheitsgeschichte gesühnt werden soll. Überhaupt darf uns der Begriff Gericht nicht dazu verführen, diesen großen Abschluss der Weltgeschichte entsprechend anderen geschichtlichen Ereignissen zu denken. Der Abschluss der Geschichte ist genauso wie ihr Beginn in Schöpfung und Sündenfall transzendent. Er überschreitet den Raum menschlicher Vorstellung und gehört zu den Geheimnissen Gottes. Besondere Schwierigkeiten bereitet in diesem Zusammenhang die Frage, ob auch Christen in dieses Letzte Gericht hinein müssen. Im Neuen Testament werden darüber gegensätzliche Aussagen gemacht. Auf der einen Seite wird auch im Blick auf die Christen gesagt, dass sie »vor dem Richterstuhl Christi« offenbar werden müssen (2Kor 5,10), auf der anderen heißt es, dass der Glaubende nicht ins Gericht kommt (Joh 5,24). Der Widerspruch löst sich am besten, wenn er von der Rechtfertigungslehre her betrachtet wird. Für Christen ist das Letzte Gericht nichts anderes als die letzte große Beichte. Wir werden ihm mit Bangen entgegensehen, weil es die letzten Tiefen unserer Sünde aufdeckt. Aber wir können auch getrost sein, weil wir wissen, dass der Glaubende die Vergebung und das ewige Leben empfangen wird. Damit ist nicht gesagt, dass nicht auch die guten Werke der Christen ihre Berücksichtigung finden. Der Apostel Paulus redet im Zusammenhang seiner Missionstätigkeit ausdrücklich vom Lohn für vollbrachte Leistung (1Kor 3,12 ff), und Jesus spricht von Ersten und Letzten, Großen und Kleinen im Himmelreich (Mt 19,30;11,11 ff). Dies ist kein Widerspruch zur Rechtfertigung aus Gnade, deren Ziel ja die grundsätzliche Aufnahme in die Gemeinschaft mit Gott ist. Wir haben keinen Grund, den Lohngedanken völlig zu unterdrücken. Er bringt vielmehr den wesentlichen Gesichtspunkt zum Ausdruck, dass unsere Individualität auch in der Ewigkeit erhalten bleibt. Im Himmel gibt es keine Gleichmacherei, weil die Liebe Gottes jeden Menschen als Person ernst nimmt.

III DIE VOLLENDUNG DER WELT

Gott erfüllt die Sehnsucht aller Kreatur in einem Reich des Friedens und der Gerechtigkeit.

Die Bibel isoliert den Menschen nicht. Sie sieht ihn immer im Zusammenhang der Gesellschaft, der Menschheit und der gesamten Schöpfung. Sowohl das Heil als auch die Gerichte Gottes betreffen alle Geschöpfe (Röm 8,19 ff). Die Bibel redet deshalb nicht nur vom ewigen Leben der Menschen, sondern auch von einer neuen friedlichen Schöpfung. Schon die alttestamentlichen Propheten erzählen vom Knaben, der am Loch der Otter spielt, vom Lamm, das neben dem Löwen liegt, und von den Schwertern, die zu Pflugscharen geschmiedet werden (Mi 4,3; Jes 11,1 ff). Und die Offenbarung Johannes redet (Kap. 20) vom tausendjährigen Reich, in dem Christus mit seinen Getreuen regiert. Auch hier haben wir es mit der gleichen Spannung zu tun, die wir bereits im Zusammenhang der Vollendung des Menschen beobachten konnten. Es handelt sich einerseits um Dinge, die dort, wo wir nach dem Willen Jesu leben, bereits heute Wirklichkeit werden, wo es gelingt, Frieden zu stiften und Leben zu retten. Andererseits aber können wir uns ihre Vollendung, den absoluten Frieden, nicht nur für Menschen, sondern auch für Tiere, die Aufhebung aller Spannungen und Widersprüche innerhalb dieser Welt, nicht vorstellen. Auch hier können wir nur in Bildern reden. Nicht umsonst spricht die Offenbarung Johannes vom neuen Himmel und der neuen Erde. Für unsere Vorstellungsmöglichkeit bedeutet Leben immer auch Anstrengung und Auseinandersetzung mit Schwierigkeiten, bei Tieren sogar fressen und gefressen werden. Eine Zukunft, in der diese Gesetze nicht mehr gelten, ist unvorstellbar. Wir haben meist nur die Möglichkeit, negative Aussagen darüber zu machen, wie dies z. B. die Offenbarung Johannes tut: »Und Gott wird abwischen alle Tränen von ihren Augen, und der Tod wird nicht mehr sein, noch Leid, noch Geschrei, noch Schmerz wird mehr sein; denn das erste ist vergangen« (21,4).

Dieser Gegensatz zwischen der Gegenwart und der zukünftigen Vollendung der Welt wird noch verschärft durch die im Neuen Testament prophezeiten endzeitlichen Katastrophen, die sogenannten Wehen der Endzeit. In ihnen erreicht das Leid, das die Geschichte der Menschheit seit ihren Anfängen gekennzeichnet hat, seinen Höhepunkt. Grauenerregend sind die Schilderungen dieser Katastrophen vor allem in der Offenbarung Johannes. Gewiss sind diese Texte im Rahmen des damaligen Weltbildes und im Zusammenhang vieler biblischer und außerbiblischer Überlieferungen zu deuten. Sie wollen eine nicht mehr zu überbietende Steigerung in der Zerstörung natürlicher Ordnungen zum Ausdruck bringen. Dabei müssen wir uns davor hüten, kurzschlüssig Parallelen zwischen den Ereignissen, von denen die Bibel redet, und den Nöten und Gefährdungen der Welt und der Kirche heute zu ziehen. Gott allein weiß, welche Katastrophen die Menschheit noch durchzustehen hat. Wesentlich für uns ist, dass alles Leid und jede Zerstörung der Schöpfung Hinweise auf die Vergänglichkeit und Vorläufigkeit dieser Welt sind. Für uns muss die theologische Fragestellung bei der Interpretation dieser Texte ausschlaggebend sein – gerade auch gegenüber Auslegungen, welche irdische Katastrophen für theologische Argumentationen nutzbar machen möchten. Es ist nicht möglich, Gottes Handeln durch logische Ableitungen aufspüren zu wollen oder gar daran Berechnungen von Zeitabläufen zu knüpfen, wie es im Verlauf der Geschichte der Kirche verschiedentlich versucht wurde. Konfrontiert ist in den Texten über die Endzeit der Mensch mit Gott. Dabei bleibt der Mensch – trotz all seiner Leistungen, aber auch trotz seines Versagens – doch Gottes Geschöpf. Er kann und wird nach der Auffassung des christlichen Glaubens auch allein von Gott her sein Heil erlangen und nicht aus eigener Kraft verdienen. Darum gibt es im Blick auf das Herannahen des Endes keinerlei Sicherheit; weder lässt sich sagen, dass das Ende bald kommt, noch, dass es auf sich warten lassen wird. Feststeht, dass die Vollendung durch Gott kommt und dass auch die Ablehnung des Herrn Christus zu allen Zeiten ein Zeichen ist, das uns auf das Ende aufmerksam macht.

Bei aller Beunruhigung aber, die vom Nachdenken über das Ende mit seinen Schrecken immer wieder ausgeht, sollten wir vor allem dies nicht vergessen: Für Christen ist die Ankündigung des Endes und der Vollendung kein Anlass zur Furcht, sondern Kraftquelle und Trost (Lk 21,28 f). Unter keinen Umständen dürfen diese Glaubenswahrheiten dazu führen, dass Christen die Aufgaben in der Gegenwart vernachlässigen. Im Gegenteil: Eben weil wir die Gewissheit haben, dass die Zeit des Streites, der Sünde, der Ungerechtigkeit und des Unfriedens begrenzt ist, sollen wir nicht müde werden, das Gute zu tun. Weil wir wissen, dass Gott am Ende Frieden und Gerechtigkeit verwirklichen wird, deshalb brauchen wir an der Erfolglosigkeit und am Scheitern so vieler guter Ansätze in der Menschheit nicht zu verzweifeln. Auch die Offenbarung Johannes, das große eschatologische Buch am Ende der Bibel, kann man nur verstehen, wenn man es als Trostbuch für die angefochtene Christenheit liest. Der Glaube braucht sich vor dem Ende nicht zu fürchten, sondern er betet darum voller Sehnsucht: »Amen, ja komm, Herr Jesus!« (Offb 22,20).

Bibelstellenverzeichnis

136; *8,26ff*: 54. 136; *8,29*: 94. 136; *8,37*: 25; *9*: 146; *10,19*: 136; *11*: 192; *13,2*: 136; *15*: 21; *16*: 192; *16,6*: 136; *17,26*: 45

Römer 1,19ff: 45; *1,24*: 75; *1,4*: 128; *2,14f*: 45; *4*: 59; *4,17*: 83. 118; *4,21*: 59; *5*: 118; *5,20*: 73; *5,6ff*: 111; *6*: 190; *6,1f*: 183; *6,3f*: 57; *6,23*: 76; *6,9ff*: 118; *7*: 75. 142; *7,14-18*: 73; *8*: 71. 142; *8,1*: 142; *8,11*: 111. 137; *8,14*: 136; *8,18ff*: 71. 119; *8,19ff*: 199; *8,23*: 137; *8,23ff*: 153; *9-11*: 182; *10,9*: 25; *11,32*: 182; *11,33*: 183; *12*: 21. 150; *12ff*: 48

1 Korinther 1: 109; *1,16*: 192; *1,17f*: 53; *3,12ff*: 198; *4*: 160; *4,15*: 20; *4,3*: 76; *7,7ff*: 158; *8,6*: 122; *10*: 110. 150. 192; *10,1ff*: 145; *10,16ff*: 172; *11*: 42. 110. 167; *11,23*: 158; *11,23ff*: 148. 165; *12*: 21. 150. 161; *12,12f*: 150; *12,3*: 25. 137. 143 f; *12,4-6*: 94; *12,13*: 191; *13*: 143; *14,23ff*: 143; *15,20ff*: 118; *15,40*: 118; *15,45*: 138

2 Korinther 3: 160; *3,17*: 137; *4*: 160; *5,1ff*: 195; *5,10*: 198; *5,15*: 111. 114; *5,16*: 101; *5,17*: 187; *5,18f*: 151; *5,17*: 82; *5,20*: 160; *5,21*: 127; *13,13*: 94; *8,9*: 122; *13,13*: 139

Galater 2: 21; *3*: 59; *3,13*: 111; *3,24*: 75; *4*: 69; *4,5*: 110; *5*: 69

Epheser 1: 150; *3,17*: 137; *4,5*: 191; *5,1*: 185

Philipper 2,5ff: 122; *2,5-11*: 120; *2,8*: 127

Kolosser 1: 150; *1,15*: 82. 122. 127; *1,16*: 94; *3*: 86; *3,10*: 82; *10*: 86

1 Thessaloniker 4,1ff: 185

1 Thimotheus 2,5: 124; *6,16ff*: 88

Titus 3,5: 20. 190; *3,5 f*: 191

Philemon 10: 20

1 Petrus 1: 162; *1,2*: 139; *1,23*: 20; *2*: 149. 161; *2,21*: 185; *2,5*: 150; *2,9*: 151 f

Hebräer 1:94; *1,3*: 127; *4*: 150; *5*: 131; *7,1*: 125; *7,24*: 125; *7,25*: 125; *7,26*: 125; *7,27*: 125; *9,12*: 125; *9,25ff*: 171; *10,31* :75; *11,1*: 71; *12,14*: 185; *12,29*: 75

Jakobus 2: 59; *2,19*: 59. 178; *2,24*: 178

2 Petrus 1,4: 117

Offenbarung 1,6: 152; *4,8*: 88; *5,13*: 94; *6*: 87; *20*: 199; *21*: 87; *21,1*: 187; *21,2*: 150; *21,4*: 199; *22,20*: 201

Stichwortverzeichnis